Referenzmodell zur Digitalisierung des strategischen Einkaufs

D1701878

Boris David Idler

Referenzmodell zur Digitalisierung des strategischen Einkaufs

Handlungsrahmen und Kernanforderungen zur Implementierung in Informationssystemen

Boris David Idler
Procurement Excellence
Stuttgart, Deutschland

ISBN 978-3-658-43942-2 ISBN 978-3-658-43943-9 (eBook)
https://doi.org/10.1007/978-3-658-43943-9

Die Deutsche Nationalbibliothek verzeichnet diese Publikation in der Deutschen Nationalbibliografie; detaillierte bibliografische Daten sind im Internet über https://portal.dnb.de abrufbar.

© Der/die Herausgeber bzw. der/die Autor(en), exklusiv lizenziert an Springer Fachmedien Wiesbaden GmbH, ein Teil von Springer Nature 2024

Das Werk einschließlich aller seiner Teile ist urheberrechtlich geschützt. Jede Verwertung, die nicht ausdrücklich vom Urheberrechtsgesetz zugelassen ist, bedarf der vorherigen Zustimmung des Verlags. Das gilt insbesondere für Vervielfältigungen, Bearbeitungen, Übersetzungen, Mikroverfilmungen und die Einspeicherung und Verarbeitung in elektronischen Systemen.
Die Wiedergabe von allgemein beschreibenden Bezeichnungen, Marken, Unternehmensnamen etc. in diesem Werk bedeutet nicht, dass diese frei durch jedermann benutzt werden dürfen. Die Berechtigung zur Benutzung unterliegt, auch ohne gesonderten Hinweis hierzu, den Regeln des Markenrechts. Die Rechte des jeweiligen Zeicheninhabers sind zu beachten.
Der Verlag, die Autoren und die Herausgeber gehen davon aus, dass die Angaben und Informationen in diesem Werk zum Zeitpunkt der Veröffentlichung vollständig und korrekt sind. Weder der Verlag noch die Autoren oder die Herausgeber übernehmen, ausdrücklich oder implizit, Gewähr für den Inhalt des Werkes, etwaige Fehler oder Äußerungen. Der Verlag bleibt im Hinblick auf geografische Zuordnungen und Gebietsbezeichnungen in veröffentlichten Karten und Institutionsadressen neutral.

Planung/Lektorat: Susanne Kramer
Springer Gabler ist ein Imprint der eingetragenen Gesellschaft Springer Fachmedien Wiesbaden GmbH und ist ein Teil von Springer Nature.
Die Anschrift der Gesellschaft ist: Abraham-Lincoln-Str. 46, 65189 Wiesbaden, Germany

Das Papier dieses Produkts ist recycelbar.

Geleitwort

Das vorliegende Buch fokussiert sich auf einen ganzheitlichen und prozessübergreifenden Digitalisierungsansatz im strategischen Einkauf durch den Entwurf eines agilen Referenzmodells zur Digitalisierung.

Das ist wichtig, da sich die Unternehmen zunehmend in einem dynamischen und volatilen Umfeld aus regulativen und kaum vorhersehbaren externen Störgrößen sowie wettbewerbs- und marktbedingten Effizienzherausforderungen gegenübersehen. Die antizipative Automatisierung von Prozessen, die Nutzung von Daten und die Kollaboration im Beschaffungsnetzwerk schaffen Handlungsräume, um auf diese Herausforderungen zu reagieren.

Neben dem im Einkauf immer noch dominanten Thema der Kostenkontrolle und dem notwendigen Beitrag zur Erzielung von Einsparungen für das gesamte Unternehmen, benötigen die neuen Herausforderungen, welche oftmals aus einer Resilienz- und Risikoperspektive getriggert werden und an Relevanz gewinnen, eine Erweiterung der Ziel- und Steuerungsgrößen.

Es werden zunehmend ins gesamte Wertschöpfungsnetz integrierte Unternehmenseinheiten benötigt, die externe und interne Informationen über die eigentliche Beschaffungstätigkeit hinaus konsumieren und generieren.

Der in diesem Buch vorgestellte Ansatz soll daher keinesfalls beim Einkauf stehen bleiben: er dient als Ausgangspunkt für ganzheitliche Digitalisierungsbemühungen in anderen „Operations"-Bereichen und bei den Lieferanten selbst. Insbesondere Prozessdigitalisierung und -hyperautomatisierung in den Bereichen Supply Chain, Transport sowie die Integration der Logistik- und Werksprozesse stehen im Fokus. Daten und digitale Durchgängigkeit sind hierfür die Voraussetzung und gleichzeitig eine große Hürde, da notwendige Investitionen zur Erreichung dieser Voraussetzungen in betriebswirtschaftlich schwierigen Zeiten einen kurz- oder mittelfristigen „return on invest" generieren müssen.

Aber: eine Alternative für diesen digitalen und integrierten Weg gibt es nicht, wenn die Wettbewerbsfähigkeit erhalten und gesteigert werden soll.

Das Ergebnis sind digitale, integrierte und synchronisierte Prozesswelten mit einer End-to-End-Perspektive, die über eigene Organisationsgrenzen hinausgehen und das gesamte Ökosystem umfassen.

Plattformen und offene Architekturen sind für die Integration von Lösungen heterogener Anbieter die Grundvoraussetzung und stellen höchste Anforderungen an die Cyber-Sicherheit in diesen Wertschöpfungsnetzwerken.

Ein klares Verständnis der Kernanforderungen an digitale und resiliente Prozesse ist, neben einer harmonisierten Organisation, also standardisierten Rollen und Funktionen, die Eintrittskarte in diese Welt.

Prozesse, Daten und Systeme werden real manifestiert und entfalten dann ihre Wirkung mit voller Kraft.

Somit stößt die Digitalisierung und insbesondere der Ausblick auf KI/AI-Technologien, neue Handlungsoptionen an. Und „last but definitely not least": es gilt die Menschen in diesem System mit auf die Reise zu nehmen. Fähigkeiten zu verändern und fähig zur Veränderung zu sein, ist ein entscheidender Faktor. Die Veränderungsfähigkeit von Organisationen, also das stetig anzugleichenden „Human-AI"-Kooperationsmodell, ist ebenfalls ohne Alternative.

Ich wünsche dem Buch viel Erfolg und zahlreiche Leser, die damit den Einstieg bzw. das nächste Level der Digitalisierung angehen.

Timo Haug
Partner – MHP Management- und IT-Beratung GmbH

Vorwort

Der Weg zu einem Buch über die Weiterentwicklung des strategischen Einkaufs beginnt mit dem Bedürfnis, eine Momentaufnahme der Erfahrungen und des Erlernten festzuhalten. Gleichwohl bedeutet dies, dass insbesondere im behandelten Themenkomplex der digitalen Abbildung aller Einkaufsprozesse in einem Referenzmodell, eine allgemeingültige und beständige Wahrheit kaum produzierbar ist. Es handelt sich daher um ein dynamisches Referenzmodell, welches einer fortlaufenden Entwicklung bedarf, um als Wegweiser für die Priorisierung von Themen und Tätigkeiten im Einkauf von Relevanz zu sein.

Dieses Buch setzt einen Impuls, eine integrierte und synchronisierte Betrachtungsweise des strategischen Einkaufs und möglichst vieler seiner Prozesse für ein Fachpublikum anzuregen. Ebenso soll es eine Hilfestellung für Anwender sein, um ein prozessuales Gesamtverständnis von Kernanforderungen an die Aufgaben des Einkaufs transparent zu machen. Die Kunst besteht darin – und dazu sei der Leser explizit ermutigt – aus der eigenen Kreativität heraus und den Spezifika des eigenen Unternehmens von den Vorschlägen abzuweichen, diese zu ergänzen und zu implementieren.

Veränderungsbereitschaft und -kultur zeichnen sowohl das Thema der digitalen und prozessualen Weiterentwicklung des Einkaufs aus als auch das Wesen eines langfristig überlebensfähigen Gesamtunternehmens. Dieser Geist, Neues zu wagen, die Intention, Anpassungsfähigkeit an Veränderungen vor deren Verhinderung zu stellen, sind notwendig. Und hier kann der Einkauf tatsächlich im Sinne des eigenen Unternehmens eine bedeutende kulturprägende und moderierende Rolle spielen: mit seinen starken Verbindungen in den unternehmensinternen Kosmos der Bedarfsträger sowie der Adressierung dieser Bedarfe in ein globales Liefernetzwerk. Einkaufsexperten bilden somit wichtige Botschafter einer vernetzten und partnerschaftlichen Welt, deren Tätigkeit gerne über die Enge von geopolitischen Strategien und abgrenzenden Verhaltensweisen hinausragen darf, deren Handeln aber gleichwohl diese Rahmenbedingungen in der Entscheidungsfindung berücksichtigt. Das Potential an sinnstiftenden Funktionen des strategischen Einkaufs im Zusammenschluss mit der Wahrnehmung der eigenen Selbstwirksamkeit der Organisationsmitglieder geht dabei weit über die technische Digitalisierung der strategischen Einkaufsprozesse hinaus und bietet eine Möglichkeit, das Wirken im Einkauf in Ergänzung zu klassischen Kennzahlen in einem größeren Kontext zu prägen.

Die Digitalisierung bildet dabei ein wichtiges Stellglied der Einkaufsstrategie und sollte das Ziel haben, eine real und objektiv wahrgenommene Optimierung der Herausforderungen von Anwendern anzustreben und der Prüfung einer datenanalytischen Nachweisbarkeit standhalten. Sie erfordert zur effektiven Gestaltung ein Höchstmaß an Zusammenarbeit und Kooperationsbereitschaft innerhalb und zwischen den Projektbeteiligten. Auf die Einkaufsmitarbeiter kommen somit fortlaufend anspruchsvolle Aufgaben zu, welche auch eine Intensivierung von Schulungsaufwand für die Fähigkeiten im Umgang mit datenanalytischer Entscheidungsfindung aus multiplen Informationssystemen bedürfen. Es wird insbesondere im anstehenden Zeitalter der Entwicklung und Anwendung künstlicher Intelligenz und Virtualisierung zu Fragestellungen eines effektiven Kooperationsentwurfs zwischen den humanen Tätigkeiten und denen der Systemwelt kommen, um den datengetriebenen Einkauf weiterzuentwickeln.

Ich wünsche den Lesern und Anwendern viel Erfolg bei dieser Gestaltung.

Dr. Boris David Idler

Inhaltsverzeichnis

1 Einleitung und Fokus des Buches . . . 1
- 1.1 Zweck des Buches . . . 1
- 1.2 Aufbau des Buches . . . 2
- 1.3 Charakterisierung und Ziele des strategischen digitalen Einkaufs . . . 3
- 1.4 Optimierungsdimensionen des digitalen Einkaufs . . . 5
- Literatur . . . 6

2 Vorüberlegungen zur Gestaltung eines wirksamen digitalen Einkaufs . . . 9
- 2.1 Datengetriebene Einkaufsorganisation und Entwicklungsrichtungen . . . 9
- 2.2 Integration und Balance von Prozess-, Organisations- und Technologieperspektive . . . 12
- 2.3 Segmentspezifische Adressierung der internen und externen Wertschöpfungspartner . . . 13
- 2.4 Steuerung der Prozesszielwirkungen und -zusammenhänge . . . 15
- Literatur . . . 17

3 Das Referenzmodell zur Digitalisierung des Einkaufs . . . 19
- 3.1 Erklärung und Herleitung des Referenzmodells . . . 19
  - 3.1.1 Aufbaulogik und Darstellung des Referenzmodells zur Digitalisierung des Einkaufs . . . 24
  - 3.1.2 Anwendungsgebiete des Referenzmodells des digitalen Einkaufs . . . 26
  - 3.1.3 Dynamische Einbettung von Zielen des strategischen Einkaufs in die Prozesswelt . . . 28
- Literatur . . . 28

4 Management von Struktur und Governance im Referenzmodell zur Digitalisierung des Einkaufs . . . 29
- 4.1 Organisationsstruktur . . . 29
- 4.2 Informationssysteme und Technologien des strategischen Einkaufs . . . 36
  - 4.2.1 Bedeutende Einkaufsdomänen des digitalen Einkaufs . . . 37

4.2.2 Technologische Trends für den digitalen Einkauf kritisch erschließen . . . 39
4.2.3 Verbindung des Referenzmodells zur Digitalisierung des Einkaufs und des Procurement Technology Frameworks . . . 41
4.3 Organisatorische Ressourcen . . . 46
4.4 Organisationskultur und Kompetenz . . . 47
4.5 Strategieabstimmung . . . 49
4.6 Reifegradmanagement . . . 51
4.7 Controlling . . . 54
Literatur . . . 57

5 Prozessuales Verständnis der Kernprozesse des strategischen Einkaufs . . . 59
5.1 Von der Planung zur Strategie . . . 59
5.1.1 Planung . . . 60
5.1.2 Category- oder Sub-Category-Strategien . . . 61
5.2 Lebenszyklusmanagement der Lieferanten . . . 74
5.2.1 Vorüberlegungen zur Lieferantenintegration . . . 75
5.2.2 Lieferanteninitialevaluation und -freigabe . . . 76
5.2.3 Risiko-, Resilienz- und Nachhaltigkeitsgestaltung . . . 86
5.2.4 Lieferantenbewertung . . . 99
5.2.5 Lieferantenentwicklung . . . 108
5.2.6 Lieferantendesintegration . . . 116
5.3 Management der Unternehmensbedarfe durch den strategischen Einkauf . . . 122
5.3.1 Wirkungsmanagement Planung und Umsetzung . . . 123
5.3.2 Strategische Bezugsquellendefinition und Verhandlung . . . 129
5.3.3 Vertragsmanagement . . . 138
5.3.4 Strategischer Einkauf von technischen Projekten im Produktlebenszyklus . . . 145
5.3.5 Strategischer Einkauf für Projekte im indirekten Einkauf . . . 155
5.3.6 Beschaffung von Bedarfen für nicht-lagerhaltiges Material . . . 155
5.4 Management von beisteuernden Prozessen des strategischen Einkaufs . . . 163
5.4.1 Datenmanagement und Daten Governance im strategischen Einkauf . . . 163
5.4.2 Management von Data Science und Analytics im strategischen Einkauf . . . 177
5.4.3 Kostenoptimierungsprojekte im strategischen Einkauf (Price Excellence) . . . 185
5.4.4 Management der Prozesse zum Digital Workforce Management . . . 197
5.4.5 Aufbau von Prozessen zum Virtual Enterprise Enablement . . . 204
5.4.6 Prozesse zum Management interner Beziehungen . . . 208

5.4.7 Beschaffungsmarkt- und Bezugsquellenforschung 212
5.4.8 Betriebsmittel bei Lieferanten steuern und verwalten 219
5.4.9 Freigabe von Produktionsteilen und -prozessen 222
Literatur. 230

Abbildungsverzeichnis

Abb. 1.1 Aufbau des Buches . . . 3
Abb. 1.2 Effizienzfelder zur Optimierung der relativen Einkaufswirkung . . . 5
Abb. 2.1 Entwicklungsrichtungen im Einkauf . . . 10
Abb. 2.2 Integration von Prozess-, Organisations-, und IT-Systemperspektive . . . 13
Abb. 2.3 Segmentspezifische Fokussierung der Einkaufsgovernance . . . 14
Abb. 2.4 Einfluss und Abhängigkeit innerhalb der Einkaufsprozesse . . . 16
Abb. 3.1 Bezug des VSM zu den Elementen des Einkaufs . . . 23
Abb. 3.2 Das Referenzmodell zur Digitalisierung des Einkaufs . . . 27
Abb. 4.1 Zielbild und Wege zu einer synchronisierten globalen Einkaufsorganisation . . . 31
Abb. 4.2 Technologiebewertung und Auswirkungen auf Einkaufsdomänen . . . 42
Abb. 4.3 Strategische Softwarebebauung der Einkaufsdomänen . . . 43
Abb. 4.4 Systematische Planung der prozessualen Technologieabdeckung . . . 45
Abb. 4.5 Elemente des Reifegradmanagements im Einkauf . . . 52
Abb. 4.6 Grundgedanke der Reifegradbewertung mittels Indikatoren . . . 54
Abb. 5.1 Category- und Sub-Category-Strategieprozess . . . 63
Abb. 5.2 Aspekte der Lieferantenevaluation und -freigabe . . . 78
Abb. 5.3 Aspekte der Risiko-, Resilienz- und Nachhaltigkeitsgestaltung . . . 88
Abb. 5.4 Aspekte der Lieferantenbewertung . . . 100
Abb. 5.5 Komponenten der Lieferantenentwicklung . . . 110
Abb. 5.6 Aspekte der Lieferantendesintegration . . . 117
Abb. 5.7 Kernaspekte des integrierten Wirkungsmanagements . . . 124
Abb. 5.8 Aspekte der strategischen Bezugsquellendefinition und Verhandlung . . . 130
Abb. 5.9 Kernanforderungen an Prozesse des Vertragsmanagements . . . 139
Abb. 5.10 Strategischer Einkauf von technischen Projekten im Produktlebenszyklus . . . 147
Abb. 5.11 Operative Beschaffung von nicht-lagerhaltigem Material . . . 157

Abb. 5.12 Komponenten von Datenmanagement und Daten Governance im strategischen Einkauf 166
Abb. 5.13 Management von Data Science und Analytics im strategischen Einkauf 179
Abb. 5.14 Price-Excellence-Projekte im strategischen Einkauf 188
Abb. 5.15 Digital Workforce Management 199
Abb. 5.16 Perspektiven des digitalen Beschaffungsökosystems und bedeutende Interaktionsschnittstellen 205
Abb. 5.17 Prozess zum Virtual Enterprise Enablement 206
Abb. 5.18 Management interner Anspruchsgruppen durch den Einkauf 211
Abb. 5.19 Hauptkomponenten der Beschaffungsmarkt- und Bezugsquellenforschung 214
Abb. 5.20 Kernkomponenten der Steuerung von Betriebsmitteln bei Lieferanten 220
Abb. 5.21 Freigabe von Produktionsteilen und -prozessen 223

Tabellenverzeichnis

Tab. 4.1 Elemente einer Einkaufsstrategie . . . 50
Tab. 4.2 Elemente eines Reifegradmanagementsystems im Einkauf, in Anlehnung an (Liebetruth et al. 2016, S. 280) . . . 53
Tab. 4.3 Beispielhafte Kennzahlen des Einkaufscontrollings, in Anlehnung an (Hofmann et al. 2012; Fröhlich und Nießen 2021) . . . 56
Tab. 5.1 Beispielhafte Indikatoren für Risikoklassen . . . 91
Tab. 5.2 Beispiele für Vorfallstypen . . . 92
Tab. 5.3 Leistungsklassen von Lieferanten anhand von Bewertungsgruppen . . . 101
Tab. 5.4 Indirekte und direkte Lieferantenentwicklungsmaßnahmen. (In Anlehnung an (Proch 2017, S. 42)) . . . 112
Tab. 5.5 Beispiel einer Anforderungsmatrix für indirekte Fachgebiete . . . 156
Tab. 5.6 Kerninhalte des Datenqualitätsregelwerkes und Beispiel. (In Anlehnung an Weber und Klingenberg 2021) . . . 167
Tab. 5.7 Rollen und Verantwortungen im Datenmanagement. (In Anlehnung an Weber und Klingenberg 2021) . . . 169
Tab. 5.8 Fokusgebiete des Datenmanagement und Ziele . . . 171
Tab. 5.9 Fokusgebiete der Datenqualität im Einkauf und Beispielkennzahlen . . . 171
Tab. 5.10 Beispiele von Datenmanagement-Prozesskennzahlen . . . 172
Tab. 5.11 Datenentitäten im strategischen Einkauf. (Quelle: (Mahanti 2021; Weber und Klingenberg 2021)) . . . 173
Tab. 5.12 Mögliche Qualitätsdimensionen für die Beurteilung von Daten im Einkauf . . . 175
Tab. 5.13 Merkmalskategorien von Datenquellen. (Quelle: (Schulz et al. 2022) . . . 180
Tab. 5.14 Beispiele für Tätigkeiten der Datenaufbereitung. (In Anlehnung an Schulz et al. 2022) . . . 181
Tab. 5.15 Beispiele für Tätigkeiten der explorativen Datenanalyse. (Quelle: (Schulz et al. 2022)) . . . 181

Tab. 5.16 Aspekte und Anforderungen an Analyseverfahren. (Quelle: (Schulz et al. 2022)) 182
Tab. 5.17 Analysedashboards im Einkauf mit Beispielinhalten 186
Tab. 5.18 Preisbestandteile des Produktes des Lieferanten (Arnolds 2022, S. 84) 195
Tab. 5.19 Maßnahmenbündel zur Befähigung der unternehmensinternen Nutzung 209
Tab. 5.20 Maßnahmenbündel zur Befähigung des unternehmensinternen Wachstums 210
Tab. 5.21 Übersicht möglicher Datenquellen der Beschaffungsmarktforschung 215
Tab. 5.22 PPAP Vorlagestufen. (Quelle: https://www.aiag.org/quality/automotive-core-tools/ppap) 225
Tab. 5.23 Beispielhafte Abbildung von Vorlagestufen und Anforderungen 226

1 Einleitung und Fokus des Buches

Make procurement binary! – Boris D. Idler

1.1 Zweck des Buches

Dieses Buch wendet sich dem Thema des digitalen Einkaufs aus einer Prozess- und Anforderungsperspektive zu. Das dafür entworfene Konzept des Referenzmodells für die Digitalisierung des Einkaufes dient hierbei als Ausgangspunkt mehrerer Ableitungen. Das Ziel ist, ein grundlegendes Verständnis über die prozessualen Aufgaben im strategischen Einkauf zu erhalten, welche die Belange der Einkaufsorganisation bestmöglich unterstützen sollen.

Ausgehend von einem klaren Verständnis der Prozesse, kann die Überführung der Prozesse in Anforderungen an IT-Systeme vollzogen und auch der Frage nachgegangen werden, inwiefern die einzelnen Prozesse zu integrierten Prozessnetzwerken verbunden werden sollten.

Es wird – obwohl in der Praxis oft gegenteilig verfolgt – von einer Priorität der Prozesse ausgegangen, nicht von einer Priorität der Technologie. Technologie wird als Fähigkeit in strategischen Einkaufsprozessen nutzbar, um die notwendigen Aufgaben möglichst digital abzubilden. Die Technologie sollte jedoch nicht isoliert zum Einsatz kommen, somit keinen Selbstzweck erfüllen.

Das Buch soll dem praxisbezogenen Anwender eine Unterstützung dabei geben, seine jeweiligen Einkaufsprozesse aus einer anforderungsorientierten Perspektive zu verstehen, um möglichst zielgerichtet Digitalisierungsprojekte zu spezifizieren und zu implementieren.

Die hier dargestellte Prozesswelt hat einen unternehmerischen Kontext zum Vorbild, der einen produzierenden Kern mit diskreter Fertigung hat. Es werden also die Belange

© Der/die Autor(en), exklusiv lizenziert an Springer Fachmedien Wiesbaden GmbH, ein Teil von Springer Nature 2024
B. Idler, *Referenzmodell zur Digitalisierung des strategischen Einkaufs*,
https://doi.org/10.1007/978-3-658-43943-9_1

des sogenannten direkten Einkaufs beschrieben. Ebenso wird, um den gesamten Unternehmensverbund mit dessen externer Wertschöpfung einzuschließen, auf die Belange des indirekten Einkaufs sowie dessen Prozesse eingegangen.

Neben einem integrierten Verständnis der Kernprozesse des strategischen Einkaufs und deren Unterstützung durch IT-Systeme darf in einem ganzheitlichen Modell der Digitalisierung des strategischen Einkaufs nicht darauf verzichtet werden, den organisatorischen Rahmen für dessen erfolgreiche Nutzung zu setzen. Durch die stringente Digitalisierung von bestehenden Prozessen, aber auch die technologiegetriebene Entstehung neuer Prozesse, muss eine wandelbare Einkaufsorganisation geschaffen werden, die nicht nur neue Technologien absorbiert, sondern sich ebenso aktiv um die dafür erforderlichen Rollen und Fähigkeiten der Organisation bemüht.

Das Buch hat somit zum Ziel, ein Verständnis dafür zu schaffen, dass ausgehend von der Digitalisierung der Prozesse des strategischen Einkaufs, auch eine Neuordnung der organisatorischen Abläufe angestoßen werden muss, um den Wertbeitrag eines zunehmend digital gestützten Einkaufs für das jeweilige Unternehmen nachhaltig nutzbar zu machen.

Dass dieser Gedanke keinesfalls an den organisatorischen Grenzen des Einkaufs zum Erliegen kommt, sondern benachbarte Bereiche der teils cross-funktionalen Prozesse einbeziehen sollte, um ein gesamtunternehmerisches Optimum zu erzielen, ist nachvollziehbar. Nicht zuletzt möchte das Prozessmodell deshalb dem Leser helfen, eine Integration mit der Prozesswelt vor- oder nachgelagerter Organisationseinheiten zu ermöglichen und zu erleichtern. Dies betrifft insbesondere die Bereiche der operativen Materialversorgung innerhalb der Supply-Chain-Prozesswelt, aber selbstverständlich auch diejenigen der Finanz- und IT-Welt.

1.2 Aufbau des Buches

Der Aufbau des Buches folgt einer klaren Strukturierung, welche mit einer Einleitung in die Fokusfelder des Themas beginnt. Mit Kap. 1 wird ein thematisch klares Zielbild des Buches beschrieben sowie auf die wesentlichen Zieldimensionen des digitalen Einkaufs eingegangen.

In Kap. 2 folgen wichtige Vorüberlegungen zum Thema. Es wird das Bild eines datengetriebenen Einkaufs beschrieben und die Relevanz der Integration der Bereiche Technologie, Prozesse sowie Organisationsstruktur dargestellt. Ebenso zeigt dieses Kapitel, auf welche Weise die einzelnen Prozesse voneinander in Abhängigkeit stehen und welche Voraussetzung bestehen müssen, damit die Prozesse als Datenkonsumenten und -erzeuger ihre Wirkung entfalten können.

Diese grundlegenden Einführungen münden in Kap. 3 in der Präsentation des Referenzmodells zur Digitalisierung des Einkaufs (RDE), welches das zentrale Ausgangs- und Denkmodell des Buches darstellt. Es wird die Aufbaulogik des Modells erklärt sowie dargestellt, welche Aspekte und Anwendungsideen des Modells zugrunde liegen.

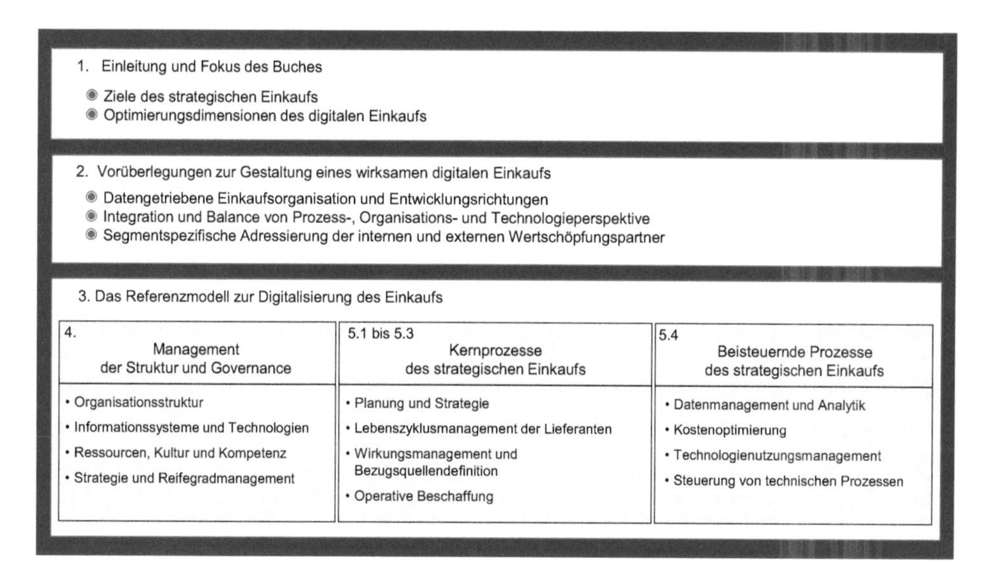

Abb. 1.1 Aufbau des Buches

Die im RDE vorgestellten Prozesswelten werden in den Kap. 4 und 5 systematisch vertieft. Ausgehend von einem Verständnis über die Struktur und Governance sowie der darin beheimateten Prozesse, wird insbesondere das Thema Informationssysteme gesondert und vertieft betrachtet – es bildet den Kern der systematischen Bebauungsplanung einer digitalen und datengetriebenen Einkaufsorganisation.

In Kap. 5 wird das spezifische Prozess- und Anforderungswissen für die kern- und beisteuernden Prozesse des RDE noch weiter vertieft. Es erfolgen – teils sehr konkrete und detaillierte – Darstellungen der einzelnen Prozesselemente sowie notwendiger Vorüberlegungen für deren Digitalisierung. Abb. 1.1 stellt den Aufbau dar.

1.3 Charakterisierung und Ziele des strategischen digitalen Einkaufs

Der digitale Einkauf dient den strategischen Zielen des Einkaufs. Dieser wiederum richtet seinen Wertbeitrag an den Unternehmenszielen aus und leistet in seiner Gesamtheit einen Ergebnisbeitrag durch Steigerung der Wettbewerbsfähigkeit (Bräkling und Oidtmann 2019; Wannenwetsch 2021) hinsichtlich der dominanten Größen Kosten, Qualität sowie der Lieferfähigkeit. Darüber hinaus können weitere Zieldimensionen im Einkauf verankert werden und ebenfalls auf die Unternehmensziele einwirken (Abschn. 4.7).

Durch die Digitalisierung der auf die Gesamtheit der Einkaufsziele einwirkenden Prozesse wird eine Effektivitäts- und Effizienzerwartung in den Unternehmen vermutet (Hecht und Hofbauer 2022). Dieser nicht neue Gedanke fand schon früh seine Ansätze in elektronischen Beschaffungs- und Sourcingsystemen, erfährt aber, wie andere Bereiche nun auch, eine zunehmende Bedeutung durch technologische Weiterentwicklungen und Vernetzungsmöglichkeiten. Durch den technologischen Wandel eröffnen sich Handlungsopportunitäten im Einsatz von IT-Systemen im Einkauf, die auch anspruchsvolle Einkaufsaktivitäten als realisierbar darstellen.

Durch eine synchronisierte und ganzheitliche digitale Unterstützung sollen die Kosten gesenkt, die Qualität verbessert, die Geschwindigkeit erhöht und Innovationen getrieben werden. Diesen Fragestellungen und Erwartungshaltungen muss sich die Digitalisierung von Einkaufsprozessen somit stellen und jeweils den individuellen Wertbeitrag nachweisen. Die Ursachen von Ineffizienzen liegen dabei häufig in einer Vielfalt organisatorischer und systemseitiger Schnittstellen, redundanten oder schwer zugänglichen Informationen, unklaren Verantwortungen und Rollen sowie administrativen Verfahren verborgen (Waitzinger 2021).

Dies bedeutet gleichsam, dass der Ansatz des digitalen Einkaufs eines tieferen Verständnisses der spezifischen Einkaufsprozesse bedarf, um die Probleme der Unternehmensprozesse adressieren zu können. Hier reicht es oftmals nicht, generische Ansätze zu verfolgen, die dann zu einer geringen Auslastung auf installierten IT-Systemen führen. So sind oftmals die unterschiedlichen Gesetzmäßigkeiten der Beschaffungsgüter nicht negierbar, können nicht in allgemeinen Standards berücksichtigt werden. Es sind beispielsweise die Anforderungen an die Beschaffung von Handelswaren andere als die einer projektspezifischen Konstruktion oder einer Serienproduktion von Katalogprodukten. Einmalbedarfe erfordern andere Herangehensweisen als Wiederholbedarfe usw.

Hierin besteht somit ein interessantes Spannungsfeld des digitalen Einkaufs: Zum einen das grundsätzliche Bestreben einer einheitlichen Prozess- und Systemdefinition, zum anderen die Bewahrung der Möglichkeit, spezifische Erweiterungen in die System- und Prozesswelt zu integrieren, um kritische Erfolgsfunktionen fortzuführen und weiterzuentwickeln. Die Bedeutung wesentlicher „Features" wird dabei oftmals unterschätzt, jedoch stellen diese regelmäßig die Kipppunkte für eine erfolgreiche Implementierung und Nutzung dar. Sie bilden damit notwendige Voraussetzungen, verbergen sich oft im Detail, werden nicht gesondert honoriert, sind jedoch erfolgskritisch für die User-Akzeptanz. Der digitale Einkauf ist damit nicht begrenzt auf die technische Installation von IT-Systemen, sondern sollte möglichst feinfühlig und tiefgreifend eine Perspektive der Nutzer integrieren (Schupp und Wöhner 2018), die letztlich schneller und effektiver bessere Unternehmensentscheidungen treffen sollten und somit unmittelbar auf die anfangs erwähnten Produktivitätserwartungen einwirken.

Andererseits stehen die Realisierungen der möglichen Produktivitätssteigerungen über den Wirkungskosmos des strategischen Einkaufs auch in direktem Zusammenhang mit notwendigen Investitionen in Digitalisierungsinstrumente. Diese Investitionen sind immer an Ressourcenengpässe geknüpft. Deshalb ist eine weitere wichtige Funktion des digitalen Einkaufs, Handlungsempfehlungen im Sinne einer kontinuierlichen Unternehmensentwicklung zu geben und zu vollziehen. Dies betrifft die Systemwelt, aber, wie erwähnt, auch die Angleichung der Prozess- und vor allem Nutzerwelt an Veränderungen.

1.4 Optimierungsdimensionen des digitalen Einkaufs

Der digitale Einkauf ist bemüht, eine stetige Optimierung des Status quo im strategischen Einkauf zu erzielen. Im Kern ist damit oftmals eine Steigerung des Quotienten aus Einkaufswirkung und Einkaufsorganisationsgröße verbunden. Bezogen auf die Zielgrößen des Einkaufs hinsichtlich Kosten- und Ressourcenausstattung wird einem Optimum entgegengestrebt, welches sich im Kontext der ständigen Justage an veränderte Umweltbedingungen in einer dynamischen Anpassung befindet.

Geht es um eine Erhöhung der relativen Einkaufswirkung, so gibt es drei Effizienzfelder, die durch die Digitalisierung beeinflussbar werden, ohne an operativer Sicherheit zu verlieren. Abb. 1.2 veranschaulicht dies.

Die erste Form einer Effizienzsteigerung geht mit einer internen Optimierung der Einkaufsarbeit einher. Es soll somit das Ziel verfolgt werden, den Fokus der Einkaufstätigkeit auf strategische, wertschöpfende Themen zu lenken. Dies kann beispielsweise durch die organisatorische Verlagerung eines Teilspektrums notwendiger Tätigkeiten in Dienstleistungszentren erfolgen oder durch eine Erhöhung der Arbeitsproduktivität bei

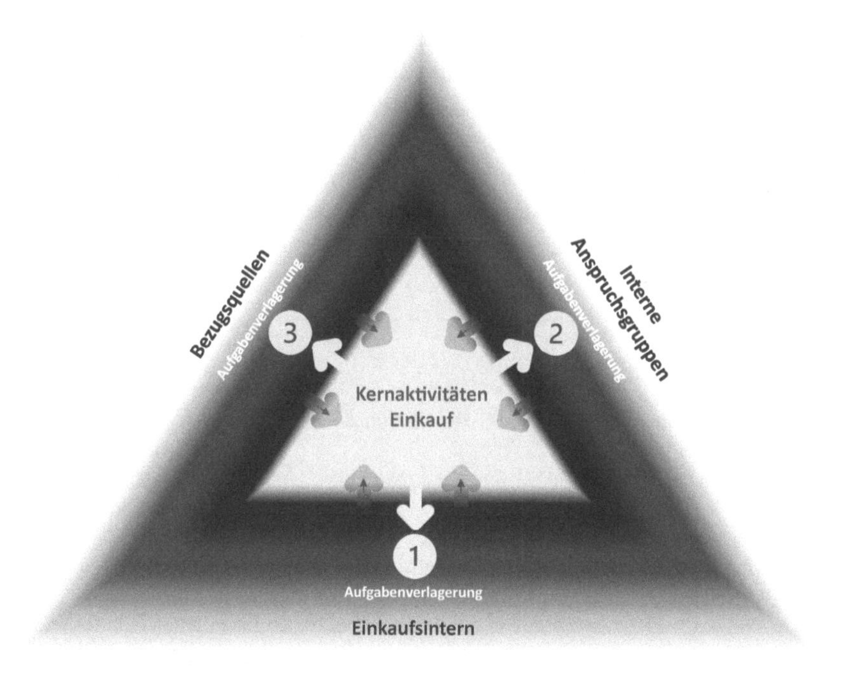

Abb. 1.2 Effizienzfelder zur Optimierung der relativen Einkaufswirkung

der Durchführung bestehender Tätigkeiten. Bei beiden Aspekten kommt der Digitalisierung im Einkauf eine bedeutsame Rolle zu, denn technologische Entwicklungen zur Erhöhung von Automatisierungsaspekten des strategischen Einkaufs bilden die Grundlage für diese Effekte.

Die zweite Form der Effizienzsteigerung betrifft eine Verlagerung von Tätigkeiten an interne Anspruchsgruppen in der Art , dass diese eigenständig Einkaufstätigkeiten wahrnehmen und die eigentliche Einkaufsorganisation hierbei die korrekte Durchführung sowie die Prozesse dafür definiert. Diese Form der Effizienzsteigerung findet sich beispielsweise in der selbstständigen Beschaffung von Gütern aus Katalogsystemen, aber auch im Rahmen von Anfrageprozessen durch Fachbereiche bei der Etablierung entsprechender Voraussetzungen, wie die Definition eines spezifischen Lieferantenportfolios, welches für Anfragen genutzt werden darf. Eine weitere Möglichkeit, dieses Effizienzfeld zu nutzen, besteht in der Verlagerung einer exakten Anforderungsstruktur in die Fachbereiche, um möglichst einen geringen Aufwand in der Abarbeitung von Aufgaben der Bezugsquellenfindung zu erzeugen.

Die dritte Form der Effizienzsteigerung ist die Integration von Bezugsquellen in die eigenen Einkaufsprozesse. Hierbei finden sich vielfältige Formen der Effizienzgewinnung und der Einbeziehung von Lieferanten in unternehmerische Einkaufsprozesse. Diese reichen von den operativen Beschaffungsprozessen, wie der Erstellung von Beschaffungskatalogen, der Eingabe von Bestellbestätigungen und Rechnungen bis zu den Ausschreibungsplattformen, der selbstständigen Verwaltung von Stammdaten oder der Berichterstattung bei Lieferantenentwicklungsaktivitäten.

Den Effizienzfeldern wirkt die fortlaufende Akquirierung neuer Themenfelder im Einkauf entgegen (z. B. Nachhaltigkeitsanforderungen), die eine Erweiterung der Organisation bedingen, sofern sie nicht durch Effizienzsteigerungen zumindest ausgeglichen werden können.

Die Prozesswelt des Einkaufs muss demnach bemüht sein, zumindest zentrale Anspruchsgruppen zu integrieren, um die Effizienzfelder für die eigenen Optimierungsbemühungen nutzen zu können.

Literatur

Bräkling, Elmar; Oidtmann, Klaus (2019): Beschaffungsmanagement. Wiesbaden: Springer Fachmedien Wiesbaden.

Hecht, Dirk; Hofbauer, Günter (2022): Digital Procurement. In: Lars Fend und Jürgen Hofmann (Hg.): Digitalisierung in Industrie-, Handels- und Dienstleistungsunternehmen. Wiesbaden: Springer Fachmedien Wiesbaden, S. 147–176.

Schupp, Florian; Wöhner, Heiko (2018): Digitalisierung im Einkauf. Wiesbaden: Springer Fachmedien Wiesbaden.

Waitzinger, Stefan (2021): Digitale Prozessoptimierung in Einkaufsbereichen. In: Stefan Detscher (Hg.): Digitales Management und Marketing. Wiesbaden: Springer Fachmedien Wiesbaden, S. 525–544.

Wannenwetsch, Helmut (2021): Integrierte Materialwirtschaft, Logistik, Beschaffung und Produktion. Supply Chain im Zeitalter der Digitalisierung. 6. Aufl. 2021. Berlin, Heidelberg: Springer Berlin Heidelberg. Online verfügbar unter http://nbn-resolving.org/urn:nbn:de:bsz:31-epflicht-1903302.

2 Vorüberlegungen zur Gestaltung eines wirksamen digitalen Einkaufs

Im folgenden Kapitel soll eine Auswahl an Themen hervorgehoben werden, die für die Formulierung einer optimierten digitalen Einkaufsstrategie zu berücksichtigen sind. Es handelt sich dabei um Themen mit Fokus auf Einkaufsprozesse, deren Einfluss auf die Zielsysteme des Einkaufs sowie Möglichkeiten einer spezifischen Adressierung von Einkaufssegmenten. Dies bedeutet nicht, dass die allgemeinen Einflussfaktoren der Organisationsgestaltung von untergeordneter Relevanz sind. Die Bedeutung beispielsweise einer auf digitale Prozesse und Einkaufsstrukturen ausgerichteten Führungsmannschaft – insbesondere in Form der Einkaufsleitung – steht dabei außer Frage. Ebenso die Themen der Kompetenzentwicklung der Einkaufsmitarbeiter. Diese Aspekte sind in den späteren Kapiteln deshalb nochmals gesondert erwähnt und bilden wichtige Elemente des RDE (Abschn. 4.4).

2.1 Datengetriebene Einkaufsorganisation und Entwicklungsrichtungen

Der ganzheitliche Digitalisierungsansatz im Einkauf strebt an, alle relevanten Entscheidungsdaten aus den Einkaufsprozessen zu digitalisieren und somit Entscheidungen im Unternehmen auf der Grundlage von optimal generierten und integrierten Daten mit Unterstützung von Analysesystemen zu treffen, früh unerwünschte Entwicklungen zu erkennen und Alternativszenarien zu generieren. Ist zu erwarten, dass dadurch die Einkaufsorganisation hin zu einem optimierten Fähigkeits- und Leistungszustand entwickelt werden kann, stellt sich die Frage, warum die Durchdringung von Digitaltechnologie im Einkauf nicht von allen Unternehmen aktiver vorangetrieben wird. Die Gründe dafür sind oftmals in externen Faktoren der Digitalisierung zu sehen (Tardieu et al. 2020). Im Gegensatz zu Technologieunternehmen, deren Kerngeschäftsfeld sich aus einer digitalen

© Der/die Autor(en), exklusiv lizenziert an Springer Fachmedien Wiesbaden GmbH, ein Teil von Springer Nature 2024

B. Idler, *Referenzmodell zur Digitalisierung des strategischen Einkaufs*,
https://doi.org/10.1007/978-3-658-43943-9_2

Strategie entwickelte, müssen viele Unternehmen eine entgegengesetzte Strategie verfolgen. Kommend von einer Fokussierung auf physische Produkte, darauf ausgerichteten Strukturen und eingebettet in starke Regulationsumfelder hin zu einer digitaleren Produkt- und auch Administrationswelt (Tardieu et al. 2020). Dass dies kein rein technisches Problem darstellt ist evident, denn die organisationalen Verharrungstendenzen müssen ebenfalls in Richtung einer datengetriebenen Unternehmens- und Einkaufsstrategie gelöst werden (Tardieu et al. 2020). Gleichwohl sollten übertriebene Erwartungen an Digitalisierungsprojekte gezügelt werden. Es ist wichtig zu verstehen, dass der technische Prozess der Digitalisierung nicht immer zu Reifegradsprüngen (Schnellbächer und Weise 2020) führt, sondern ebenfalls einer laufenden und kontinuierlichen Adaption bedarf, indem konstante Impulse der Veränderung in Richtung eines stärker digitalisierten Einkaufszielbildes wirken (Abb. 2.1).

Diese Entwicklungsrichtungen scheinen zu sein:

1. Kontinuierliche Verbesserung von Sensorik in Markt- und Geschäftswelt
2. Beschleunigung digitaler Investitionen
3. Lieferantenpartnerschaften und Co-Innovationen
4. Aufbau einer reaktiven und vielseitigen Organisation
5. Ausbildung des Einkaufsteams für den datengetriebenen Einkauf
6. Stärkere Betonung der sinnstiftenden Einkaufszielbilder

Um auf Veränderungen der Umwelt angemessen und zügig zu reagieren, ist eine Bestrebung, die Sensorik des Unternehmens für relevante Markt- und Lieferantendaten zu optimieren. Dieser datengetriebene Ansatz betont dabei eine Verbesserung der Informationsqualität aus den Lieferketten, welche sich als disruptiv auf die eigene Geschäftsgestaltung auswirken kann. Es ist damit nicht mehr genug, ein Ereignis zur Anregung eigener Handlungen zu nehmen, sollte es eintreten; vielmehr kann die Nutzung von Vorhersagemodellen eine Handlung bereits implizieren, wenn Indikatoren, gewonnen aus den Sensordaten (bspw. Marktentwicklungen), diese als wahrscheinlich vorhersagen. Dies bedeutet auch, dass Reaktionspläne bereits aktiviert werden können und somit die eigene Handlungsfähigkeit gestärkt wird. Um diesem Szenario ent-

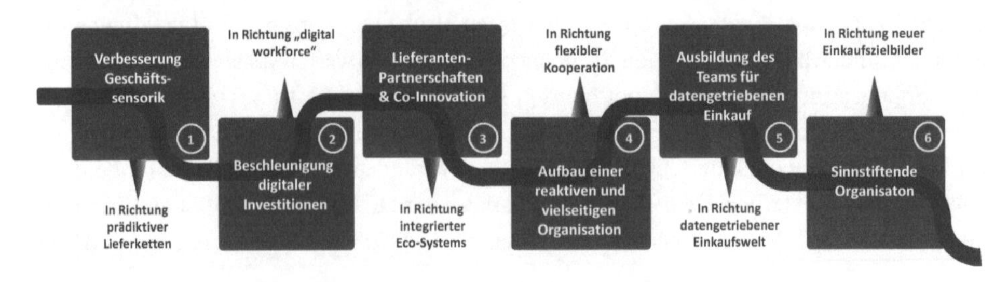

Abb. 2.1 Entwicklungsrichtungen im Einkauf

gegenzustreben, sind Investitionen in die digitale Infrastruktur des eigenen Unternehmens im Einkauf, aber insbesondere auch im Bereich der Supply Chain notwendig. Diese sollen sowohl die Informationsgüte verbessern als auch den stetigen Aufbau der „digital workforce" stützen, d. h. der kontinuierlichen Ergreifung von Chancen aus der technologischen Entwicklung in Richtung künstlicher Intelligenzen und weiteren Automatisierungsinstrumenten.

Die gezielte Entwicklung von ausgewählten Partnerschaften im Einkauf stellt einen weiteren wichtigen Entwicklungspfad dar. Die Nutzung dieses Innovationspotentials für die Gestaltung und Optimierung der eigenen Wettbewerbsfähigkeit scheint geboten. Integrierte Wertschöpfungsökosysteme konkurrieren somit in ihren jeweiligen Märkten und der Einkauf als dominante Organisationsform zur Gestaltung der externen Wertschöpfungspartnerschaft bildet den zentralen Eingangskanal lieferantenspezifischer Fähigkeiten in das eigene Unternehmen. Es kann dem Gedanken weiter gefolgt und somit das Bild eines virtuellen und integrierten Unternehmensverbundes entworfen werden. Die Qualität der Integration dieses Verbundes ist ein ebenso wichtiger Erfolgsfaktor wie ein ordnungsgemäß entwickelter Vertrieb.

Um dies zu erreichen, muss eine Organisationsform im Einkauf entworfen werden, welche in der Lage ist, mit einer gewissen Agilität ungewollten Störfaktoren entgegenzuwirken. Das ist nicht gleichbedeutend mit der generellen Kritik an traditionellen, hierarchischen Organisationsformen. Diese ermöglichen die Entstehung großer Expertise und Spezialisierung, schaffen klare Verantwortung und Zuständigkeiten und geben Kontinuität. Jedoch sind mit diesen Formen der Organisation bekanntermaßen auch die wenig reaktiven Fähigkeiten und Trägheiten verbunden; sie sind somit nur bedingt hinsichtlich der Reaktionsfähigkeit auf Krisen konstruiert. Es sollte also angestrebt werden, eine diverse und stark kooperierende Organisationsstruktur zu entwickeln, welche zwar im Hinblick auf die Einkaufszielsysteme hin stringent fokussiert ist, die jedoch gleichfalls in der Lage ist, Störgrößen zu kompensieren.

Diese Weiterentwicklung der Organisation verlangt besonders im Falle der Digitalisierung eine kontinuierliche Befähigung der Mitarbeiter, aus digitalen Instrumenten Entscheidungsparameter abzuleiten. Es entstehen neue Rollen und Funktionen im Einkauf, „Procurement Data Operations Center" versorgen die Einkaufsrollen punktgenau und aktuell mit Entscheidungsdeterminanten in diesem Zielbild. Dennoch, so scheint es, ist eine reine Fokussierung auf klassische Einkaufszielparameter für die Entstehung einer hochmotivierten und engagierten Einkaufsorganisation keine ausreichende Vision. Um das eigene Handeln in einen größeren, sinnstiftenden Handlungsrahmen einzubetten, kann zumindest versucht werden, den eigenen Handlungen im Einkauf innerhalb einer Organisation eine über Einsparziele hinaus bedeutende Existenzberechtigung zu geben. Hier kann im Einkauf eine vielseitige Rolle eingenommen werden, indem aktiv Themen besetzt werden, die das Handeln des Einzelnen im Einkauf in einen positiv besetzten und sinnstiftenden Kontext stellen. Dafür bieten sich die Themenfelder der Nachhaltigkeit ebenso an, wie die der Erschaffung von starken wirtschaftlichen Kooperationsnetzwerken mit Lieferanten.

2.2 Integration und Balance von Prozess-, Organisations- und Technologieperspektive

In der unternehmerischen Realität von größeren Organisationen sind Bemühungen zur stärkeren Nutzung von Softwarelösungen im Einkauf seit vielen Jahren eine etablierte Praxis. Aber die unternehmensinternen und externen Nutzer mussten neben einer Systemanwenderkenntnis ebenfalls über erweitertes Wissen verfügen, um den vielfältigen organisatorischen Anforderungen erfolgreich zu entsprechen. Diese Anforderungen stammen einerseits aus regulatorischen Quellen in Form von Einkaufsrichtlinien, Prozessvorgaben und -templates, andererseits aus einer organisatorischen Verantwortungssicht heraus, welche die prozessuale Abwicklung innerhalb und außerhalb der Einkaufsbereiche beschreibt.

So haben sich über die Jahre beträchtliche Prozessdokumentationen und Richtlinien entwickelt, die zum Teil in Prozessmanagementsystemen hinterlegt sind und die Abwicklung von strategischen Einkaufsprozessen im Sollzustand beschreiben.

Oftmals losgelöst von diesen Prozessen war die faktische Bedienung der an den Prozessen orientierten Einkaufssysteme. Aus Sicht der Nutzer erhöht dies die Komplexität, denn neben dem Wissen über die zum jeweiligen Zeitpunkt geltenden organisatorischen Richtlinien und Prozessverfahrensanweisungen muss auch ein möglichst aktuelles Wissen über die sich stetig verändernde Systembedienung gesichert werden.

Häufige organisatorische Wechsel führen dazu, dass die individuellen Ansprechpartner bezüglich organisatorischer Verantwortungen ebenfalls eine Veränderung erfahren. Somit steigt die Komplexität der Nutzer weiter an, da nun nebst der prozessualen und IT-technischen Perspektive ebenfalls organisatorisches Metawissen gefordert ist, um die Zuständigkeiten korrekt zuzuordnen.

Es kommt somit in der Praxis oftmals zu einer Entkopplung von Geschäftsprozess-, Softwaresystem- und Organisationsperspektive (Abb. 2.2).

Die Einschränkungen dadurch sind nicht nur in Ineffizienzen beim Anwenderkreis von Softwaresystemen zu identifizieren, sondern setzen sich fort in die Bereiche der Organisation, die für Prozessdokumentation, Kompetenzentwicklung oder organisatorische Änderungen zuständig sind. Es ist deshalb für eine erweiterte Betrachtung der Effizienzen aus einer verstärkten Abdeckung von Einkaufskernprozessen mit IT-Systemen erforderlich, in die Konzeption der Lösungen immer auch die Perspektive der Geschäftsprozesse sowie die der organisatorischen Workflows zu integrieren und gemeinsam weiterzuentwickeln. In der Praxis ist es somit von Vorteil, die Teams zur Digitalisierung des strategischen Einkaufs mit Befugnissen auszustatten, die neben der Betreuung und Steuerung der IT-Anwendungen ebenfalls eine Verantwortung über die jeweiligen Geschäftsprozesse, die Kompetenzentwicklung der Organisation sowie die Integration der organisatorischen Stammdaten kombinieren.

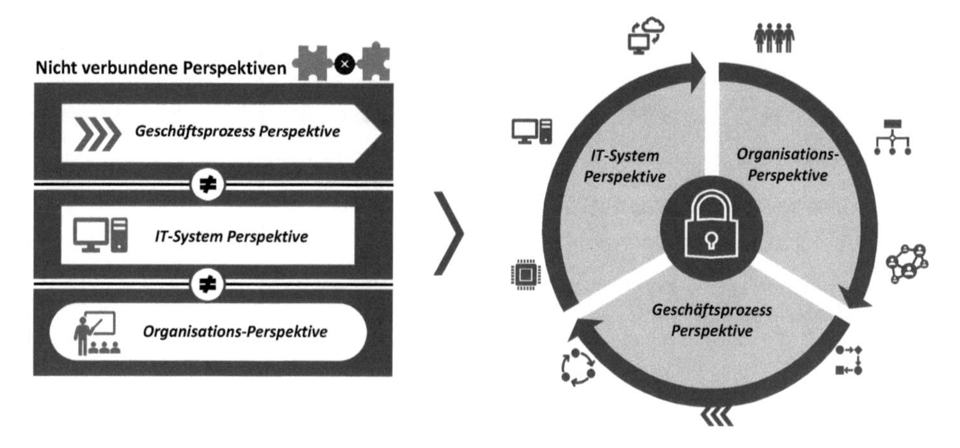

Abb. 2.2 Integration von Prozess-, Organisations-, und IT-Systemperspektive

2.3 Segmentspezifische Adressierung der internen und externen Wertschöpfungspartner

Als in einen Gesamtunternehmenskontext eingebundene Organisation erbringt der strategische Einkauf seine Leistungen für eine Vielzahl interner Anspruchsgruppen und Unternehmenseinheiten. In produzierenden Unternehmen ist ein wichtiger Fokus der Einkaufstätigkeit auf die großen Ausgabenvolumina konzentriert, die oftmals in Verbindung mit Produktionswerken und Logistikzentren entstehen. Ebenso relevant ist es auch, die Vertriebsniederlassungen in die Bemühungen rund um eine unternehmensweit geltende Strategie der Digitalisierung im Einkauf einzubeziehen. Möglicherweise nicht primär aus dem Impuls heraus, Einsparziele zu erfüllen, sondern um weiteren relevanten Belangen der Einkaufszielsetzung gerecht zu werden, die sich beispielsweise aus „Compliance"- und Bestelltransparenzvorgaben ableiten lassen.

Der strategische Einkauf muss verschiedene (Kunden-)Segmente abdecken und diesen Abdeckungsgrad nicht nur aus einer systemtechnischen Frage heraus beantworten. Ebenso relevant scheint die Frage der organisatorischen Integration zu sein: an welchen Standorten muss welche organisatorische Voraussetzung geschaffen werden, um die entsprechenden Beschaffungsvolumina unter adäquate Kontrolle des Einkaufs zu stellen. Abb. 2.3 soll diesen Gedanken veranschaulichen.

Abb. 2.3 zeigt eine beispielhafte Segmentierung in drei Hauptbereiche des Einkaufsvolumens mit einer Priorisierung des Einkaufsvolumens, ausgehend von dessen Auswirkung auf das Zielsystem des Einkaufs („Procurement Value Impact"). Es werden die Bereiche „High PVI", „Medium PVI" und „Low PVI" zur Veranschaulichung dargestellt. Die Darstellung kann weiter differenziert werden, indem eine Untersuchung nach Einkaufssachgebiet erforderlich ist, also eine Differenzierung in di-

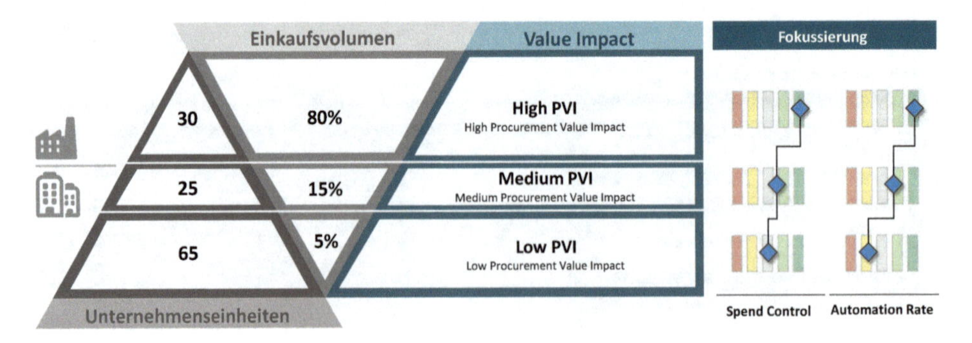

Abb. 2.3 Segmentspezifische Fokussierung der Einkaufsgovernance

rektes und indirektes Material. Es ist auch sinnvoll, diese Segmentierung aus einer regionenspezifischen Perspektive zu untersuchen. Beispielsweise wäre es möglich, das Einkaufsvolumen einer Region APAC („Asia Pacific") zu betrachten, um daraus Schlussfolgerungen für eine regionale Einkaufsstrategie zu erhalten.

Die drei Segmente führen dazu, dass gezielt Überlegungen und Schlussfolgerungen abgeleitet werden können, über welche technische und organisatorische Unterstützung das einzelne Segment verfügen sollte, um das Zielsystem des strategischen Einkaufs optimiert zu beeinflussen. Im Bereich der „High PVI" liegt somit nicht nur der Fokus auf dem Einkaufsvolumen, sondern insbesondere auf der optimierten Bearbeitung mittels der vollen prozessualen Möglichkeiten und einer möglichst optimierten Abdeckung mittels Softwarewerkzeugen. In den „Medium PVI"-Einheiten muss hingegen gezielt danach gefragt werden, ob die notwendigen organisatorischen Rahmenbedingungen gegeben sind, die den vollen Einsatz strategischer Kernprozesse des Einkaufs ermöglichen, und ob die vollen Möglichkeiten der Softwaresystemabdeckung auch organisatorisch integriert werden können. In den „Low PVI"-Einheiten (am Beispiel 65 Einheiten mit 5 % Einkaufsvolumen) muss das Zielsystem des Einkaufs hingegen auf eine transparente und sichere operative Bearbeitung fokussiert werden.

▶ Die digitale Einkaufsstrategie muss bezüglich ihrer unternehmerischen Abdeckung in verschiedene Segmente differenziert werden, damit der Technologieeinsatz immer auf die einkaufsorganisatorischen Fähigkeiten und Ziele der Segmente ausgerichtet wird.

Ausgehend von diesem Ansatz kann eine anhand der Zielwirkung orientierte Entwicklung der Einkaufsorganisation erfolgen und mit segmentspezifischen technologischen Konzepten eine Substrategie entwickelt werden. Die Substrategien sind nicht losgelöst vom Kernansatz der Abdeckung aller Einkaufsprozesse mittels Softwarelösungen, sondern ergeben sich als Derivat daraus, da lokale einkäuferische, organisatorische Fähigkeiten, wie die Ressourcenausstattung und Qualifikation in den Unternehmenseinheiten, auch die prozessuale Abdeckung mit strategischen Einkaufsprozessen begrenzen. Aus Sicht des Datentmanagements bildet eine transparente und systemgestützte operative Abwicklung der Bestellprozesse den Minimalansatz, von dem eine weitere Entwicklung erfolgen kann.

2.4 Steuerung der Prozesszielwirkungen und -zusammenhänge

Für die Priorisierung von Prozessen nach Zielbeeinflussung und -wirkung sowie nach der Eignung in bestimmten Einkaufssegmenten, ist es hilfreich, Überlegungen zu diesem Thema anzustellen. Wie bereits gezeigt, bietet sich unternehmensintern eine Differenzierung in Einkaufssegmente (Abschn. 2.3) an. Weiter sind die Prozesse nach ihrer Relevanz für die verschiedenen Lieferantenkategorien zu differenzieren. So kann es sich als sinnvoll erweisen, beispielsweise Prozesse der Lieferantenintegration, -bewertung und -entwicklung nur für Lieferanten mit strategischer Bedeutung vorzusehen und somit die Prozessarbeit auf die Fälle zu konzentrieren, in denen die Prozessoutputs zu einer Optimierung der Entscheidungsfindung führen.

Als ein weiterer interessanter Informationsaspekt kann untersucht werden, inwiefern die relevanten Hauptschnittstellen (Stakeholder) an den Prozessergebnissen interessiert sind und in die Prozesse eingebunden werden sollten. Diese Differenzierung, beispielsweise in die Ausprägungen Produktionswerke, Nicht-Produktionswerke, Entwicklungsbereiche und Lieferanten, zeigt auf, welche Prozesse für welche interne Partner Relevanz haben. Beispielsweise haben die Prozesse der Produktentwicklung in den Vertriebsorganisationen meist eine untergeordnete Bedeutung, müssen somit weder eingeführt noch betreut werden. Gleiches betrifft in der Regel die Category-Strategie, die als internes Handlungsdokument nur in Teilen mit den Lieferanten geteilt werden sollte.

Von großem Interesse ist das Thema der Zielwirkung der Prozesse: Welchen Einfluss haben die jeweiligen Prozesse auf die Zielwelt der Einkaufsorganisation und ist dieser beispielsweise nur indirekter Natur? So ist die Steigerung der Automatisierungsrate ein wichtiges Ziel des Einkaufs, leistet aber nur indirekten Beitrag zu Einsparzielen sowie der Optimierung von Lieferbedingungen.

Für ein Verständnis der Digitalisierungspriorität ist es wichtig zu klären und richtig zu schlussfolgern, welche Prozesse überwiegend als Daten-Generatoren fungieren und welche Prozesse vor allem als Datenkonsumenten in ihrer Funktion Abhängigkeiten haben. Ein wichtiger Datengenerator für Kreditorenstämme sind die Prozesse der Lieferantenqualifikation und -freigabe. Hier werden wichtige Grunddaten der Lieferanten erstellt, Auditdaten generiert und weiteren Prozessen bereitgestellt. Die Category-Strategie hingegen benötigt für ihre Erstellung den Zugriff auf eine heterogene Landschaft an Datenquellen. Gleichwohl werden auch durch den Prozess selbst wichtige Entscheidungsparameter für die Einkaufsorganisation generiert. Diese Beurteilung gibt somit auch eine Indikation für den Digitalisierungsaufwand. Ist ein Prozess in seiner Funktion von einer

D=Dominant; I=Important; E=Enhanced; N=Neglect

Process Interaction Analysis	Supplier Category Focus				Interface Segment				Procurement Value Contribution						Enhanced Value Contribution					Process Data Influence	
	A	B	C	D	PLANT	Non-PLANT	BU / R&D	SUPPLIER	Material Cost Reduction	Cost Avoidance	Business Partner Quality	Business Partner Delivery Reliability	Business Partner Risk Exposure	Sustainability	Supplier Growth Reduction	Spend under contract	Purchasing Volume per Employee	Mandated Spend	Automation Rate	Data Generator	Data Consumer
Impact Delivery Processes																					
Product Lifecycle Project	x	x	-	-	E	N	D	I	7	5	7	7	5	5	5	5	3	3	0	Strong	Strong
Impact Delivery Planning & Execution	x	x	x	-	D	D	D	D	7	7	3	3	3	3	3	0	0	0	0	Weak	Strong
Indirect Material Project	x	x	x	x	D	D	D	D	3	7	7	7	7	5	3	3	0	0	3	Weak	Strong
Non-stock Procure-to-Pay	x	x	x	x	D	D	D	D	0	0	5	5	3	3	3	5	3	3	7	Strong	Strong
Strategic Sourcing, Negotiation & Awarding	x	x	x	-	E	E	E	D	7	7	3	3	3	3	0	0	0	0	3	Strong	Strong
Contract Management	x	x	x	-	E	E	E	D	3	3	3	3	3	3	0	3	0	3	3	Strong	Strong
Core Value Contributors																					
Category Strategy	x	x	x	-	D	D	D	N	7	7	7	5	5	7	7	5	0	5	0	Strong	Strong
Supplier Evaluation and Release	x	x	x	x	E	E	E	D	0	0	5	5	5	5	7	0	0	0	0	Strong	Weak
Risk, Resilience & Sustainability Management	x	x	-	-	E	E	E	D	3	3	5	5	7	7	3	0	0	0	0	Strong	Strong
Supplier Performance Management	x	x	-	-	I	E	I	D	3	3	5	7	7	7	3	0	0	0	0	Strong	Weak
Supplier Integration & Development	x	x	-	-	I	E	I	D	3	3	5	5	5	5	3	0	0	0	0	Strong	Weak
Supplier Phase Out	x	x	x	x	I	E	E	D	0	0	3	3	3	3	7	0	0	0	0	Weak	Strong
Value Enablement Processes																					
Data Management & Governance	x	x	x	x	I	I	I	I	5	5	5	5	5	5	3	5	3	5	7	Strong	Strong
Virtual Enterprise Enablement	x	x	x	-	E	E	E	D	3	3	3	3	3	3	3	3	0	0	5	Strong	Weak
Digital Workforce Management	-	-	-	-	E	E	E	E	0	0	3	3	0	0	0	0	5	3	7	Weak	Strong
Data Science and Analytics	x	x	x	x	E	E	E	E	7	7	5	5	3	3	3	3	3	3	3	Strong	Strong
Internal Partner Alignment	-	-	-	-	I	I	I	E	5	5	7	7	3	3	3	5	0	5	3	Strong	Weak
Price Excellence	x	x	-	-	I	N	D	D	7	3	3	3	3	3	0	3	0	3	3	Strong	Strong
Procurement Marketing	x	x	x	-	E	E	I	I	3	3	3	3	3	3	3	0	0	0	0	Strong	Weak
Tool Management	x	x	x	-	I	N	I	D	5	0	3	5	3	0	0	0	0	0	0	Strong	Strong
Part Qualification	x	x	x	-	I	N	D	D	5	0	3	5	3	0	0	0	0	0	0	Strong	Strong

Influence Matrix Processes
[0=no influence; 3=some influence; 5=strong influence; 7=very strong influence]
"Based on data contributions and process inputs"

	Impact Delivery Processes						**Core Value Contributors**						**Value Enablement Processes**									
	Product Lifecycle Project	Impact Delivery Planning & Execution	Indirect Material Project	Non-stock Procure-to-Pay	Strategic Sourcing, Negotiation & Awarding	Contract Management	Category Strategy	Supplier Evaluation and Release	Risk, Resilience & Sustainability Management	Supplier Performance Management	Supplier Integration & Development	Supplier Phase Out	Data Management & Governance	Virtual Enterprise Enablement	Digital Workforce Management	Data Science and Analytics	Internal Partner Alignment	Price Excellence	Procurement Marketing	Tool Management	Part Qualification	
Product Lifecycle Project	x	5	0	3	7	7	5	3	5	5	3	0	5	3	3	5	5	5	5	5	7	86
Impact Delivery Planning & Execution	7	x	7	3	7	7	7	3	3	5	5	0	5	0	0	7	5	5	3	3	5	87
Indirect Material Project	0	7	x	3	7	7	7	3	3	5	3	0	3	3	0	3	7	0	5	0	0	66
Non-stock Procure-to-Pay	3	3	0	x	0	3	5	0	3	3	0	3	5	5	0	0	3	0	0	0	0	36
Strategic Sourcing, Negotiation & Awarding	5	7	5	3	x	7	7	3	3	5	5	5	5	5	3	5	0	3	5	5	5	91
Contract Management	5	3	5	0	3	x	5	0	3	3	5	3	5	5	3	5	3	3	0	0	0	59
Category Strategy	5	7	7	0	5	5	x	7	7	7	5	3	7	5	3	7	7	5	5	5	5	107
Supplier Evaluation and Release	5	3	5	5	5	5	5	x	5	0	0	0	5	7	3	5	3	3	5	0	0	69
Risk, Resilience & Sustainability Management	3	3	3	0	5	5	7	5	x	7	5	3	7	3	3	5	3	0	3	0	0	70
Supplier Performance Management	5	5	5	0	5	5	7	0	7	x	7	3	5	3	0	5	5	5	5	0	0	77
Supplier Integration & Development	3	3	3	0	3	3	7	0	5	7	x	3	3	5	0	3	3	0	3	0	0	54
Supplier Phase Out	0	0	3	5	5	5	7	0	3	3	3	x	5	0	0	3	3	0	3	5	5	58
Data Management & Governance	5	5	5	5	5	5	7	7	7	7	7	7	x	5	7	7	5	7	5	7	7	122
Virtual Enterprise Enablement	3	3	3	5	5	5	5	5	7	5	7	5	5	x	5	5	3	3	3	3	5	90
Digital Workforce Management	3	3	3	7	5	5	3	3	3	3	3	5	7	5	x	5	3	5	3	3	3	80
Data Science and Analytics	7	7	7	3	7	7	7	3	7	7	7	7	7	5	5	x	3	7	3	3	3	112
Internal Partner Alignment	5	5	5	3	5	3	7	3	5	5	5	5	3	3	3	3	x	3	3	3	0	77
Price Excellence	5	5	0	0	5	5	7	0	0	5	5	3	7	3	3	7	5	x	3	5	5	78
Procurement Marketing	5	3	3	0	5	5	5	7	5	3	3	3	3	3	3	3	3	3	x	0	3	68
Tool Management	5	3	0	5	5	5	5	3	5	5	3	3	5	3	3	5	3	5	3	x	5	79
Part Qualification	7	5	0	0	3	0	3	0	0	3	3	3	3	5	3	3	3	5	0	5	x	54
	86	85	69	50	97	99	118	55	86	93	84	64	100	76	50	91	75	67	65	52	58	

Abb. 2.4 Einfluss und Abhängigkeit innerhalb der Einkaufsprozesse

hohen Datengüte durch vorgelagerte Prozesse abhängig und stehen diese nicht bereit, kann es sinnvoll sein, die Bereitstellungsprozesse ebenfalls in ein mögliches Projekt zu integrieren, um einer fehlenden Prozessintegration früh entgegenzuwirken.

So kann die Prozesslandschaft anhand folgender Kriterien eine erste Charakterisierung erfahren:

1. Lieferantenkategorisierung
2. Anspruchsgruppendifferenzierung
3. Einfluss auf Primärziele des Einkaufs
4. Einfluss auf Sekundärziele des Einkaufs
5. Datenwirkung der Prozesse

Ein hilfreiches Instrument, um das Verständnis innerhalb der Prozesswelt zu veranschaulichen, ist die Erstellung einer Einfluss- und Abhängigkeitsmatrix. Diese kann unternehmensindividuell ausgeprägt sein, haben doch die einzelnen Prozesse unterschiedliche Bedeutung für den spezifischen Einkaufserfolg. Eine beispielhafte Darstellung findet sich in Abb. 2.4.

Aus Abb. 2.4 ist ersichtlich, dass einige Prozesse eine hervorgehobene Bedeutung für eine integrierte Digitalisierungslandschaft des Einkaufes haben. Dies sind insbesondere die Prozesse Category-Strategie, Datenmanagement sowie die Fähigkeit, Analysen aus den Daten zu erstellen. Gleichwohl ist ersichtlich, dass somit auch der Einfluss dieser Prozesse auf die datenkonsumierenden Folgeprozesse gewichtig ist. Für die Generierung einer möglichen, auf Handlungsprioritäten ausgerichteten Digitalisierungsstrategie im Einkauf, legt diese Erkenntnis wichtige Schlussfolgerungen nahe: unabhängig vom Ausgangspunkt einer Digitalisierungsaktivität stößt diese Aktivität zwangsläufig Folgeprozesse an, die in einem ordnungsgemäßen Datenmanagement sowie einer Analysefähigkeit dieser Daten münden.

Literatur

Schnellbächer, Wolfgang; Weise, Daniel (2020): Jumpstart to Digital Procurement. Cham: Springer International Publishing.

Tardieu, Hubert; Daly, David; Esteban-Lauzán, José; Hall, John; Miller, George (2020): Deliberately Digital. Cham: Springer International Publishing.

Das Referenzmodell zur Digitalisierung des Einkaufs

3

Im Folgenden wird das Konzept eines Referenzmodells für den digitalen Einkauf entworfen. Nach einer Erklärung zur Herleitung des Modells folgt der Aufbau der nächsten Kapitel dieser Struktur und erläutert anhand der unterschiedlichen Elemente und Prozesse das Konzept im Detail.

3.1 Erklärung und Herleitung des Referenzmodells

Das Referenzmodell zur Digitalisierung des Einkaufs (RDE) bildet einen organisatorischen Orientierungs- und Handlungsrahmen, um den strategischen Einkauf in Industrieunternehmen ganzheitlich abzudecken. Es ist ein Referenzmodell zur Digitalisierung der Prozesse des strategischen Einkaufes.

Als Modell dient das RDE vor allem dem Zweck, die komplexen Zusammenhänge der strategischen Einkaufswelt greifbar zu machen. Die gegenseitige Beeinflussung der Prozesse mit deren jeweiligen technologischen Bebauung und organisatorischen Zuständigkeiten können nicht per se als vorhanden und transparent vorausgesetzt werden. So strebt das RDE für den strategischen Einkauf an, ein besseres und ganzheitlicheres Verstehen der Zusammenhänge zu ermöglichen und auch für neue Problemstellungen (bspw. regulatorische Anforderungen der Nachhaltigkeit oder Handelsbarrieren) eine Simulationsbasis zu schaffen (Rüegg-Stürm und Grand 2020, S. 38). Als abstraktes Modell einer operativen Prozesswirklichkeit stellt das RDE zwar relevante Abhängigkeiten und Zusammenhänge dar, es ist jedoch ebenso wichtig, in einer tieferen Ebene die zentralen Anforderungen der Prozess zu verstehen. Dazu dienen die weiteren Kapitel des Buches.

Das RDE folgt im Kern seiner Ausgestaltung den Erkenntnissen des St. Gallener Managementsystems (SGMM) (Rüegg-Stürm und Grand 2020) sowie des Viable System

© Der/die Autor(en), exklusiv lizenziert an Springer Fachmedien Wiesbaden GmbH, ein Teil von Springer Nature 2024

B. Idler, *Referenzmodell zur Digitalisierung des strategischen Einkaufs*,
https://doi.org/10.1007/978-3-658-43943-9_3

Modells (Lassl 2020). Ergänzt werden diese durch eine Architektur der Digitalisierung (Urbach und Röglinger 2019, S. 5).

Das SGMM bildet einen starken Bezugsrahmen, um sich den Herausforderungen eines Unternehmens zu stellen. Als Modell möchte es „gemeinsame neue Wirkungsdynamiken und Möglichkeiten" (Rüegg-Stürm und Grand 2020, S. 39) erkennbar machen, um für das Management einer Unternehmung relevante Gestaltungsaspekte und -perspektiven ins Zentrum der Entscheidungswelt zu rücken. Basis bildet dafür eine systemorientierte[1] Betonung des Unternehmens, welches im Kontext mehrerer Einflusssphären einer fortlaufenden Adaptierung bedarf. Eben diese Sichtweise muss auch auf das RDE übertragen werden. Es ist keine statische Momentaufnahme, sondern erfährt in der jeweiligen Ausgestaltung in der unternehmerischen Praxis, jeweils basierend auf den vielfältigen Spezifika der Märkte, eine konkrete Adaption. So sollten und müssen die Prozesse nicht im Sinne eines „Blueprints" verstanden werden, sondern Anregungen zur unternehmensindividuellen Ausprägung, ausgehend von einer holistischen Betrachtung der strategischen Einkaufsprozesse, geben.

Für eine ganzheitliche Betrachtung des strategischen Einkaufs dienen im Wesentlichen die SGMM Ordnungselemente Organisation, Kultur und Strategie sowie die starke Prozessorientierung als wichtige Aspekte des Managements eines digital fokussierten strategischen Einkaufs. Ebenfalls findet sich im RDE eine auf die Stakeholder konzentrierte Erbringung der einkäuferischen Wertschöpfungsleistung wieder.

Das RDE kann nicht implementiert werden. Es dient als Denk- und Gestaltungshilfe und muss sich, wie jedes Modell, laufend einer kritischen Veränderung unterziehen, um der Dynamik der Umfeldveränderungen eines Unternehmens gerecht zu werden.

Der Unterteilung der unternehmerischen Prozesswelt folgend (Rüegg-Stürm und Grand 2020, S. 79), richtet sich das RDE auch auf drei große Prozesskategorien aus:

- Prozesse zur Gestaltung und zum Management der Struktur und der Governance des strategischen Einkaufs
- Kernprozesse zur Gestaltung und zum Management des strategischen Einkaufs
- Unterstützungsprozesse zur Gestaltung und zum Management des strategischen Einkaufs

Um dem Prozessgedanken in einer „End-to-End"-Perspektive gerecht zu werden, soll der Kontext des RDE zwar ausdrücklich auf den strategischen Einkauf fokussiert, jedoch mit der angrenzenden Prozesswelt aus weiteren Geschäftsbereichen integriert werden. So muss sichergestellt werden, dass bspw. die operativen Beschaffungsaufgaben aus einer Versorgungs- oder Planungsperspektive der Supply Chain eines Unternehmens mit den Prozessen des Einkaufs synchronisiert werden. Auch hier leistet das RDE einen aktiven Beitrag durch klare Dokumentationen sowie durch Wirkungsanalysen. Ebenso

[1] Zur Definition von Systemen siehe bspw. Erk (2016).

muss die Perspektive weiterer Bereiche integriert werden, so bspw. die Prozesswelt der Finanzbereiche für Zahlungs- und Freigabeprozesse, die der IT-Welt für Softwareimplementierungsprojekte oder auch diejenige der HR-Welt, im Falle von Projekten mit Wirkungsfokus auf die Aufbauorganisation und deren Ausprägung.

Aus den Konzepten des Viable System Models (VSM) (Lassl 2020) lassen sich weitere relevante Konstruktionsmerkmale für ein Prozessmodell zur Digitalisierung des strategischen Einkaufs ableiten. Insbesondere Ashby's Erkenntnisse zum dynamischen Gleichgewicht zwischen der Umwelt und der Organisation (Lassl 2019, S. 45) müssen auch auf die Unternehmenseinheit Einkauf übertragen werden. Ungleich dessen, was wir in Form eines statischen Organigramms als Repräsentation einer Aufbauorganisation in Unternehmen sehen, betont das VSM die Existenz des Unternehmens aus einem Erfüllungszweck in Bezug auf seine Umwelt heraus. Das Unternehmen ist bestrebt, diesen Anforderungen der Märkte, der Umwelt, der Gesellschaft und weiteren mit einer adäquaten (Eigen)-Vielfalt[2] gegenüberzutreten. Diese Eigen-Vielfalt muss in einen Gleichgewichtszustand gegenüber den Umweltanforderungen gebracht werden. Eine laufende Anpassung zu ermöglichen, stellt eine der Kernaktivitäten der Unternehmung dar. Dazu nutzt sie ihre Ressourcen, Kompetenzen, Verhaltensmuster oder auch Technologien. Weiter versucht die Unternehmung mit Verstärkern oder auch Dämpfungsmechanismen auf die Unternehmensvielfalt einzuwirken, um beispielsweise mit Werbemaßnahmen neue Märkte zu erschließen, neue Kundenbedürfnisse zu kreieren oder gar im Gegenteil mit internen Selektionskriterien die Umweltvielfalt zu reduzieren. Ein Beispiel dafür findet sich in Lieferantenselektionskriterien oder weiterer Regularien, die dazu dienen, den Zugang zum Unternehmenssystem zu begrenzen.

Wesentlich ist nun, dass das VSM für die sogenannte „Viability of Organizations"[3] Kernmerkmale nennt, die diese Überlebensfähigkeit konstatieren. Diese Systeme stehen in wechselseitiger Beziehung zueinander und sind nach dem Grundgedanken des VSM rekursiv, d. h. die Elemente finden sich in allen Aspekten einer Organisation wieder: auf Unternehmensebene, aber auch auf „Business Unit"- oder Bereichs- bzw. Abteilungs-Ebene. Die einzelnen Systeme sind im Folgenden kompakt dargestellt:

System 1: Die Produktion und die Implementierung des Zwecks der Organisation. Dazu gehören die operationalen Elemente, dessen Management[4] sowie die Umwelt, für die das System einen Mehrwert erzeugen möchte. Die Umwelt besteht beispielsweise aus Kunden, Lieferanten, Arbeitsmärkten, Finanzinstitutionen und weiteren, welche für das Unternehmen unterschiedlich zu priorisieren sind. Es ist der Kernzweck des Unternehmens, für seine Märkte und Kunden Güter und Dienstleistungen zu erstellen. Mit dieser Leistung wird das Unternehmen für seine Umwelt sichtbar. Es findet ein fortwährender Austausch zwischen der Umwelt und dem Unternehmen statt, d. h.

[2] Im Original wird der Begriff „Eigenvariety" genutzt (vgl. Lassl 2019, S. 45).

[3] In diesem Sinne Elemente, die eine „Lebensfähigkeit" des Systems Unternehmen ermöglichen.

[4] Management ist hier als Aufgabe zu verstehen, nicht als Position oder Titel.

das Angebot an Produkten oder Dienstleistungen wird vom Kunden beeinflusst, aber auch das Unternehmen beeinflusst den Kunden – eine „bidirektionale und iterative Beziehung" (Lassl 2019, S. 79) entsteht. Das Management des Systems 1 hat als Aufgabe, die Beziehung der Produktionsperspektive zur Umwelt zu überwachen und anzupassen. Dazu nimmt das Management mindestens drei Hauptaufgaben wahr: eine Übersichts-Funktion, eine Kontroll- und Einsichts-Funktion sowie eine Anpassungs-Funktion. Das System 1 soll so in Gänze verstanden und transparent gemacht werden: Es sollen klare Einsichten in das System 1 durch ein Kontroll-Modell realisiert werden, um den Zustand des Systems zu erfassen und durch eine Anpassung der Eigen-Vielfalt, bezogen auf die Herausforderungen der Umwelt, einen Prozess der Adaption anzustoßen.

System 2: Das Meta-System koordiniert die Aktivitäten der operationalen Einheiten (multiple Systeme 1) und soll Konflikte (bspw. Verantwortungsüberschneidungen) zwischen den unterschiedlichen System-1-Funktionen verhindern, indem Regeln, Prozeduren und Normen über Verhalten und Erwartungen erstellt werden. Um die Zusammenarbeit der unterschiedlichen Systeme zu koordinieren, benötigt es in der Sprache des VSM eine zusätzliche Eigen-Vielfalt.

System 3: Eine Controlling-Funktion mit dem Zweck, das Management der Systeme 1 zu überwachen, die Allokation von Ressourcen für operationale Einheiten zu verantworten und Synergien zu generieren.

System 3*: Die Audit- und Verbesserungsfunktion für die Systeme 1. System 3 hat keine Auskunft über die Verlässlichkeit seiner Informationen, die es über das System 1 Management erhält. System 3* schafft durch Inspektionen und andere Werkzeuge die Klarheit, um die operationale Leistungsfähigkeit des Systems 1 zu verbessern.

System 4: Ein strategisches Metasystem, um die weitere Umwelt und zukünftige Entwicklungen zu observieren. Die Funktion beinhaltet die Bewertung dieser gewonnen Daten und die Beurteilung hinsichtlich ihrer Relevanz für die eigene Organisation.

System 5: Hier obliegt die Definition der Unternehmenspolitik, der Prinzipien und Normen. System 5 schafft eine neutrale Balance zwischen den Systemen 3 und 4, um entscheidungsfähig zu bleiben.

Für das RDE ist diese Übertragbarkeit der unterschiedlichen Systemwelten für den strategischen Einkauf relevant. Dazu soll Abb. 3.1 dienen.

Dem strategischen Einkauf kommt als zentrale Koordinationsfunktion zur externen Wertschöpfung des Unternehmens eine bedeutende Schnittstellenaufgabe zu, um eine Balance zwischen der Beschaffungswelt und dem eigenen Unternehmensbedürfnis herzustellen (Lassl 2020, S. 15). Durch Lieferantenzertifizierungen und Produktbemusterungen muss die Eigenvielfalt der Lieferantenprodukte an die des eigenen Unternehmens angeglichen werden. Dies geschieht im Rahmen von Vertragsverhandlungen, aber auch im Rahmen eines Angleichungsprozesses an die eigenen vorhanden Fertigungs- und Verarbeitungsfähigkeiten. Der strategische Einkauf hat weiter eine wichtige Bedeutung, um die Heterogenität und Unsicherheit der Lieferantenbeziehungen zu reduzieren, sodass diese den Anforderungen des eigenen Unternehmens entsprechen. Es kommt so zum Schutz vor unerwünschter „Eigen-Vielfalt" bspw. in Form von mangel-

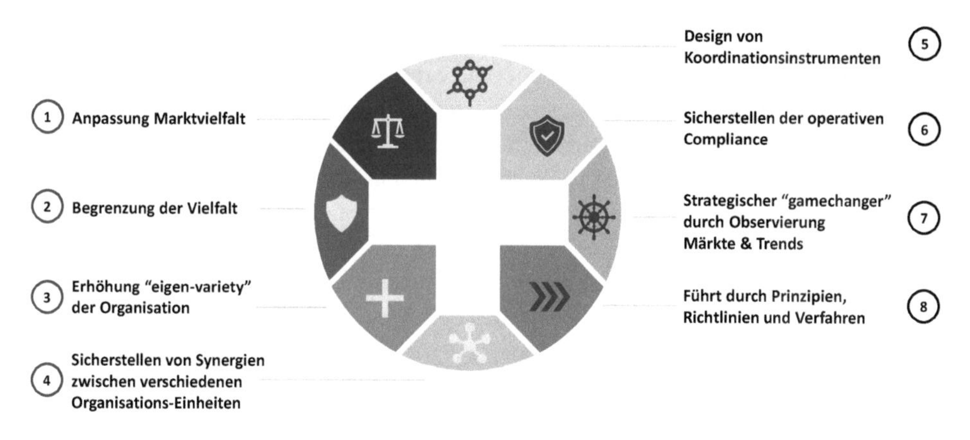

Abb. 3.1 Bezug des VSM zu den Elementen des Einkaufs

haften Produkten oder unzuverlässigen Lieferanten. Hierbei bedient sich der Einkauf bzw. die Lieferantenqualität verschiedener Methoden, wie bspw. Audits oder auch Qualitätsprüfungen.

Ebenfalls kann der strategische Einkauf durch eine aktive Lieferantensuche die organisatorische Vielfalt und Handlungsoptionen vergrößern, etwa durch die Involvierung von Lieferanten in das Thema technischer Produktspezifikationen. Können diese Barrieren gesenkt werden, erhöht sich der Zugang zu potenziellen Lieferanten und die unternehmerische Eigen-Vielfalt wächst.

Dem strategischen Einkauf kommt in der Organisation eine zentrale synergiestiftende Funktion zu (System 3). Die einzelnen Träger von Einkaufsvolumen müssen optimal koordiniert werden, bspw. durch eine erfolgreiche Standardisierung oder ein flächendeckendes Category Management. Um diese Synergien zu realisieren, ist es erforderlich, Koordinationsinstrumente (System 2) einzusetzen. Durch den Einsatz von Controlling-Systemen wird die Vielfalt des Systems 1 mitgesteuert.

Der strategische Einkauf hat auch eine starke Audit- und Konformitätsverantwortung im Unternehmen (System 3*). Die Einhaltung von Compliance-Vorgaben muss einer Überwachung unterstehen, die Anforderungen des internen Kontrollsystems überprüfbar sein und zu Optimierungen im Einkaufssystem führen. Durch die hohe Bedeutung, bezogen auf den Gesamtumsatz eines Unternehmens und dessen Kostenstruktur, ist die Einkaufsstrategie Teil der Unternehmensstrategie (System 4) und nicht zuletzt muss der strategische Einkauf die Richtlinien und Verfahren erarbeiten und durchsetzen, welche die Zusammenarbeit der externen und internen Partner prägen (System 5).

Aus diesem Gesamtverständnis einer „lebensfähigen" Organisation lassen sich für das RDE einige Elemente ableiten, die in ein Modell der Digitalisierung des strategischen Einkaufs Eingang finden sollten. Dies sind auf prozessualer Ebene insbesondere eine geeignete Standardisierung von Rollen innerhalb der Organisation, ein effektives Management des Organisationsreifegrades sowie Instrumente, die zu einer validierten Datenbeschaffung aus der operativen Tätigkeit des strategischen Einkaufs führen. Diese Elemente werden im Management der Struktur und der Governance im RDE berücksichtigt. Elementare synergieschaffende Elemente, wie die Koordination interner Hauptträger von Einkaufsvolumen, sind ebenfalls zu berücksichtigen. Das Ziel des RDE ist es, ein adaptives Modell für den strategischen Einkauf darzustellen, um auf Veränderungen aus der eigenen Unternehmensumwelt sowie gegenüber Veränderungen aus der weiteren Umwelt flexibel zu reagieren.

Als Digitalisierungsmodell des strategischen Einkaufs ist es erforderlich, alle Ebenen der Digitalisierung einfließen zu lassen. Neben der bereits angesprochenen Definition der Geschäftsprozesse muss auch eine Sicht der Applikationen und Systeme (Abschn. 4.2) sowie die der Mitarbeiter und Nutzer einfließen. Diese bestimmen in ihrer Interaktion wesentlich die Ausgestaltung und Charakterisierung der Prozesse: manuelle Tätigkeiten, automatisierte Tätigkeiten oder Teilautomatisierung. Sowohl Anwender als auch Softwarelösungen nutzen und kreieren Daten und Informationen. Diese Ebene muss auch ausreichend definiert sein, um insbesondere vor dem Hintergrund steigender Volumina an Daten die Entscheidungsfähigkeit der Organisation zu verbessern (Urbach und Röglinger 2019, S. 6). Als letzte Ebene muss die Unternehmensarchitektur eine angemessene Infrastruktur betreiben.

▶ Die Digitalisierung im Einkauf sollte die Ebenen Prozesse, Nutzer, Softwaresysteme, Daten und Information sowie die Infrastruktur einbeziehen.

3.1.1 Aufbaulogik und Darstellung des Referenzmodells zur Digitalisierung des Einkaufs

Das RDE ist in mehrere Hauptprozessgruppen unterteilt, die in der Summe zur ganzheitlichen Digitalisierung des strategischen Einkaufes beitragen sollen. Auf der obersten Strukturebene befindet sich die Prozessgruppe „Management der Struktur und der Governance“. Hier sind alle Prozesse gebündelt, die für die organisatorische Rahmensetzung benötigt werden – angefangen mit einer global synchronisierten Definition von Aufgaben und Rollen der Einkaufsorganisation bis zur Überwachung des organisatorischen Reifegrades. Die einzelnen Elemente und deren Funktion werden in (Kap. 4) näher erläutert. Der organisatorische Rahmen definiert übergeordnet auch den Handlungsspielraum für alle weiteren Prozessbereiche. Dies ist elementar im Verständnis einer ganzheitlichen Digitalisierung im Einkauf: konzentriert sich deren Bemühen nur auf die Etablierung von Informationssystemen ohne – im Sinne des VSM-Gedankens – die Eigen-Vielfalt auch in der Gesamtorganisation an diese neuen Gegebenheiten anzupassen, kann es zu einer mangelnden Vernetzung der Informationssysteme innerhalb der Einkaufsorganisation kommen.

Der Hauptabschnitt des RDE konzentriert sich auf die Kernprozesse des strategischen Einkaufs. Hier findet sich eine weitere Unterteilung in drei Prozesswelten: den „Strategic Processes“[5], den „Supplier Lifecycle Core Processes“ sowie der Gruppe der „Impact Delivery Processes“. Hierdurch soll die Hauptfunktion der einzelnen Prozesswelten betont und gleichfalls durch die grafische Anordnung ein Verständnis dafür ermöglicht werden, dass ausgehend von strategischen Überlegungen und deren Ergebnisse eine Auswirkung auf verbundeneProzesse erfolgt, die in der Praxis zu einer der – nach wie vor – Kernaufgaben des Einkaufs überleiten: der Erschließung von Kostenpotentialen über alle Einkaufshebel.

Innerhalb der Kernprozesse des strategischen Einkaufs differenziert sich die Prozesswelt an mehreren Stellen, um den spezifischen Belangen der Beschaffungssegmente gerecht zu werden. Im RDE wird unterschieden in „Direct Material“ bezogen auf das Einkaufsvolumen, welches auf die Herstellung der eigenen Güter konzentriert ist, das sogenannte Produktionsmaterial. Im „Indirect Material“ wird das Beschaffungsvolumen gebündelt, welches sich auf das Nicht-Produktionsmaterial fokussiert. Diese Unterteilung ist wichtig, denn auch die jeweiligen Prozesse sollten diese Unterscheidung in ihrer Ausgestaltung berücksichtigen. Das RDE kann eine weitere Unterteilung im Bereich des direkten Materials erfahren, wenn sich spezifische Beschaffungsvorgänge im direkten Material voneinander in der Realität differenzieren. Hier sei beispielsweise auf die Beschaffung von Handelswaren verwiesen, deren Prozess spezifisch ausgeprägt werden kann, oder auf kundenspezifische Projekte im direkten Material („Engineer-to-Order“), welche sich von einer Serienbeschaffung signifikant unterscheiden. Die Kernprozesse im RDE sind also keine Einheitsprozesse, sondern haben den Charakter „wichtiger Themenfelder“, die an die spezifischen Belange angepasst und somit auf das jeweilige System 1 (Abschn. 3.1.1) ausgerichtet werden müssen.

Unterhalb der Prozesswelten soll mit einer begrifflichen Hilfe der Kerngedanke der Prozessfamilie verständlicher gemacht werden. So wird im Bereich „Strategic Processes“ die Prozessfamilie „Plan-to-Strategy“ für den strategischen Einkauf beschrieben. In der Prozesswelt der „Supplier Lifecycle Core Processes“ werden die Prozesse zusammengefasst, die für „Enter-to-Exit“ der Lieferantenbasis verantwortlich sind. Die letzte Gruppe der „Impact Delivery Processes“ beschreibt die Themen rund um „Source-to-Contract“ sowie „Purchase-to-Pay“. Dies ist insofern eine Besonderheit im indirekten Bereich, da üblicherweise die operative Beschaffung von Serienmaterial im direkten Einkauf, d. h. die lagerbezogene Disposition, nicht im strategischen Einkauf verortet ist. Im indirekten Bereich des Einkaufs ist eine systematische „P2P“-Strategie für ein Digitalisierungsmodell jedoch unerlässlich, da hier ein wesentlicher Mehrwert durch

[5] Um sich an den geläufigen Begrifflichkeiten der Unternehmenspraxis zu orientieren, wurden im RDE die englischen Begrifflichkeiten genutzt. In den Folgeabschnitten wird ebenfalls die deutsche Erklärung verwendet.

Automatisierung generiert werden kann, welcher eine stärkere Fokussierung auf strategische Aspekte des Kostenmanagements erlaubt.

Im RDE kommt der untersten Prozessgruppe im Segment „Enablement Processes" eine wichtige Bedeutung zu. Sie bilden zusammen mit den Prozessen der „Management of Structure and Governance" den Handlungsrahmen für eine ganzheitliche Digitalisierung des strategischen Einkaufs bezogen auf die Kernprozesse. Es handelt sich um fundamentale Themen, die einen wesentlichen Effizienzbeitrag für die Organisation und die Kernprozesse haben. Im Zuge der fortschreitenden Digitalisierung der Einkaufsprozesse entstehen hier auch laufend neue Prozesswelten, die systematisch in die Kernprozesse integriert werden müssen. Dies bezieht sich selbstverständlich auf die Themen Datenbeherrschung und Analysefähigkeit, aber auch auf weitere Fragen, wie beispielsweise im Bereich des „Digital-Workforce-Management", welches der Frage nachgeht, wie ein Automatisierungsansatz (RPA, AI, etc.) von Aufgaben ganzheitlich im Einkauf verankert sein sollte.

Abbildung Abb. 3.2 zeigt das Referenzmodell zur Digitalisierung des Einkaufs.

3.1.2 Anwendungsgebiete des Referenzmodells des digitalen Einkaufs

Das Referenzmodell zur Digitalisierung der Prozesse des strategischen Einkaufs dient mehreren Aufgaben, um komplexen Fragestellungen der Unternehmenspraxis nachzugehen. Als Modell ist es immer auch beschränkt in seiner Fähigkeit, generische Antworten zu geben und alle Spezifika verschiedener Branchen abzudecken. Es gibt aber einen Orientierungsrahmen, der in seiner offenen Gestaltungsform eine spezifische Reflexion vor dem Unternehmenskontext bedarf.

Das RDE hat zum Ziel, für folgende Themen eine Orientierung zu geben:

Integrationshilfe
Das RDE möchte als „Denkhilfe" zu unternehmerischen Problemstellungen im strategischen Einkauf eine Hilfestellung bieten. Diese Fragestellungen haben oft komplexen Charakter und müssen integrativ betrachtet werden, um umsetzbar, veränderbar und steuerbar zu sein.

Abstimmung des Zielbildes
Um die Prozesswelt des strategischen Einkaufs und die Bemühungen zur Digitalisierung der relevanten Prozesse zu unterstützen, muss ein einheitliches Zielbild geschaffen und kommuniziert werden. Hierbei ist es wichtig, dass alle Beteiligten eine identische Wahrnehmung haben und Klarheit in einer Organisation schaffen.

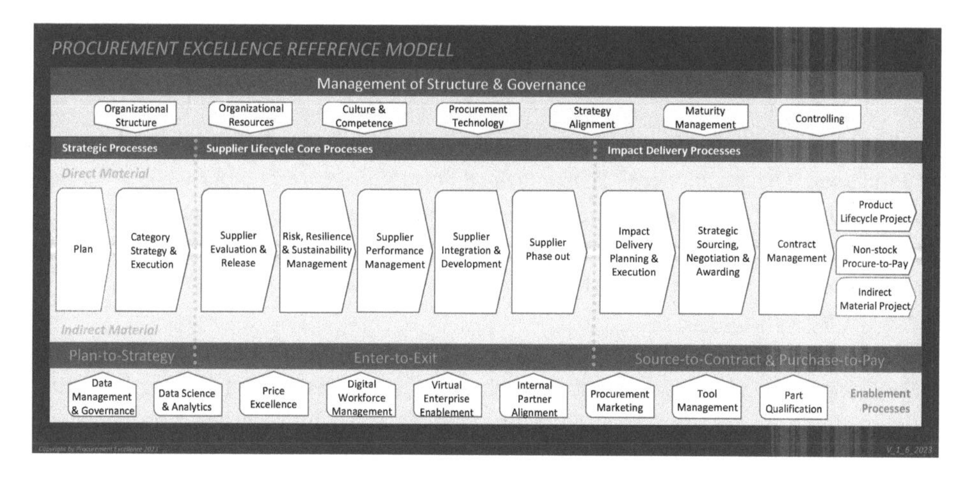

Abb. 3.2 Das Referenzmodell zur Digitalisierung des Einkaufs

Entscheidungen unterstützen

Mit einer Gestaltung der strategischen Einkaufsprozesse entstehen vielschichtige Wirkungen auf verschiedene Elemente der Einkaufsorganisation. Das RDE unterstützt durch die klare Strukturierung und die Einbeziehung multipler Perspektiven als organisatorisches Entscheidungsmodell bei allen Belangen des strategischen Einkaufs.

Prozessklarheit

Für den strategischen Einkauf ist es wichtig, die Kernaufgaben der jeweiligen Prozesse sowie deren tiefere Inhalte und Verantwortlichkeiten klar zu beschreiben und zu verstehen. Das RDE schafft ein klares Verständnis über Prozessinhalte und Anforderungen.

Integrationsfokus

Das RDE ist ein offenes Modell zur aktiven Integration von neuen Prozessen in die strategische Einkaufslandschaft. Es schafft somit eine Basis für eine evolutionäre Weiterentwicklung der unternehmensspezifischen Prozesswelten und dient insbesondere als Schnittstellenhilfe zur Abstimmung der strategischen Einkaufsprozesse in andere Prozesswelten des Unternehmens.

Fokussierung auf Zielsystem

Das RDE deckt in Summe wesentliche Aufgaben und Aktivitäten ab, die im strategischen Einkauf erfolgen, um die jeweiligen Ziele zu erreichen. Es ist deshalb wichtig, zu verstehen, wie sich unterschiedliche Digitalisierungsinstrumente auf das Zielsystem auswirken und welcher Wertbeitrag durch die einzelnen Prozesse entsteht, um dieses zu optimieren. Das RDE dient somit einer systematischen Ausrichtung der Digitalisierungsaktivitäten auf die jeweiligen Zielsysteme und Prioritäten der Organisation. Auf diese Aspekte wird im folgenden Kapitel vertieft eingegangen (Abschn. 3.1.3).

3.1.3 Dynamische Einbettung von Zielen des strategischen Einkaufs in die Prozesswelt

Die Erfüllung der Einkaufsziele ist das Ergebnis einer möglichst optimierten Arbeit an den Prozessen. Diese generieren Leistungen in Form von Prozessoutputs, wie etwa Entscheidungsinformationen, welche durch die organisatorische Nutzung in sichtbare Wirkungen transferiert werden. Es ist daher bedeutend, diesen Zusammenhang zu verstehen. Die Optimierung von Kennzahlen der Einkaufszielsysteme nimmt einen mittelbaren Weg über die Prozessleistungen.

Konkret bedeutet dies, dass beispielsweise die Einsparergebnisse durch den Prozess des Wirkungsmanagements sichtbar gemacht werden (Abschn. 5.3.1), jedoch die Einsparideen durch weitere Prozesse und Informationen erst kontinuierlich hervorgebracht werden können: durch Datentransparenz, Bezugsquellen- und Markttransparenz. Dieser Gedanke wurde bereits in Abschn. 2.4 vorgestellt und ist für die zielorientierte Weiterentwicklung der Einkaufsorganisation wichtig.

Das RDE soll dabei unterstützen, diese Zusammenhänge zu verstehen, soll offen sein für neue Prozesse und Verfahren, die auf ein erweitertes Zielsystem einwirken. Dadurch ist die Organisation in der Lage, durch wechselseitige Priorisierung ihrer Schwerpunkte eine synchronisierte Leistungsentwicklung zu vollziehen. Die Zielsysteme sind dadurch dynamisch in die Prozesswelt eingebettet.

Literatur

Lassl, Wolfgang (2019): The Viability of Organizations Vol. 1. Decoding the DNA of Organizations. Cham: Springer International Publishing AG. Online verfügbar unter https://ebookcentral.proquest.com/lib/kxp/detail.action?docID=5779996.

Lassl, Wolfgang (2020): The Viability of Organizations Vol. 3. Cham: Springer International Publishing.

Rüegg-Stürm, Johannes; Grand, Simon (2020): Das St. Galler Management-Modell. Management in einer komplexen Welt. 2., überarbeitete Auflage. Stuttgart, Deutschland: utb GmbH (UTB, 5092). Online verfügbar unter https://elibrary.utb.de/doi/book/https://doi.org/10.36198/9783838554990.

Urbach, Nils; Röglinger, Maximilian (2019): Digitalization Cases. Cham: Springer International Publishing.

4 Management von Struktur und Governance im Referenzmodell zur Digitalisierung des Einkaufs

Die Steuerung einer globalen Einkaufsorganisation bedarf zentraler und flexibler Instrumente, welche eine koordinierte Ausrichtung auf ein einheitliches Zielsystem ermöglichen. Die vorhandenen Ressourcen sind dabei dynamisch auf dieses zu konzentrieren. Dazu gehört eine zum Unternehmen passende Organisationsform, welche sich mit der Aufbau- und Ablauforganisation einer Steuerung der maßgeblichen Schnittstellen widmet. Eine optimale Unterstützung der Organisation mit Informationssystemen sowie die Fähigkeit der Organisationsmitarbeiter, aufgabenorientiert auf ein kontinuierlich aktualisiertes Wissens- und Bildungsmanagement zurückzugreifen, trägt weiter zu dieser Optimierung bei.

Die Einkaufsstrategie sollte sich als Fortführung der Unternehmensstrategie verstehen und diese abbilden – das eigene Handeln mit den Nachbarbereichen der „Operations" eng verzahnen. Gleichfalls ist es notwendig, den Fortschritt der eingeschlagenen Veränderung kontinuierlich zu verifizieren und den Reifegrad zielorientiert zu optimieren. Gemeinsame kulturelle Überzeugungen und Verhaltensweisen unterstützen dabei die strukturellen Bemühungen.

Die einzelnen Elemente der „Struktur und Governance" werden im Folgenden näher beschrieben, aber jeweils nicht in derselben Tiefe behandelt. Elemente, die in Hinblick auf die digitale Prozessabwicklung besondere Relevanz haben, erfahren dabei mehr Raum. Innerhalb der Kapitel wird auf die referenzierte Fachliteratur verwiesen, sodass ein tieferes Erschließen durch den Leser unterstützt wird.

4.1 Organisationsstruktur

Für die Erfüllung der Aufgaben einer global tätigen strategischen Einkaufsabteilung ist es notwendig, über klare Verantwortlichkeiten das tägliche Arbeitsaufkommen zu strukturieren. Hierbei ist im Kontext des jeweiligen Unternehmens, der Beschaffungs-

© Der/die Autor(en), exklusiv lizenziert an Springer Fachmedien Wiesbaden GmbH, ein Teil von Springer Nature 2024

B. Idler, *Referenzmodell zur Digitalisierung des strategischen Einkaufs*,
https://doi.org/10.1007/978-3-658-43943-9_4

märkte sowie der beschaffungsobjektbezogenen Einflussfaktoren eine adaptive Aufbauorganisation anzustreben (Schuh 2014, S. 25 ff.). So sind in die Überlegungen zur Organisationsstruktur die Faktoren Größe und Werksstruktur des Unternehmens miteinzubeziehen, die Verfügbarkeit von Bezugsquellen und internen Ressourcen, die technische Dynamik im Marktumfeld, die logistische Infrastruktur spezifischer Beschaffungsmärkte sowie konkrete Belange der jeweiligen Warengruppen bezüglich des Einkaufsvolumens und deren Teileanzahl und -komplexität.

Die grundsätzliche Fragestellung nach der Verankerung[1], dem Zentralisierungsgrad und der Unterteilung in strategische und operative Aufgaben soll im Kontext dieses Buches nur insofern beantwortet werden, als sie für die synchronisierte Einkaufsorganisation von Bedeutung ist[2]. Es wird hier ein produzierendes Unternehmen mit global verteilten Produktionsstätten angenommen, welches eine klare Abgrenzung – insbesondere im Serienmaterial – zwischen der operativen Beschaffung zur optimierten Versorgung (Delivery) und der strategischen Beschaffungsfunktion (Cost) anstrebt. Durch diese Trennung kann erreicht werden, dass die Einkaufsorganisation als strategische Funktion eine möglichst standortübergreifende synergiestiftende Funktion einnimmt, während die Supply Chain insbesondere in Form der Materialversorgung für die Produktionswerke einen sehr operativen Kontext verfolgt und somit nahe an der Werksorganisation angegliedert werden sollte. Gleichwohl darf die Aufgabentrennung nicht dazu führen, dass hohe Lagerbestände an Roh-, Hilfs- und Betriebsstoffen daraus resultieren; es kommt dem Einkauf hier eine wichtige Koordinationsfunktion zu, die durch enge Abstimmung erfolgen sollte.

Es ist auch zu berücksichtigen, dass, obwohl hier vom strategischen Einkauf ausgegangen wird, ein zentrales Wesensglied die Lieferantenentwicklung darstellt. Auch diesbezüglich ist eine feine Abgrenzung zwischen den Funktionen der Zentralqualität sowie der Lieferantenentwicklung notwendig, insofern nicht beide Aspekte durch eine gesamthafte Unternehmensqualität abgedeckt werden. Es soll angenommen werden, dass das Unternehmen bestrebt ist, ein Optimum zwischen zentraler Tätigkeit sowie lokaler Präsenz zu verwirklichen, d. h. es wird von einer hybriden Einkaufsorganisation (Schuh 2014) ausgegangen. Es erfolgt somit eine dynamische Anpassung zwischen den Vor- und Nachteilen beider Organisationsmodelle wenn es darum geht, bspw. Bündelungseffekte zu generieren, globale Transparenz zu erlangen, aber dennoch eine hohe fachliche Problemorientierung, Reaktionsgeschwindigkeit sowie Fachkompetenz zu bewahren (Schuh 2014).

Im Bestreben nach einer im Hinblick auf die Ziele optimierten Organisationsgröße im strategischen Einkauf, ist ein optimiertes Verhältnis zwischen der Arbeitsbündelung und der Arbeitsteilung zu definieren (Laux und Liermann 2005). Das bedeutet, dass so-

[1] Verankerung auf Vorstandsebene als Teil der Operations-Funktion, getrennt nach Business Units, getrennt nach direktem und indirektem Einkauf etc.

[2] Zu ergänzenden Informationen zu dem Thema sei beispielhaft auf Laux und Liermann (2005), S. 328 ff. verwiesen.

wohl die vertikale als auch die horizontale Arbeitsteilung so gestaltet werden sollte, dass der Koordinationsbedarf und damit die Koordinationskosten (Laux und Liermann 2005) innerhalb und zwischen den Strukturen minimiert werden und Entscheidungsprozesse nah am eigentlichen Kern-Arbeitsgeschehen erfolgen sollten. Zudem verursacht eine hohe Arbeitsteilung höhere Abhängigkeiten zwischen den Teilaufgaben.

Für die weitere Gestaltung der Ablauforganisation und damit die Unterstützung der Kernprozesse des Einkaufs mittels digitaler Lösungen, gibt die Aufbauorganisation einen – meist zunächst wenig adaptiven – Handlungsrahmen (Laux und Liermann 2005) vor, der in die Ausgestaltung der Verfahren einfließen sollte. Eine häufig vorkommende Gliederung des Einkaufsbereiches orientiert sich an der Objektebene, d. h. nach den Warengruppen. Es ist jedoch auch denkbar, eine sogenannte Verrichtungsgliederung zu wählen, d. h. eine Gliederung entlang der Hauptprozesse. In diesem Fall wäre beispielsweise das Themengebiet Bezugsquellenfindung oder Beschaffungsmarktforschung als Abteilung gegliedert. Die Herausforderungen liegen auch hier auf der Hand: Der oftmals fachliche Bezug zum Einkaufssachgebiet, der für erfolgreiches Handeln notwendig ist, muss dennoch gewährleistet sein. Die aufbauorganisatorische Herausforderung wird weiter gesteigert durch eine Unternehmensgliederung in Regionen und Geschäftsbereiche oder durch regionale Gliederungen des Beschaffungsmarktes (Laux und Liermann 2005).

Das Buch möchte das Hauptaugenmerk darauflegen, welche Bedingungen vorherrschen sollten, um eine optimierte Abstimmung der Einkaufsorganisations-, Einkaufsprozess- und Einkaufssystemwelt bestmöglich zu unterstützen. Hierfür sind eine Reihe von – wiederkehrenden – Schritten notwendig, um die verschiedenen Teilsysteme miteinander zu synchronisieren.

Im Einzelnen wird im Folgenden daher das Modell einer synchronisierten Einkaufsreferenzorganisation entworfen (Abb. 4.1), welche folgende Ausprägungen besitzt:

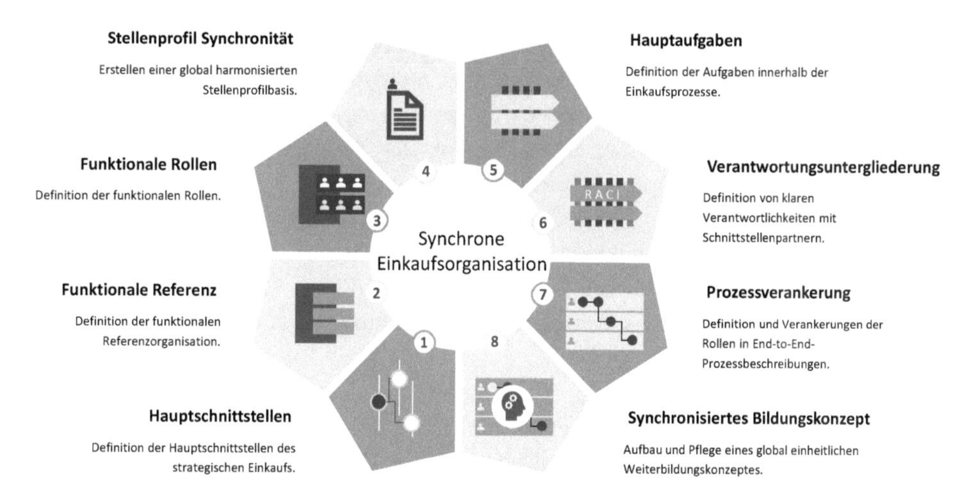

Abb. 4.1 Zielbild und Wege zu einer synchronisierten globalen Einkaufsorganisation

1. Identifikation der Hauptanspruchsgruppen sowie der Hauptschnittstellen des Einkaufs
2. Definition einer funktionalen Referenzorganisation des Einkaufs
3. Definition einer Rollenbeschreibung zu den Hauptfunktionen
4. Definition global einheitlicher Stellenprofile
5. Definition der Hauptaufgaben der Einkaufsrollen entlang der Einkaufsprozesse
6. Definition der Verantwortungsuntergliederung der Hauptaufgaben innerhalb der Einkaufsprozesse im Verbund mit Hauptschnittstellen
7. Beschreibung und Verankerung der Hauptrollen innerhalb der Einkaufsprozesse
8. Verankerung der Anforderungen entlang der Hauptprozesse in synchronisierten Weiterbildungs- und Trainingskonzepten

Diese Komponenten sollen im Folgenden beschrieben werden.

Identifikation der Hauptanspruchsgruppen sowie der Hauptschnittstellen des Einkaufs

Für den Aufbau einer gut vernetzten und effizienten Einkaufsorganisation müssen die Hauptanspruchsgruppen bekannt sein, für die eine Einkaufsleistung erbracht wird. Neben den Lieferanten im Allgemeinen sind dies unternehmensintern im Besonderen für das direkte und indirekte Material die Produktionswerke, Landesgesellschaften ohne Produktion (Vertrieb & Logistik) sowie Geschäftseinheiten, welche über Entwicklungskompetenz verfügen. In diesen Bereichen partizipiert der Einkauf mit seiner preislichen Gestaltungshoheit direkt im Kerngeschäft dieser Einheiten, d. h. die Versorgung der Werke und anderer Einheiten mit gesicherten Bezugsquellen sowie einer optimalen Preisbasis für das jeweilige Einkaufsvolumen. Oder im Falle der Entwicklung durch Begleitung der Produktentstehungsprozesse. In den einzelnen Prozessen innerhalb dieser Einheiten gibt es darüber hinaus selbstverständlich fachliche Berührungspunkte zu allen Organisationseinheiten, wie dem Finanzbereich im Falle des Controllings oder der Abrechnungsprozesse (Abschn. 5.3.6), der IT, der Qualität, der Supply Chain oder dem Personalwesen.

Der Einkauf sollte sich zu diesen Hauptgruppen organisatorisch und prozessual synchronisieren. Dies bedeutet, dass eine beidseitige Rollentransparenz geschaffen werden sollte, welche an organisatorischen Übergabepunkten – den Schnittstellen – die jeweiligen Rollen mit der Verantwortung benennt. So wird angestrebt, die Arbeitsleistung möglichst auf die operativen Ebenen zu konzentrieren und Eskalationstendenzen entgegenzuwirken, welche aufgrund unklarer Verantwortlichkeiten in cross-funktionalen und ressortübergreifenden Prozessen die Folge wären. Ebenso kann vermieden werden, dass ein ungünstiges Verhältnis zwischen Managementfunktionen und ausführenden Kräften entsteht.

Definition einer funktionalen Referenzorganisation des Einkaufs

Zur Erfüllung der Aufgabe einer global abgestimmten Einkaufsorganisation ist es notwendig, hinsichtlich der organisatorischen Funktionen ein einheitliches Bild zu entwerfen. Ausgehend von dem Verständnis der wesentlichen Anspruchsgruppen, für die eine Dienstleistung durch den Einkauf erbracht werden soll, können die organisatorischen Funktionen entworfen werden. In seinen Hauptfunktionen wird diese Dienstleistung dadurch erbracht, dass folgende Funktionsgruppen berücksichtigt werden:

1. Projekteinkauf und Produktlebenszyklusbetreuung
   Der Projekteinkauf und die Produktlebenszyklusbetreuung bilden die zentrale Schnittstelle des Einkaufs aus einer Produktsicht in eine warengruppendominierte Sicht ab. Die Funktion ist für die Betreuung der unternehmensspezifischen Entwicklungsbereiche zuständig und betreut ebenfalls diese Themen im gesamten Produktlebenszyklus.
2. Strategischer Einkauf Direktmaterial
   Der strategische Einkauf für direktes Material ist für die laufende Optimierung des Serienmaterials des Unternehmens zuständig und kann abhängig von Geschäftsbereichen oder Technologien weiter unterteilt werden. Hier obliegt die Hauptfunktion der unternehmensweiten Erstellung und Implementierung der Category-Strategie, d. h. warengruppenspezifischen Strategien. Des Weiteren findet sich hier die Verantwortungskompetenz für die Themen Bezugsquellendefinition, Bezugsquellenrisikomanagement sowie Preis- und Vertragsgestaltung.
3. Strategischer Einkauf indirektes Material
   Der strategische Einkauf für indirektes Material steuert und optimiert die Einkaufsbedingungen für die Beschaffungsvolumina, welche nicht direkt in die Produkte einfließen. Durch die Heterogenität der Warengruppen und die hohe Anzahl an Ansprechpartnern im Unternehmen ist eine Erstellung von Warengruppenstrategien ggf. nur in den wesentlichen Warengruppen sinnvoll. Hier findet sich die Verantwortungskompetenz für die Themen Bezugsquellendefinition, Bezugsquellenrisikomanagement sowie der Preis- und Vertragsgestaltung.
4. Lieferantenentwicklung
   Die Lieferantenentwicklungsfunktion ist ein wesentlicher Partner für den Projekteinkauf sowie den Serieneinkauf. Hier findet sich die Verantwortung für alle Qualitätsaspekte des Einkaufs wieder, d. h. die Auditierung und Qualifizierung von Lieferanten, die Optimierung von Versorgungsprozessen (Supply Chain) sowie die Optimierung der Lieferantenbasis in Bezug auf ihre Qualitätsleistung, aber auch anderer Kriterien der Lieferantenbewertung, wie bspw. der Initiierung von Programmen zur Resilienzbildung in den Lieferketten.
5. Einkaufsexzellenz
   Die Funktion Einkaufsexzellenz betreut die Prozesse, Systeme und Organisationsentwicklung (Strategie) im Einkauf und entwickelt die Organisation weiter. In dieser Funktion findet das übergreifende Management von komplexen Einkaufsprojekten und -fragestellungen statt. Als Teil der Funktion sind hier die Themen des Datenmanagements sowie die Preis-Exzellenz verankert. Für die Gesamtorganisation werden die Themen Compliance, Risiko und Nachhaltigkeit gebündelt.

Definition einer Rollenbeschreibung zu den Hauptfunktionen
Innerhalb jeder Hauptfunktion bedarf es einiger Rollen, welche sich den einzelnen Hauptfunktionen widmen. In dieser Phase kann es hilfreich sein, bewusst von Rollenprofilen zu sprechen und dies nicht mit einer Stellenposition gleichzusetzen; es kann somit durchaus sinnvoll und notwendig sein, einzelne Rollen zu bündeln und auf einer Position zu vereinen. Um die Vorteile der synchronisierten Einkaufsorganisation zu erzielen, ist es wichtig, das Rollenprofil als Standard global zu etablieren und innerhalb der jeweiligen Landes- oder Regionalorganisation zu implementieren. Dies ist dann besonders relevant, wenn sich die wesentlichen Partner der Hauptanspruchsgruppen auch einem standardisierten Rollenprofil widmen. Wenn bspw. alle Werke oder Logistikzentren global einer Referenzorganisation folgen, sollte auch die Einkaufsfunktion seine Tätigkeiten einheitlich auf diese abstimmen.

Für die oben dargestellten Hauptfunktionen könnten folgende Rollen bedacht werden:

1. Projekteinkauf und Produktlebenszyklusbetreuung
   I. Produktlebenszyklusbetreuung
   II. Leitung der Produktlebenszyklusbetreuung
2. Strategischer Einkauf Direktmaterial
   I. Warengruppenleitung / Category Management
   II. Sub-Warengruppenleitung / Category Lead
   III. Warengruppeneinkauf
   IV. Leitungsfunktion direktes Material
   V. Strategische Lieferanten-Betreuung / Supplier Key Account (Lead Buyer)
   VI. Regionale Bezugsquellenentwicklung / Regional Sourcing
3. Strategischer Einkauf indirektes Material
   I. Warengruppenleitung / Category Management
   II. Sub-Warengruppenleitung / Category Lead
   III. Warengruppeneinkauf
   IV. Leitungsfunktion indirektes Material
   V. Strategische Lieferanten-Betreuung / Supplier Key Account (Lead Buyer)
   VI. Regionale Bezugsquellenentwicklung / Regional Sourcing
4. Lieferantenentwicklung
   I. Lieferantenqualitätsingenieure / Supplier Quality Engineering (SQE)
   II. Lieferantenversorgungsexperte / Supply Chain Consultant (SCC)
   III. Leitungsfunktion SQE
   IV. Leitungsfunktion SCC
5. Einkaufsexzellenz
   I. Prozess- und Projektmanagement / Process- and Project Management
   II. Preis-Exzellenz / Price Excellence Management
   III. Governance-, Risiko- und Nachhaltigkeitsmanagement / Governance, Risk and Sustainability Management
   IV. Leitungsfunktion Einkaufsexzellenz

Definition global einheitlicher Stellenprofile
Für alle Mitarbeiter des globalen Einkaufs sollten einheitliche Positions- und Besetzungsprofile definiert werden. Hierbei ist es zweckmäßig, diese an den Rollen auszurichten, auch wenn im Einzelfall eine Tätigkeit die Bündelung mehrerer Rollen erfordert. So ist in der Praxis nicht davon auszugehen, dass jeder Standort einer Einkaufsorganisation in identischer Form eine Einkaufsorganisation manifestiert. Vielmehr folgt diese der Zweckmäßigkeit im Hinblick auf die Erfüllung der vorherrschenden Aufgaben. An kleineren Standorten kann es so sinnvoll sein, ausschließlich Warengruppeneinkäufer zu etablieren, während in Gesellschaften mit hohem Einkaufsvolumen und -komplexität über die Etablierung weiterer Rollen entschieden werden kann. Dennoch sollte auf ein einheitliches Rollenprofil zurückgegriffen werden.

Die Stellenprofile dienen hierbei der weiteren Synchronisation im globalen Einkaufsverbund, denn durch ein einheitliches Stellen- und Aufgabenprofil wird die flexible Zuteilung und ggf. Verlagerung von Aufgaben vereinfacht. So wird die Möglichkeit geschaffen, der Unternehmensstrategie agil zu folgen, bspw. bei Produktverlagerungen oder regionalen Lokalisierungsaktivitäten auf ein einheitliches Verständnis der Organisation zurückzugreifen.

Dieser Prozess wird durch den Einbezug des Personalwesens unterstützt und sollte auch die Vereinheitlichung der Positionsbewertung vorsehen. Obwohl die Stellenprofile und Bewertungen vereinheitlicht werden, ist es ratsam, die konkrete Stellenbezeichnung einer gewissen Flexibilität zu unterziehen. Dies ist notwendig, um regionalen Erfordernissen gerecht zu werden.

Definition der Hauptaufgaben der Einkaufsrollen entlang der Einkaufsprozesse
Im Zielbild sollten alle Aufgaben erfasst werden, welche innerhalb der Einkaufsorganisation abgewickelt werden. Hierdurch kann Klarheit geschaffen werden bezüglich der verantworteten Umfänge und auch bezüglich etwaiger prozessualer Dokumentationsmängel in der Form, dass Aufgaben getätigt werden, die einer formalen Beschreibung nicht entsprechen. Dazu ist ein klares Bild der zentralen Prozesse notwendig (Kap. 5) und auch der mit den Prozessen verbundenen zentralen Arbeitsergebnisse.

Definition der Verantwortungsuntergliederung der Hauptaufgaben innerhalb der Einkaufsprozesse im Verbund mit Hauptschnittstellen
Im strategischen Einkauf gibt es bei vielen Prozessen eine bidirektionale Wirkung. Das bedeutet, dass vom Einkauf mandatierte Prozesse nur in enger Abstimmung mit spezifischen Nachbarressorts durchgeführt werden können, bspw. die operative Abwicklung von Bestellvorgängen in Zusammenarbeit mit dem Finanzbereich. Andererseits gibt es Prozesse, in denen der Einkauf in einer Mitarbeitsverantwortung steht, die Prozesse jedoch nicht selbst mandatiert; dies ist beispielsweise bei Produktneuheiten der Fall, bei denen der Projekteinkauf einbezogen ist.

Für eine möglichst eskalationsfreie Abarbeitung der Aufgaben ist es notwendig, die Aufgabenabstimmungen über die Grenzen des Einkaufs hinaus durchzuführen. Dies ist mittels einer gängigen Methode wie der RACI-Matrix[3] möglich. Ausgehend von dieser Verantwortungszuordnung kann eine Feinabstimmung der Aufgaben erfolgen, welche nicht zuletzt in Arbeitsanweisungen auf der Systemebene mündet.

Beschreibung und Verankerung der Hauptrollen innerhalb der Einkaufsprozesse
Nach einer erfolgten Erstellung einer Aufgabenklarheit sollte die Aufgabenmatrix in prozessuale Beschreibungen münden, welche die einzelnen Aufgaben im Ablauf der Tätigkeiten eindeutig darlegen. Ausgehend von diesen Beschreibungen kann eine Abbildung in Systemworkflows erfolgen. Hierdurch werden die Prozesse in eine kontinuierliche Verbesserung überführt und erfahren durch eine laufende – datengetriebene – Analyse eine Optimierung. Die definierten Hauptprozesse sowie die damit verbundene Prozessbeschreibung dienen auch als Ausgangslage für eine Analyse der geeigneten digitalen Bebauungsplanung.

Verankerung der Anforderungen entlang der Hauptprozesse in synchronisierten Weiterbildungs- und Trainingskonzepten
Um die globale Organisation fortlaufend auf neue Anforderungen vorzubereiten, ist eine kontinuierliche und systematische Ausbildung aller Beteiligten notwendig, welche aufgrund von Neueintritten oder Wechseln möglichst rasch in einen produktiven Zustand überführt werden sollten. Sowohl der Wissens- als auch der Bildungsaspekt sollte hier betrachtet werden. Die Vermittlung von Wissen in einer zentralen und koordinierten Form sollte für alle Beteiligten zugänglich sein, um eine möglichst effiziente und effektive Arbeitsweise zu unterstützten, aber auch, um ein hohes Maß an Prozesscompliance zu erzielen. Es ist darüber hinaus wichtig, auch Bildungsangebote für die spezifischen Rollen zu implementieren, um auf neue oder wechselnde Anforderungen laufend reagieren zu können.

4.2 Informationssysteme und Technologien des strategischen Einkaufs

Im folgenden Abschnitt soll eine Verbindung des RDE zur IT-technologischen System- und Softwarewelt hergestellt werden. Anfangs wird geschildert, wie eine Bewertung technologischer Möglichkeiten auf zentrale Aspekte des strategischen Einkaufs erfolgen kann. Darauf aufbauend wird erklärt, wie ein technologisches Abbild der Einkaufsprozesse dargestellt werden kann und wie eine Reifegradentwicklung der einzelnen Einkaufsdomänen stattfindet.

[3] Responsible, Accountable, Consulted, Informed.

4.2.1 Bedeutende Einkaufsdomänen des digitalen Einkaufs

Die Verwendung von Geschäftsdomänen zur Strukturierung einer „Enterprise Architecture" lässt sich aus der Notwendigkeit ableiten, eine „gemeinsame Sprache" zwischen der IT-Abteilung und den Geschäftsbereichen zu definieren. Ausgehend von einer Geschäftsstrategie, daraus deduzierten Zielen, Initiativen und den Geschäftsprozessen eines Unternehmens leiten sich Anforderungen an die IT ab.

Die Betrachtung in Geschäftsdomänen kann weiter in eine IT-orientierte Betrachtung ausgeleitet werden, in der es um die konkreten Applikationsmodule, Datenflüsse zwischen den Modulen und Systemen und letztlich, aus einer rein technischen Betrachtung der Architektur, um Technologien zur Erfüllung dieser Dienste geht: Applikations-Server, Datenbanken, Betriebssysteme und Hardware (Ziemann 2022).

Das gesamte EAM[4]-Modell wird in einer Software zur Planung und Steuerung der EAM abgebildet.

Für die Domäne „Strategischer Einkauf" können Sub-Domänen definiert werden, die letztlich Kernfähigkeiten abbilden, die im Bereich des strategischen Einkaufs notwendig sind. Die einzelnen Sub-Domänen werden mit konkreten technischen Applikationen adressiert und bilden für die Gruppe der Endanwender im Einkauf (bspw. Einkaufsmitarbeiter, Category-Verantwortliche, Einkaufsleiter, Lieferantenqualitätsmanager, Projekteinkäufer u. a.) die Summe der IT-Anwendungen ab.

Für eine ganzheitliche Strategie zur Digitalisierung des Einkaufs ist es relevant, den aktuellen Stand der IT-Bebauung, bezogen auf die vorab besprochenen Prozesse (Abschn. 3.1.1), genauestens zu verstehen und fortlaufend zu entwickeln. Es ist bei einzelnen Prozessgruppen möglich, auf eine im Einkauf verantwortete Applikation zu verzichten und auf im Unternehmen generell verfügbare Applikationen zurückzugreifen, insofern eine spezifische Ausprägung für die Belange des strategischen Einkaufs erfolgen kann. Hier sei naheliegenderweise die ERP-Landschaft genannt, aber auch im Bereich der Analysefähigkeiten lassen sich im Bereich des Process Mining Basisfähigkeiten mit anderen Organisationseinheiten bündeln. Zur Erfüllung der Aufgaben der Kernprozesse des RDE werden folgende Einkaufsdomänen unterschieden:

Datenmanagement und Governance

Diese Sub-Domäne bündelt Informationssysteme für das Management und die Verwaltung relevanter Daten sowie die Sicherung einer angemessenen Datenqualität relevanter Datenobjekte. Dabei handelt es sich insbesondere um beschaffungsrelevante Daten zu Materialien, Kreditoren oder Beschaffungsvorgängen, welche in einem zentralen System zum Stammdatenmanagement abgelegt und verwaltet werden. Darüber hinaus beschäftigt sich diese Domäne mit den Genehmigungsprozessen für Daten-

[4] Enterprise Architecture Management.

änderungen sowie der Integration und Plausibilisierung von externen Datenquellen in die Einkaufsprozesse.

Analytik und Transparenz

Analytik und Transparenz vereint die analytischen Kompetenzen des Unternehmens bezogen auf die Einkaufsprozesse. Es geht darum, alle Einkaufsprozesse mit geeigneten Analysesystemen und Funktionen zu unterstützen, aber auch vor allem die Integration aus heterogenen Informationssystemen konzeptionell zu begleiten, zu definieren und zu implementieren. Für die unterschiedlichen Einkaufsprozesse werden in der Regel spezielle Informationssysteme benötigt, bspw. zur Ermittlung von Beziehungen zwischen Preistreibern eines Produktes und dem Einkaufspreis mittels Regressionsanalysen oder der Verwaltung von Einsparungsprojekten.

Digitales Sourcing und Lieferantenintegration

Die Sub-Domäne gestaltet alle Informationssysteme zur Ermöglichung von digitalen Lieferantenintegrationen in unternehmenseigne Prozesse und dem Management der Einkaufsportale und -netzwerke. Anfragen (Informationen, Angebote) werden bspw. auf elektronischem Wege mit Lieferanten ausgetauscht und Lieferantendaten elektronisch integriert, notwendige Daten des Lieferanten, wie Ansprechpartner, können selbst gepflegt und beschaffungskritische Dokumente, wie Zertifikate, bereitgestellt werden. Über diesen Weg werden Lieferanten zu elektronischen Auktionen eingeladen und Vergabeentscheidungen getroffen. Teil dieser Domäne sind auch Lösungen zur automatisierten Verhandlung oder der Zusammenarbeit an Optimierungsprojekten.

Automatisiertes Bestellwesen

Für selektierte Warengruppen werden Beschaffungsstrategien für operative Beschaffungskanäle erarbeitet, abgestimmt und abgelegt, um einen möglichst hohen Automatisierungsgrad in der operativen Bestellabwicklung zu erreichen, bspw. über Lieferpläne oder Rahmenverträge. Im Bereich NPM wird ein Großteil der operativen Beschaffung von Katalogsystemen zur automatischen Beschaffung abgedeckt und Lieferanten via Geschäftsnetzwerken in operative Folgeprozesse integriert (P2P).

Lieferantenlebenszyklus-Management

Die Prozessgruppe des Lieferantenlebenszyklus wird in dieser Sub-Domäne adressiert. Informationssysteme sollen für die Neuanlage, die Analyse bestehender und die Abwicklung von Geschäftsbeziehungen entworfen werden. Wird bspw. eine Bezugsquelle für Beschaffungen qualifiziert, erfolgt eine automatische Bewertung der Lieferanten. Nicht mehr erwünschte Bezugsquellen werden koordiniert in dieser Systemwelt desintegriert.

Digitale Planung und Strategie
Die Warengruppenstrategien und Sub-Strategien werden aus Planungsdaten und strategischen Unternehmensvorgaben abgeleitet und in Maßnahmenpläne überführt. Diese Sub-Domäne stellt dafür die notwendige Informationssystembasis bereit.

4.2.2 Technologische Trends für den digitalen Einkauf kritisch erschließen

Um sich den vielfältigen Zielsystemen des Einkaufs mithilfe von digitalen Instrumenten widmen zu können, ist es notwendig, aus mehreren Prozesswelten unternehmens-interne sowie externe Daten zu nutzen und zu kombinieren. Daten bilden die Grundlage für Informationen, Informationen für Wissen und Wissen letztlich die Basis für ein zielgerechtes Handeln (North 2016). Es ist deshalb von großem Interesse, auf welche Weise IT-technologische Trends und Entwicklungen auch für den strategischen Einkauf in Form von Softwarelösungen zu erwartbaren Optimierungen beitragen können, indem durch einen gezielten Aufbau an Informationssystemen die Entscheidungsfähigkeit der Organisation optimiert wird.

Um das Thema genauer einzugrenzen, sollte auch ein gemeinsames Verständnis des Begriffes „digital“ vorhanden sein. Für die Belange dieses Buches sei – ausgehend von der Definition von Tardieu et al. (Tardieu et al. 2020, S. 3) – eine Arbeitsdefinition für den digitalen Einkauf entworfen:

▶ Der digitale Einkauf hat die Aufgabe, Technologie, Daten und Arbeitsprozesse zu nutzen, um neue und optimierte Arbeitsformen im Einkauf zu entwerfen und den Wertbeitrag des Einkaufs zu erhöhen.

Die Vorhersehbarkeit technologischer Entwicklungen ist begrenzt – bezogen auf ihre Entstehung als auch auf ihre gesamtgesellschaftliche Wirkung. Anfang der Jahrtausendwende wurden die Begriffe „Social, Mobile, Analytics und Cloud (S.M.A.C)“ als Haupttrends identifiziert, um eine digitale Transformation der Wirtschaft voranzutreiben. Das Grundkonzept dessen hat noch Bestand, wurde aber durch weitere Trends ergänzt und thematisch konzentriert. Eine sehr starke technologische Fokussierung ist nun durch eine neuere Sicht des „Environmental, Social and Governance (ESG)“ ergänzt worden und einzelne Basistechnologien, wie „Artificial Intelligence (AI)“, „Internet of Things (IoT)“ oder „Supply Chain Security“, wurden stärker beleuchtet (Tardieu et al. 2020, S. 29 ff.). Die Gedankengänge und -impulse gehen dabei über die etablierten Einkaufsthemen Automatisierungsrate, Kostenreduzierung und Transparenz hinaus, ohne diese infrage zu stellen (Strohmer et al. 2020, S. 24 ff.).

> Es ist wichtig, zwischen IT-technologischen Fähigkeiten und Entwicklungstrends sowie deren möglichen Anwendbarkeit und Kombination in spezifisch ausgeprägten Softwarelösungen zu differenzieren, die zu einer potenziellen Optimierung von strategischen Einkaufsprozessen führen.

Im Folgenden sind einige der substanziellen Entwicklungen zusammengefasst, die auch für eine fundierte Digitalisierung des strategischen Einkaufs zu beobachten sind.

Data Fabric und Integrated Clouds
Eine zunehmende Anzahl von Applikationen wird nur noch nativ für Cloud-Umgebungen entwickelt. Es ist notwendig, diese heterogenen Systemlandschaften zu integrieren, um einer Datenisolation vorzubeugen. Die Data Fabric (Gartner 2022a) integriert unternehmensinterne und externe Daten plattform- und benutzerübergreifend und sorgt so für eine integrierte Datenhaltung und -nutzung.

Hyperautomation
In Zukunft erfolgt der Trend zu einer Technologiekombination (Gartner 2022a) wie Robotic Process Automation (RPA), (Generative) Artificial Intelligence (AI), Machine Learning (ML), No-Code/Low-Code-Plattformen, Composable-Applications, Autonome Systeme oder Process Mining, um Produktivitäten weiter zu generieren. Es ist auch davon auszugehen, dass die Erstellungskompetenz von Business Apps zunehmend von der IT in den Fachbereich wandert, um dem Wunsch nach schneller Applikationsentwicklung gerecht zu werden (Gartner 2022a).

Anywhere operations and Edge Computing
Mitarbeiter sollen unabhängig von ihrem Standort auf Geschäftsprozesse und -dienstleistungen zugreifen können. Dies erfordert eine flächendeckende Nutzung mobiler Endgeräte (Edge) und deren sinnvolle Kombination über die technischen Infrastrukturen hinweg. Durch weitere technologische Entwicklungen im Bereich Augmented und Virtual Reality (AR & VR) werden Erkenntnisse der realen Welt angereichert (AR), um die Erfahrungen des realen Nutzers zu ergänzen oder eine Realität komplett virtuell abzubilden (VR) (Tardieu et al. 2020, S. 34).

Digitaler Zwilling der Supply Chain
Als digitaler Zwilling wird ein datenbasierendes Abbild der Realität verstanden. Ist dies bereits im Konstruktionsbereich ein etabliertes Thema, wird sich Digital Twin (of Cost) auch auf das Abbild von Lieferketten und deren Beurteilung erweitern, um als Simulationsumgebung für die Entscheidungsfindung nutzbar zu sein (Gartner 2022b).

Data Intelligence und Embedded AI
Durch eine Prozessierung von Geschäftsinformationen nah an der Echtzeit soll eine erhöhte Vorhersehbarkeit von Entwicklungen ermöglicht werden, indem die ent-

scheidungsrelevanten Informationen direkt in den Geschäftsprozessen und Applikationen über AI abgebildet werden. Abb. 4.2 fasst das Themenfeld kompakt zusammen.

Für die unternehmensindividuelle Bebauung der Einkaufssystemarchitektur ist es relevant, dass der konkrete Wertbeitrag möglicher Softwarelösungen vor dem Hintergrund des jeweiligen Reifegrades beurteilt wird. So gilt es, zunächst eine kritische Einschätzung zu treffen, hinsichtlich der Eignung spezifischer technologischer Instrumente für die spezifische Einkaufsdomäne. Nicht jede technologische Weiterentwicklung lässt sich auf das spezifische Feld des strategischen Einkaufs übertragen, oder aber der Zeitpunkt einer Anwendbarkeit ist noch nicht gegeben. So ist beispielsweise dem „Hype-Thema" Blockchain[5] in der flächendeckenden Anwendbarkeit im strategischen Einkauf noch kein Nachweis gelungen. Dies kann sich jedoch ändern, wenn in einer Zukunft zunehmender IT-Risiken Unternehmen ihre Investitionen in abgesicherte Supply-Chain-Verbindungen überdenken.

Im Zuge einer weiteren Konkretisierung für die Digitalarchitektur des strategischen Einkaufs eines Unternehmens ist es notwendig, eine möglichst konkrete domänenspezifische Applikationsbebauung systematisch zu entwickeln. Dies bedingt, dass laufend neue Anbieter beurteilt werden und, ausgehend von einer Erstevaluation, eine Heranführung an einen operativen Einsatz im Unternehmen vorbereitet werden kann (Abb. 4.3).

4.2.3 Verbindung des Referenzmodells zur Digitalisierung des Einkaufs und des Procurement Technology Frameworks

Ausgehend von einem Verständnis über IT-technologische Basisentwicklungen sowie einer Bebauungsplanung der einzelnen Einkaufsdomänen, muss nun eine Verbindung der prozessualen Perspektive des RDE mit der Bebauungsplanung erfolgen. Die erste zu beantwortende Kernfrage bezieht sich auf den grundsätzlichen Abdeckungsgrad der einzelnen Kernprozesse des strategischen Einkaufs mit Softwarelösungen, also auf den Grad der Erfüllung von Prozessschritten mittels Softwarelösungen und -modulen. Wie bereits in Abschn. 3.1 erläutert, soll eine ganzheitliche Abdeckung der Kernprozesse des strategischen Einkaufs durch Digitalisierungstechnik angestrebt werden, um möglichst cross-funktionale und cross-prozessuale Systembrüche zu verhindern. Diese sind zu vermeiden, denn sie führen dazu, dass lediglich einzelne Aspekte eines Prozesses digitalisiert werden, während andere mittels analoger Instrumente weitergeführt werden. Grundlegend für eine Digitalisierungsinitiative ist jedoch, alle prozessrelevanten Informationen aus Daten zu gewinnen, die durch digitalisierte Prozesse selbst produziert werden oder aber durch einen Konsum an Daten aus Vorprozessen weitere digital verwertbare Daten

[5] Mit anderen Distributed Ledger Technologies (DLT) (Tardieu et al. 2020, S. 31).

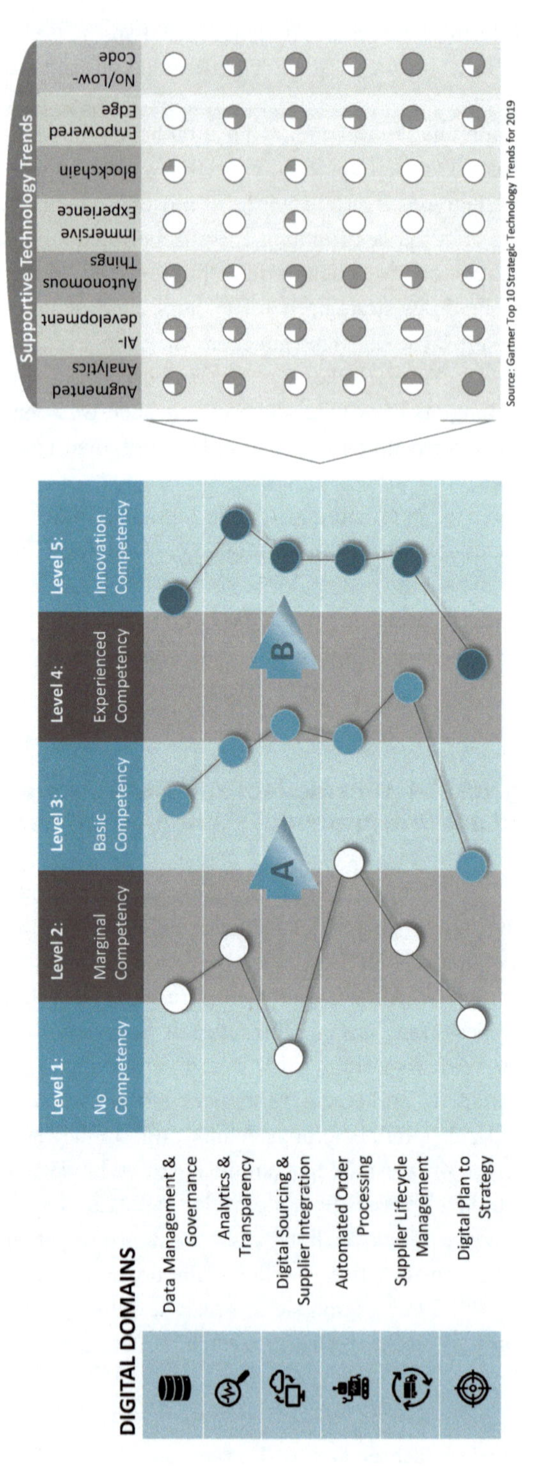

Abb. 4.2 Technologiebewertung und Auswirkungen auf Einkaufsdomänen

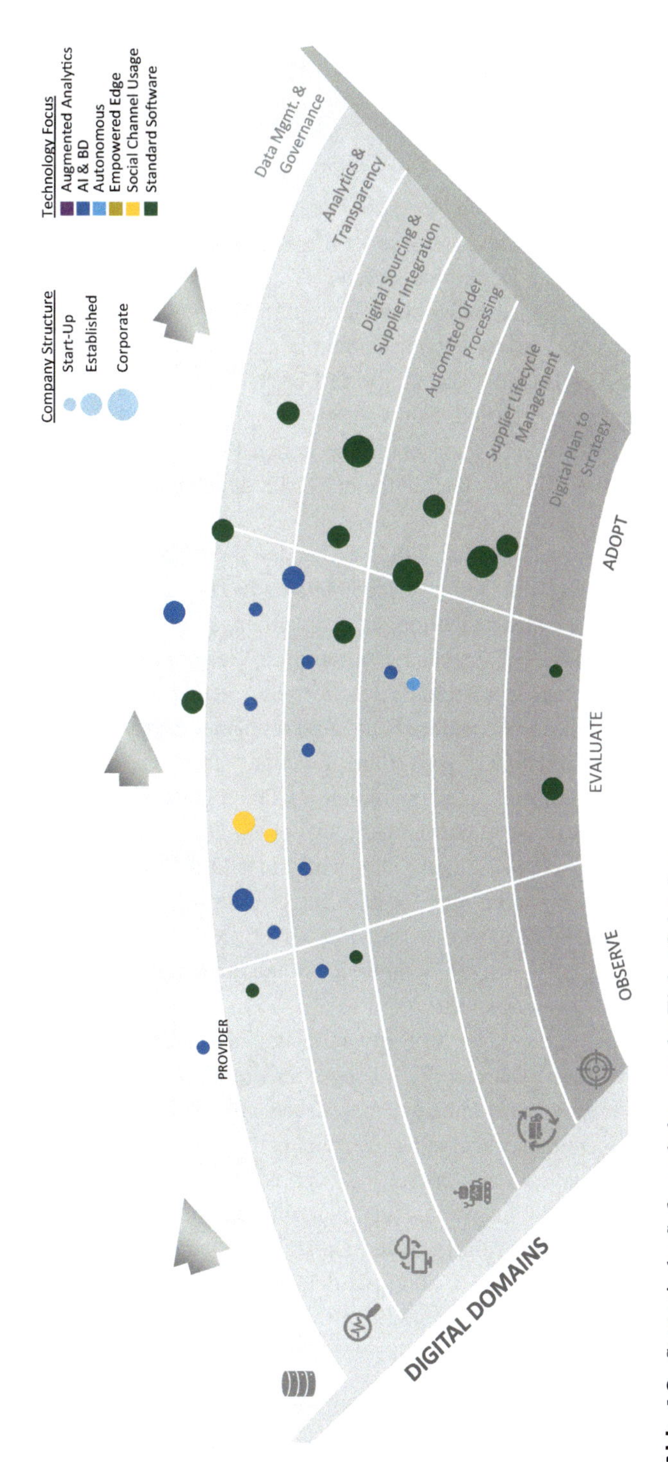

Abb. 4.3 Strategische Softwarebebauung der Einkaufsdomänen

erzeugen. Auch für die systematische Weiterentwicklung der unternehmensspezifischen Systemwelt zeigen die funktionalen Lücken mögliche Handlungsprioritäten auf, die bei einer Digitalisierungsplanung zu berücksichtigen sind.

Die zweite Kernfrage muss klären, inwiefern und in welchen Bereichen einzelne Unterstützungsprozesse notwendige Beiträge für den Erfolg der Kernprozesse leisten, indem sie die integrierte Funktionsfähigkeit der Softwaresysteme unterstützen. Der Beitrag der notwendigen „Enablement-Prozesse" sollte in die Konzeption der Systemwelten für die Kernprozesse berücksichtigt werden. Beispielsweise kommt dem „Data Management and Governance"-Prozess eine maßgebliche Funktion zu, um einerseits die für jedes IT-System relevanten Stamm- und Bewegungsdaten optimal bereitzustellen und zu pflegen und andererseits über die Gesamtarchitektur eine Bereitstellung der Daten in Folgeprozesse mittels Integration sicherzustellen. Ein weiteres Beispiel betrifft das „Virtual Enterprise Enablement", welches durch einen kontinuierlichen Prozess sicherstellt, dass alle relevanten Lieferanten über digitale Geschäftsnetzwerke angebunden und befähigt werden.

Die dritte Kernfrage, die beantwortet werden soll, ist die der möglichen Konsolidierung von Prozess-System-Familien, um ein möglichst anwendergerechtes Systemportfolio anzubieten, dass innerhalb einer einheitlichen Anwendungslogik dargestellt wird. Das Problem einer Überfrachtung der Anwender durch eine Vielzahl heterogener Systeme ist eine kritische Fragestellung, welche in Teilen über den Erfolg der flächendeckenden Nutzungsrate der Systeme entscheidet. Eine zu komplexe Bebauung mit heterogenen Nutzerkonzepten (Usability-Ansätzen) führt zu einer erhöhten Systembetreuung. Andererseits muss ein gewisses Maß an Komplexität zugemutet werden, möchte man ein funktionales Optimum der IT-Systemwelt anstreben. Dies gilt nicht nur für die Innenperspektive des strategischen Einkaufs innerhalb einer Organisation, sondern insbesondere auch für die Prozesse, die eine digitale Integration der Lieferantenbasis benötigen (siehe auch Abschn. 5.4.2.1).

Als Visualisierungshilfe für die systematische Planung der prozessualen Technologieabdeckung sei das Konzept in Abb. 4.4 vorgestellt.

Links in der Abbildung findet sich die Liste an Softwarelösungen zur Erfüllung der Prozesse. Die Raute kennzeichnet eine existierende Lösung oder die Planung einer Lösung. Für die unterstützenden Prozesse wird anhand einer Kreissymbolik ein Lösungsbeitrag für spezifische Applikationen und Prozesse gekennzeichnet. Rechterseits ist eine Überleitung in die weiteren Prozesswelten der „Operations" dargestellt sowie ein auf die Einkaufsprozesswelt stetig einwirkendes Instrument der Nutzungsetablierung, hier als „Digital Impact Assurance" bezeichnet. Mithilfe dieser Darstellung werden Lösungslücken im Portfolio schnell ersichtlich. Das hier kompakt dargestellte Lösungsportfolio kann weiter differenziert werden, indem spezifische „features", Module oder Lösungskomponenten einer Applikation integriert werden.

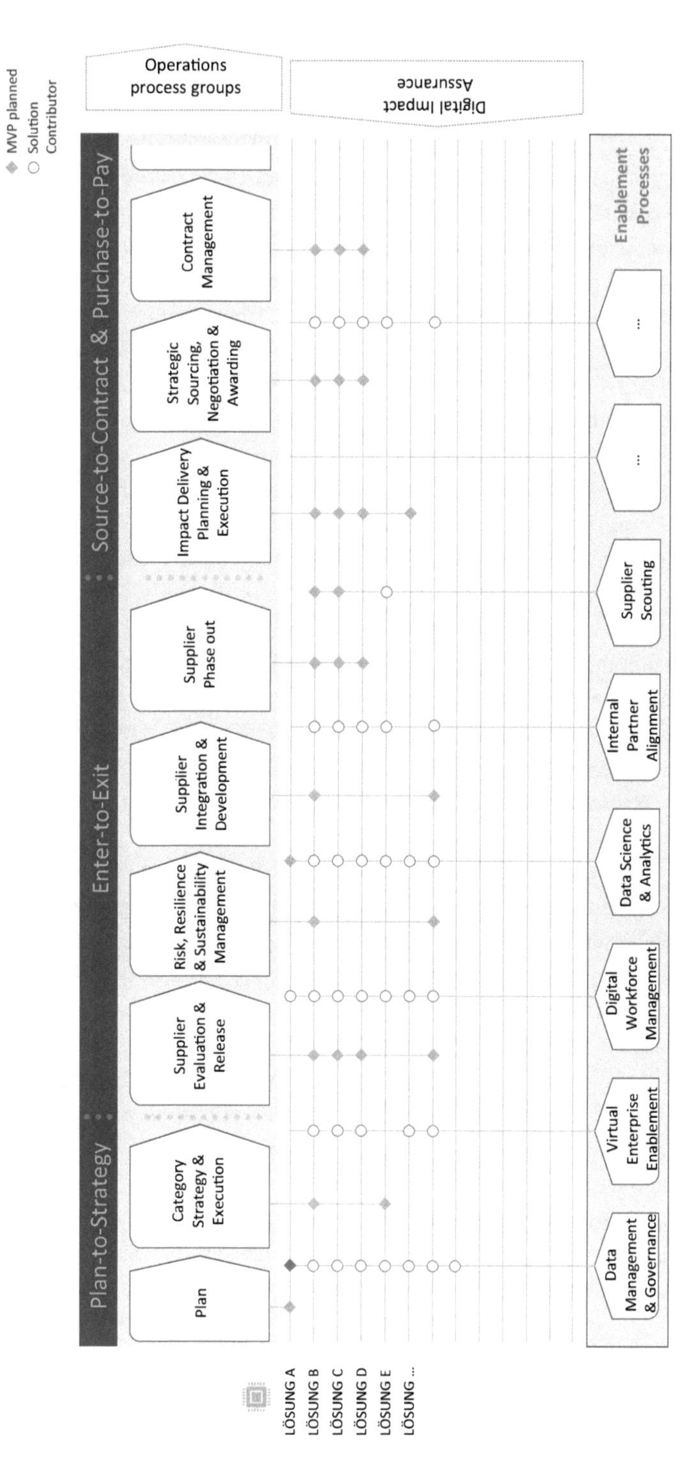

Abb. 4.4 Systematische Planung der prozessualen Technologieabdeckung

4.3 Organisatorische Ressourcen

Für die Erfüllung der Aufgaben des strategischen Einkaufs ist die adäquate Ausstattung mit Ressourcen eine Grundvoraussetzung. Dies betrifft sowohl die finanziellen Mittel in Form von Budgets als auch die notwendigen personellen Ressourcen, die zur Erfüllung der Aufgabe zweckmäßig sind (Rüegg-Stürm und Grand 2020).

Für die konsequente Digitalisierung innerhalb des Einkaufs ist eine kontinuierliche Investition in beides notwendig. Für Projekte müssen Finanzmittel für Investitionen in IT-Systeme und Beratungsleistungen vorhanden sein. Ebenso muss sich die Organisation mit nachhaltigen Gedanken zur fortlaufenden personellen Gestaltung auseinandersetzen. Dies ist einmal der Fall im Rahmen der natürlichen und kontinuierlichen Fluktuation innerhalb einer globalen Organisation aber auch im Sinne einer an den Anforderungen ausgerichteten Nachbesetzung von Positionen (Abschn. 4.4).

Um die vorhandenen Ressourcen im Einkauf möglichst optimiert auf die Zielsysteme auszurichten ist eine Ressourcenkonfiguration notwendig, welche die Koordination der unterschiedlichen Anspruchsgruppen vollzieht (Rüegg-Stürm und Grand 2020). Die Aktivitäten der Lieferantenentwicklung, des direkten Einkaufs, der Digitalisierungsprojekte müssen untereinander abgestimmt werden wie auch die Aktivitäten des Einkaufs in Interaktion mit seinen relevanten Prozessbegleitern (Abschn. 4.1).

Vor allem für die fortlaufende Digitalisierung im Einkauf besteht eine weitere Herausforderung im effizienten Ressourcengebrauch, d. h. ein Informationssystem muss eine konkrete Anwendung erfahren. Somit sind die zwei Aspekte der Ressourcenkonfiguration – Abstimmung im Nutzungsverbund und Anwendung – miteinander zu berücksichtigen.

So müssen auch die Fragen nach einer adäquaten personellen und finanziellen Ressourcenausstattung fortlaufend eruiert werden. Es ist ein gangbarer Weg, Effizienzen der Digitalisierung zu nutzen, um spezifische Aufgaben verändert zu erbringen (Abschn. 5.4.4). Dennoch ist es ebenso erforderlich zur Erfüllung anspruchsvoller und neuer Aufgabenfelder, eine kritische Masse an Ressourcen vorzuhalten, die auch eine Veränderungswirkung auf die Organisation haben können. Dazu kann ein gewisser Überhang notwendig sein. Dies bedeutet, dass die Aufgabe nicht darin besteht, den strategischen Einkauf in seiner jetzigen Form mit möglichst wenigen Mitarbeitern zu betreiben, sondern vor allem neue Themenfelder so zu besetzen, dass deren Erfüllung bestmöglich in die Organisation integriert werden kann. Es geht also darum, den strategischen Einkauf auch auf Ebene der Ressourcen zu entwickeln.

Zur Feststellung einer angemessenen Unternehmensgröße kann auf die Personalbedarfsplanung als Instrument zurückgegriffen werden (Lindner-Lohmann et al. 2023), welche durch ihre Wirkung auf die Personalkosten ebenfalls auf die finanzielle Budgetplanung des Einkaufsbereichs wirkt. Durch die fortlaufende Personalbedarfsplanung soll im Einkauf unter anderem Folgendes erreicht werden (Lindner-Lohmann et al. 2023):

- Frühzeitige Identifikation und Berücksichtigung von Personalengpässen
- Einsatz vorhandener Personalressourcen gemäß Anforderung und Eignung
- Überführung von Entwicklungsbedarfen in das Kompetenzmanagement
- Anforderungsgerechte Ausstattung von Bereichen und Regionen mit Personalressourcen
- Kontrolle über Ist-Personalkosten sowie deren Entwicklung

Aus den internen (z. B. Unternehmensplanung) und externen (z. B. Entwicklung Gesamtwirtschaft) Rahmenbedingungen lassen sich quantitative Nettopersonalbedarfswerte[6] ermitteln. In diese müssen die qualitativen Aspekte des Personalbestandes einfließen, d. h. die Erfahrung und Qualifikation.

4.4 Organisationskultur und Kompetenz

Die Aufgaben des strategischen Einkaufs werden im möglichst wirksamen Zusammenspiel der Personen, der Prozesse und der Informationssysteme vollzogen. Hierbei ist die Bildung und Entwicklung von spezifischen Kompetenzen relevant (Hofmann 2020), welche mit den jeweiligen Anforderungen (Bogaschewsky 2021) synchronisiert werden sollten. Ebenso bedeutsam ist die Entwicklung der Organisation im Hinblick auf die intrinsische Verstärkung einer auf Digitalisierungsbemühungen und Veränderungen aufnahmefähigen Kultur. Dies bedeutet, dass fortlaufend an Fähigkeiten, Fertigkeiten, Qualifikationen und relevanten Erfahrungen der Organisation gearbeitet werden muss.

Hierbei geht es um die Entwicklung von verschiedenen Kompetenzen (Hofmann 2020, S. 12):

1. „Personale Kompetenzen:
   Fähigkeiten, selbstkritische und produktive Werthaltungen und Einstellungen zu entwickeln.
2. Aktivitäts- und Handlungskompetenzen:
   Fähigkeiten, die eigenen Ideale, das Wissen und die Erfahrungen sozialer Interaktion aktiv umzusetzen.
3. Fachlich-methodische Kompetenzen:
   Fähigkeiten, schwierige Probleme mit spezifischen fachlichen sowie methodischen Kenntnissen effektiv zu lösen.
4. Sozial-kommunikative Kompetenzen:
   Fähigkeiten, eigenständig mit anderen zu kommunizieren und zu kooperieren sowie sich mit anderen auseinanderzusetzen.“

[6] Bruttopersonalbedarf minus Personalbestand (Lindner-Lohmann et al. 2023.)

Um die gestellten Aufgaben mit den zur Verfügung gestellten Kompetenzen der Mitarbeiter zu harmonisieren, kann eine gezielte Ableitung von Kompetenzen förderlich sein – eine sogenannte Kompetenzmodellierung. Dieser Ansatz sieht vor, die Erarbeitung über fünf Phasen zu vollziehen (Hofmann 2020):

1. Exploration und Definition der Logik der Kompetenzermittlung
   Im Zielbild einer anpassbaren und synchronisierten Einkaufsorganisation sollten neu aufkommende und sich im Schwerpunkt der Tätigkeit verändernde Kompetenzen laufend analysiert und in ein Kompetenzentwicklungsprogramm integriert werden. Für erfolgreiches Agieren im Kontext der Tätigkeit, sind erforderliche Verhaltensweisen zu identifizieren, d. h. die fachlichen und methodischen Kompetenzen müssen ebenso definiert werden wie die relevanten persönlichen und kommunikativen Fähigkeiten (Hofmann 2020).
2. Analyse von Aufgaben und Anforderungen
   Die spezifischen Aufgaben im Einkauf (Abschn. 4.1) stellen gewisse Anforderungen an die Ausführenden zur erfolgreichen Erfüllung. Die Aufgaben müssen daher analysiert und Anforderungen daraus abgeleitet werden, die eine optimierte Erfüllung ermöglichen; daraus lässt sich gewünschtes Verhalten sowie ein Kompetenzset ableiten (Hofmann 2020)[7].
3. Zusammenfassung relevanter Anforderungen und Fähigkeiten in der Kompetenzmodellierung
   Aus den zuvor definierten Anforderungen werden Kompetenzsets abgeleitet, die zur Erfüllung der spezifischen Aufgaben notwendig sind.
4. Definition von Kompetenzprofilen für spezifische Rollen
   In Abhängigkeit der spezifischen Rolle im Einkauf, sind gewisse Kompetenzen von erhöhter Bedeutung und müssen in der Ausprägung der Kompetenzprofile höher gewichtet werden. Es geht darum, erfolgsrelevante Verhaltensweisen – heute und zukünftig (Bogaschewsky 2021) - für die spezifische Tätigkeit auszuprägen (Hofmann 2020).
5. Implementierung von Kompetenzentwicklungsmaßnahmen
   Zuletzt mündet die Analyse in der Gestaltung von Kompetenzentwicklungsmaßnahmen für die ausgeprägten Profile. Diese werden mittels Wissensmanagement und Bildungsmaßnahmen umgesetzt.

Neben der Kompetenzentwicklung, spielt die (Einkaufs-) Organisationskultur eine bedeutsame Rolle in der Realisierung von Veränderungsprozessen (Bogaschewsky 2021), d. h. in der Gestaltung von bewussten und unbewussten Normen, Überzeugungen, Verhaltens- und Wertvorstellungen (Schreyögg 2016) - am „gemeinsamen Sinn- und Bedeutungshorizont“ (Rüegg-Stürm und Grand 2020, S. 104). Die Manifestation ist

[7] Zu den Methoden der Ermittlung sei auf (Hofmann 2020) verwiesen.

in Organisationen überwiegend immateriell ausgeprägt, kann aber durch Artefakte und Symbole eine Verkörperung erfahren (Schreyögg 2016). So erschließt sich die Organisationskultur nach Schein (Schreyögg 2016) über die Ebenen Symbole und Zeichen, Normen und Standards sowie Basisannahmen. In diesem Sinne hat auch das gezeigte und wahrgenommene Führungsverhalten innerhalb der Einkaufsorganisation eine einflussreiche Prägung hinsichtlich der erfolgreichen Digitalisierung der Einkaufslandschaft und der Prozesse.

4.5 Strategieabstimmung

Die Ausarbeitung und Verwirklichung einer Einkaufsstrategie kann nicht autark erfolgen. Durch die Einbettung in wechselseitige Abhängigkeiten aus unternehmensinternen und -externen Anspruchsgruppen, kann sie nur erfolgreich sein, wenn sie diese Perspektiven in die strategische Zielrichtung (Abschn. 4.7 Abschn. 4.6) sowie die Umsetzungsarbeit integriert (Schuh 2014). Dabei dient die Einkaufsstrategie im Wesentlichen einer Zielerfüllung und gibt somit eine langfristige Handlungsorientierung bezüglich der Ziele sowie der dafür notwendigen Aktivitäten und Handlungsalternativen (Schuh 2014). Durch die wechselseitigen Abhängigkeiten der Einkaufsstrategie ist der Inhalt nicht als starr anzusehen, sondern bedarf umso mehr der Integration von flexiblen Anpassungs- und Validierungsverfahren, um eine Justierung an Marktbedarfe oder auch unternehmensinterne Entscheidungen zu ermöglichen. Dazu gehört eine fortlaufende Synchronisation mit der Produktion, mit der Supply Chain, der Logistik, der F&E-Produktstrategien sowie weiteren Gruppen im Zeitverlauf. Die Strategie legt dabei gewisse Prämissen für zukünftige Entwicklungen zu Grunde und unterliegt somit, wie alle Prognosen, einer Unsicherheit. Durch diese Volatilität ist es sinnvoll, sich über inkrementelle Schritte sukzessive einem Zielbild zu nähern (Weigel und Ruecker 2017) und auch die Anzahl der parallel vollzogenen Aktivitäten mit der Leistbarkeit der Organisation in Einklang zu bringen.

Der Aufbau der Einkaufsstrategie folgt dabei häufig einer vierstufigen Aufbaulogik (Schuh 2014) und sollte die gesamte organisatorische Weiterentwicklung des Einkaufs beinhalten. Eine reine Fokussierung auf die Ausarbeitung von Category-Strategien (Abschn. 5.1.2) beispielsweise, ohne die erforderlichen organisatorischen Maßnahmen oder die Prozesswelt zu bedenken, wäre nicht richtig. Im Folgenden ist der grundsätzliche Aufbau der Strategie beschrieben (Tab. 4.1):

1. Einkaufsvision
   Formulierung eines global gültigen Leitbildes über die Ableitung von Schlussfolgerungen aus der Analyse des internen und externen Umfeldes.
2. Strategische Leitlinien
   Strategische Hauptelemente der globalen Einkaufsorganisation, um die Organisation ganzheitlich auf die Vision auszurichten.

Tab. 4.1 Elemente einer Einkaufsstrategie

Strategiekomponenten	Funktion	Informationen und Konkretisierung
Einkaufsvision	Formulierung eines global gültigen Leitbildes über die Ableitung von Schlussfolgerungen aus der Analyse des internen und externen Umfeldes	**Intern:** Unternehmensstrategie Marktbeobachtungen Produktplanungen Produktionsplanungen Technologieplanungen Resilienzanforderungen ... **Extern:** Branchenstrukturanalyse Lieferantenstrukturanalyse Wirtschaftliches Umfeld ...
Strategische Leitlinien	Strategische Hauptelemente der globalen Einkaufsorganisation, um die Organisation ganzheitlich auf die Vision auszurichten	**Zielsetzungen:** Effizienzziele Warengruppenziele Lieferantenentwicklungsziele Digitalisierungsziele Regionalisierungsziele Nachhaltigkeitsziele Resilienzziele ...
Handlungsprogramme und Category-Strategien	Hauptzielrichtungen und Programme der strategischen Leitlinien	**Zielsetzungen:** Einsparungen Organisationsgröße Automatisierungsrate ...
Umsetzungsprojekte	Konkrete und geplante Umsetzungsprojekte zur Realisierung	**Projekte:** Projektsteckbriefe Projektziele Projektorganisation Projektressourcen ...

3. Handlungsprogramme und Category-Strategien
   Hauptzielrichtungen und Programme der strategischen Leitlinien.
4. Umsetzungsprojekte
   Konkrete und geplante Umsetzungsprojekte zur Realisierung.

Für die Implementierung in der Organisation, sind die Auswirkungen der strategischen Projekte auf alle Prozesse zu berücksichtigen und in deren spezifischen Weiterentwicklungen in Form von Arbeitsergebnissen umzusetzen. Durch die starke Abhängigkeit mehrerer Prozesse untereinander ist eine Auswirkungsanalyse strategischer Aktivitäten mit dem RDE zu verbinden.

4.6 Reifegradmanagement

Die Entwicklung hin zu einer vollständigen digitalisierten Prozesslandschaft innerhalb einer globalen Einkaufsorganisation vollzieht sich nicht unmittelbar und selbstständig. Die unterschiedlichen Ausgangsszenarien der einzelnen global verteilten Organisationseinheiten bedürfen einer fokussierten und systematischen Weiterentwicklung, welche das individuelle Zielbild der Einheit berücksichtigt. Auf diesem Wege ist es hilfreich, über ein Reifegradmanagementsystem sukzessive eine fortlaufende Optimierung der Einheiten einer globalen Einkaufsorganisation zu begleiten und ebenfalls global zu vergleichen. Generell kann ein Reifegradmanagementsystem dadurch charakterisiert werden, dass es sich um Verfahren handelt, die dazu dienen, die Qualität spezifischer Untersuchungsobjekte – in diesem Falle im Einkauf – zu beschreiben, zu bewerten und zu vergleichen (Liebetruth et al. 2016).

Die Grundlage bilden definierte und harmonisierte Einkaufsprozesse und -verfahren, die eine datengesteuerte Messung der jeweiligen Ist-Stände ermöglichen und somit eine möglichst automatisierte Reifegradbeurteilung unterstützen. So kommt der Beurteilungsfähigkeit der Einkaufsprozesse (Kap. 5) eine zentrale Bedeutung zu. Die erforderlichen Datenquellen und Beurteilungskennzahlen, welche eine Zustandsbeurteilung und -festlegung auf Prozessebene ermöglichen, müssen als Teile des digitalen Prozessmanagements konstruiert werden. Der Ansatz einer datengestützten und laufenden Analyse von Reifegradständen wird hier favorisiert und sollte innerhalb der vollständigen Digitalisierung der Einkaufsprozesse das Ziel bilden. So werden aufwändigere Untersuchungsvarianten weitestgehend vermieden, die oftmals mit großem Zeitaufwand durch Untersuchungsteams an verschiedenen Standorten durchgeführt werden müssen. Dies bindet Kapazitäten in den Lokationen und verursacht eine auf wenige Zeitpunkte beschränkte Erfassung von Reifegraden.

Neben der Erhebung des prozessualen Reifegrades der jeweiligen Einheiten (van Looy 2014) empfiehlt es sich auch, angrenzende relevante Stakeholder zu untersuchen, um die Leistungen des Einkaufs aus der Kundenperspektive heraus optimieren zu können und um eine enge Verzahnung mit relevanten Fachbereichen zu forcieren. Standardisierte Fragebögen mit Bewertungsskalen können somit ebenfalls in die Reifegradbeurteilung integriert werden.

Eine weitere wichtige Funktion der Reifegraduntersuchung bildet die aktive Auseinandersetzung der Organisation mit gezielten und messbaren Weiterentwicklungsschritten. Durch die Arbeit an den Inhalten der unterschiedlichen Untersuchungsobjekte werden fortlaufend Optimierungspotenziale identifiziert, die auch in Form einer zentralen Dokumentation innerhalb einer Wissensdatenbank für gelungenes Handeln bilden

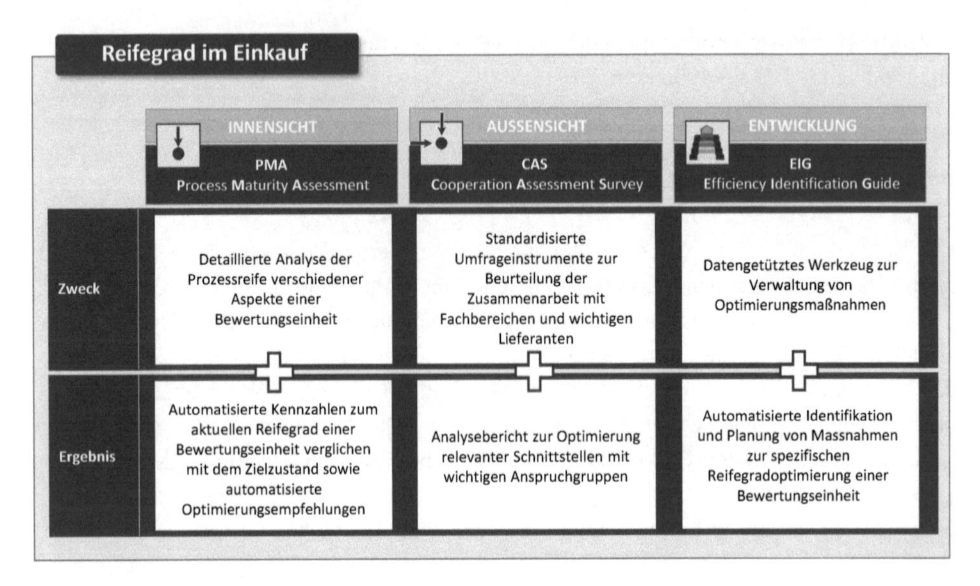

Abb. 4.5 Elemente des Reifegradmanagements im Einkauf

und zur selbstständigen Optimierungsidentifikation der globalen Einheiten genutzt werden könnten.

Abb. 4.5 gibt eine Übersicht zweckmäßiger Elemente des Reifegradmanagements im Einkauf.

Die Herausforderung der Reifegradsysteme besteht zumeist darin, dass Indikatoren für eine optimale (best-practice-) Ausprägung (Liebetruth et al. 2016) eines gewünschten Verhaltens oder Ergebnisses in den begutachteten Reifegraduntersuchungsbereichen generiert werden müssen. Neben einer fortlaufenden Pflege der relevanten Inhalte ist dafür ein großes Maß an Expertise notwendig, insbesondere wenn es darum geht, die Reifegradentwicklungsschritte in einen plausiblen Entwicklungspfad einzubetten, der gleichsam erreichbar, aber dennoch anspruchsvoll ist. Bekannte Modelle wie das CMMI[8] oder das EFQM[9] geben einen Rahmen vor, der auch auf den Einkauf und dessen Belange übertragbar ist. Diese Modelle müssen um einen Reifegradprozess ergänzt werden, der die eigentliche Durchführung der Aktivitäten beschreibt (bspw. SCAMPI).

Für die Konzeption eines Reifegradmanagementsystems im Einkauf[10] sollten folgende Elemente entwickelt werden und in die unternehmensspezifische Konzeption einfließen (Tab. 4.2).

[8] Https://cmmiinstitute.com/.

[9] Https://efqm.org/de/.

[10] Beispiele für Procurement Maturity Models finden sich in Blecker 2015, S. 537 ff.

Tab. 4.2 Elemente eines Reifegradmanagementsystems im Einkauf, in Anlehnung an (Liebetruth et al. 2016, S. 280)

	Reifegrad-Konzeptteil	Inhalte
1	Definition der Reifegradstufen	Klärung der Anzahl der Reifegradstufen [1 … 5] Klärung der Reifegradbezeichnungen Klärung der Abstufungsintensität zwischen den Stufen
2	Definition der Erhebungsinstrumente und Datenquellen	Klärung der Datenquellen sowie Berechnung für automatisierte Datenerhebungen Definition der Fragebögen für internen und externen Gebrauch [offene und geschlossene Fragen]
3	Definition der Bewertung	Klärung der Kalkulation der Reifegradbewertungen [Durchschnitt, Punktebewertung, …] Klärung der Gewichtung einzelner Komponenten Klärung der Aggregationslogik [Gesamtbewertung, Einzelbewertung, …]
4	Definition der Überprüfung	Klärung der Validierung der Ergebnisse und Fixierung von Erhebungsständen [Fixierungszeitpunkte] Klärung ob externe Validierung oder intern
5	Definition des Anwendungsprozesses	Klärung der Berechtigten Anwender der Selbst-Evaluation und der Fremd-Evaluation Klärung der Bewertungs- und Fixierungshäufigkeit Klärung des Optimierungsmaßnahmenprozesses
6	Definition der Berichterstattung	Klärung der Art und Visualisierung der Berichterstattung
7	Definition der Bewertungsinhalte	Definition der Bewertungskapitel sowie der Bewertungsaspekte [Fokusfelder des Einkaufs; Prozesse] Definition von Teilaspekten der Fokusfelder/Prozesse Definition von Reifegradindikatoren für die einzelnen Reifegradstufen eines Teilaspektes
8	Administration der Bewertungsinhalte	Definition der Inhaltsadministration sowie der Bestimmung der aktiven Fragesätze der Bewertungskapitel und Bewertungsaspekte [Einkaufsprozesse] Aktualisierung von bestehenden Inhalten und Strukturen Definition und Verwaltung der Fragebogeninhalte Definition von Ambitionswerten für die Reifegradentwicklung [Zielwerte]
9	Definition der Bewertungsgranularität	Klärung der Untersuchungstiefe des Reifegrades: Organisationseinheit, Werk, Einkaufs-Organisationen, Bereiche, Regionen, …
10	Definition Softwaresystem	Definition eines softwaregestützten Bewertungssystems zur Administration Definition eines Softwaresystems zur Reifegradevaluation

BEWERTUNGSKAPITEL

		REIFEGRADSTUFEN				
		0	1	2	3	4
1. Kern-Element 1	• Sub-Element 1	Criteria 0	Criteria 1	Criteria 2	Criteria 3	Criteria 4
	• Sub-Element 2	Criteria 0	Criteria 1	Criteria 2	Criteria 3	Criteria 4
	• Sub-Element 3	Criteria 0	Criteria 1	Criteria 2	Criteria 3	Criteria 4
	• ...					
2. Kern-Element 2	• Sub-Element 1					
	• Sub-Element 2					
	• Sub-Element 3					
	• ...					
3. Kern-Element 3	• Sub-Element 1					
	• Sub-Element 2					
	• Sub-Element 3					
	• ...					
4. Kern-Element 4	• Sub-Element 1					
	• Sub-Element 2					
	• Sub-Element 3					
	• ...					
5. ...						

Abb. 4.6 Grundgedanke der Reifegradbewertung mittels Indikatoren

Der grundsätzliche Aufbau orientiert sich dabei an fachgebietsspezifischen Kriterien sowie den Untersuchungsaspekten. Diese können sich an effizienzorientierte Themen wenden, aber auch organisatorische Inhalte in den Fokus setzen. So ist beispielsweise insbesondere bei der Analyse digitalgestützter Prozesse das Thema „Nutzerkompetenz" sowie „Nutzung im Unternehmensalltag" von Bedeutung. Hieraus lassen sich interessante Schlussfolgerungen ziehen, wenn beispielsweise ein vollständiges Training einer Organisation nachgewiesen werden kann, jedoch die Anwendungsanalyse des Prozesses eine geringe Ausprägung zeigt. So könnte konkret am Beispiel des Prozesses der Bezugsquellenfindung ein Kernelement die Nutzung elektronischer Ausschreibungen sein. Noch konkreter sollte in diesem Fall die Fähigkeit der Nutzung untersucht werden, d. h. der Ausbildungsstand und die Anzahl der durchgeführten „Sourcing-Aktivitäten". Für diese beiden Sub-Elemente sollen eindeutige Indikatoren eine Reifegradbestimmung erlauben. Hier kann beispielsweise eine Bezugsgröße zum Einkaufsvolumen Orientierung geben, d. h. eine Reifegradstufe 3 (CMMI = Defined) soll bei einer Größe von 50 % des Einkaufsvolumens via elektronische Ausschreibungen gesetzt werden. Die grundsätzliche Systematik soll in Abb. 4.6 nochmals vereinfacht das Konzept darstellen.

4.7 Controlling

Die Erfolgsmessung des Einkaufs ist ein wesentliches Instrument, um die Relevanz und die Wirksamkeit einer globalen Einkaufsorganisation zu demonstrieren. Der Ausweis der Wirksamkeit kann dabei auf verschiedenen Ansätzen beruhen und die unterschiedlichen

Beitragsarten des Einkaufes ausweisen. Kommend von einem am ROCE-orientierten Wirksamkeitsnachweis leistet der Einkauf dabei vor allem einen unternehmerischen Optimierungsbeitrag für den EBIT aus dem Management der Cost of Goods Sold (CoGS) sowie der General & Administration Expenses (G&AE). Darüber hinaus wird das Capital Employed (CE) durch Maßnahmen in den Feldern Plant, Property & Equipment sowie der Net Working Capital (NWC) positiv beeinflusst (Hofmann et al. 2012).

Der Nachweis der Wirksamkeit – des Einkaufserfolges (Schuh 2014) - bedarf dabei klarer, global harmonisierter Regelwerke, die definieren, in welcher Form Einsparungen oder Kostenvermeidungen bewertet (Messgrößendefinition) oder auch weitere Erfolgsgrößen des Einkaufes ausgewiesen werden, die keine direkte ROCE-Wirkung haben. Die unternehmensindividuelle Situation sollte im Rahmen der Zielsetzung für den Einkauf dabei die Aspekte der Fertigungstiefe, der Sortimentsbreite sowie der warengruppenspezifischen Marktgegebenheiten nicht vernachlässigen. Die Gestaltung der grundsätzlichen Lieferfähigkeitsstrategie (Supply Chain) des Unternehmens hat dabei ebenso Auswirkungen auf den Einkaufserfolg in Form der Bestands- und Wiederbeschaffungsstrategie wie auf die damit einhergehenden Möglichkeiten der Lieferquellenwahl. Gleichwohl sind in Abhängigkeit von der unternehmenseigenen Marktmacht und Beschaffungsmarktspezifika weitere Einflussfaktoren auf den Einkaufserfolg gegeben (Hofmann et al. 2012). Diese Faktoren bestimmen somit auch die angemessene Formulierung einer Leistungserwartung seitens des Unternehmens an die Einkaufsorganisation. Progressivere Ansätze versuchen ebenfalls eine wertgenerierende Wirkung des Einkaufs als Teil der Einkaufserfolgsmessung zu etablieren, so etwa über eine schnellere Versorgung von Märkten oder eine Erhöhung der unternehmenseigenen Innovationsleistung durch Integration strategischer Lieferquellen. Der Nachweis ist jedoch gegenüber der einer reinen Kostenreduzierung deutlich schwieriger zu führen (Schuh 2014).

Schuh (2014, S. 120) formuliert als Definition des Einkaufscontrollings folgendermaßen:

> „Das Einkaufscontrolling kann als Servicefunktion für die Einkaufsführung verstanden werden, welche die Einkaufsleitung bei der zielgerichteten Führung des Einkaufs durch die Schaffung von Transparenz hinsichtlich Ergebnissen, Finanzen, Prozessen und Strategien des Einkaufs unterstützt."

Es empfiehlt sich, für den Einkauf auf eine multidisziplinäre Erfolgsbetrachtung zurückzugreifen und in die eigene Erfolgsbewertung einfließen zu lassen. Dazu gehört neben der vornehmlich auf Finanzkennzahlen fokussierten Analyse der Einkaufsorganisation auch die Betrachtung der Einkaufsorganisation aus anderen Facetten; so etwa aus der Perspektive des Lieferantenportfolios, der Einkaufsmitarbeiter, internen Anspruchsgruppen, der Prozesse und auch aus einer auf Nachhaltigkeitsmanagement fokussierten Beurteilung der gesamten Lieferketten (Hofmann et al. 2012). So sind konkret auch die Anzahl der Lieferanten und deren Qualitätsperformance in eine „Einkaufs-Balanced-Scorecard" zu integrieren, ebenso wie die Anzahl, Qualifikation und Zufriedenheit der eigenen Mitarbeiter, die Effektivität des Managements der Bedarfe interner Fachbereiche usw.

Dabei geht es darum, den jeweiligen Kennzahlennutzern Informationen bedarfsgerecht zukommen zu lassen, um die Entscheidungsfindungsprozesse aus der Anwenderperspektive bestmöglich zu unterstützen. Dem Controlling im Einkauf obliegt somit die Funktion, neben der Erstellung managementorientierter Steuerungsinstrumente, auch für die anderen Rollen des Einkaufs relevante Informationsangebote zu unterbreiten, so etwa für die strategischen Kategorien / Warengruppen (Tab. 4.3) (Hofmann et al. 2012).

Tab. 4.3 Beispielhafte Kennzahlen des Einkaufscontrollings, in Anlehnung an (Hofmann et al. 2012; Fröhlich und Nießen 2021)

Berichtsbereiche	Verfahren
Warengruppenebene	
Einsparungen / Erhöhungen	Periodenvergleichsverfahren Preisangebotsverfahren Zielkostenverfahren Marktpreisindexverfahren
Kostenvermeidung	Verhinderung von Kostenerhöhungen
Beschaffungsorganisation	
Finanzbezogene Kennzahlen	Materialquote Fremdmandatiertes Einkaufsvolumen Regionale Bezugsquellenquote / Lokalisierungsgrad
Einkaufsorganisation	Kosten pro Einkäufer Beschaffungsvolumen pro EK-Mitarbeiter Anzahl Teilenummern pro EK-Mitarbeiter Durchschnittliche Führungsspanne Regionale Distribution der EK-Mitarbeiter
Lieferantenleistung	Anzahl Lieferanten pro Warengruppe und Segment Fehlerquote Zertifizierungsanteil Durchschnittliche Wiederbeschaffungszeit
Kundenzufriedenheit	Bewertung der Zusammenarbeit mit kritischen Fachbereichen
Prozessual	
Compliance	Maverick-Buying-Quote Einkaufsvolumen mit Vertrag Rechnungsvolumen ohne Bestellung
Nachhaltigkeit	
Nachhaltige Vergabe	Prozentualer Anteil an Vergaben mit Analyse des CO2-Fußabdrucks
Nachhaltigkeitsbewertung	Anzahl der Lieferanten mit Nachhaltigkeitsrating Anzahl der Lieferanten mit kritischer Nachhaltigkeitsbewertung Anzahl der Lieferanten mit sehr guter Nachhaltigkeitsbewertung Einkaufsvolumen bei kritisch bewerteten Lieferanten Anzahl an Lieferanten ohne Code of Conduct

Neben der Generierung von Daten zur Beurteilung des Einkaufserfolges und der Konstruktion des Zielsystems, kann das Controlling im Einkauf weitere Unterstützungsfunktionen wahrnehmen. So etwa in der Evaluation von Handlungsalternativen sowie bei der Erstellung von im Einkauf verwendeten Bewertungsmethoden (Bsp. TCO) (Lorenzen und Krokowski 2018).

Literatur

Blecker, Thorsten (Hg.) (2015): Innovative methods in logistics and supply chain management. Current issues and emerging practices. Hamburg International Conference of Logistics. 1. ed. Berlin: epubli (Proceedings of the Hamburg International Conference of Logistics (HICL), Vol. 19).

Bogaschewsky, Ronald (2021): Einkauf und Supply Chain Management. Wiesbaden: Springer Fachmedien Wiesbaden GmbH (ZfbF-Sonderheft Ser, v.76/21). Online verfügbar unter https://ebookcentral.proquest.com/lib/kxp/detail.action?docID=6688975.

Fröhlich, Elisabeth; Nießen, Lisa (2021): Empirical studies of proposing KPIs for corporate procurement and its strategic suppliers to steer and control sustainable procurement practices. In: Christoph Bode, Ronald Bogaschewsky, Michael Eßig, Rainer Lasch und Wolfgang Stölzle (Hg.): Supply Management Research. Wiesbaden: Springer Fachmedien Wiesbaden (Advanced Studies in Supply Management), S. 257–274.

Gartner (2022a): 2022-gartner-top-strategic-technology-trends-ebook.

Gartner (2022b): the-top-8-supply-chain-technology-trends.

Hofmann, Erik (2020): Beschaffungskompetenzen 4. 0. Berufsbilder Im Zeitalter des Digitalisierten Einkaufs. Unter Mitarbeit von Fabian Staiger. Berlin, Heidelberg: Springer Berlin / Heidelberg (Advanced Purchasing and SCM Ser, v.7). Online verfügbar unter https://ebookcentral.proquest.com/lib/kxp/detail.action?docID=6381173.

Hofmann, Erik; Maucher, Daniel; Kotula, Martin; Kreienbrink, Oliver (2012): Erfolgsmessung und Anreizsysteme im Einkauf. Berlin, Heidelberg: Springer Berlin Heidelberg.

Laux, Helmut; Liermann, F. (2005): Grundlagen der Organisation. Die Steuerung von Entscheidungen als Grundproblem der Betriebswirtschaftslehre. 6. Aufl. Berlin: Springer (Springer-Lehrbuch).

Liebetruth, Thomas; Melneck, Walther; Pilsl, Alexander (2016): Process maturity-assessments in strategic procurement – guideline for developing an advanced methodology. In: Ronald Bogaschewsky, Michael Eßig, Rainer Lasch und Wolfgang Stölzle (Hg.): Supply Management Research. Wiesbaden: Springer Fachmedien Wiesbaden, S. 273–291.

Lindner-Lohmann, Doris; Lohmann, Florian; Schirmer, Uwe (2023): Personalmanagement. Berlin, Heidelberg: Springer Berlin Heidelberg (BA KOMPAKT).

Lorenzen, Klaus Dieter; Krokowski, Wilfried (2018): Einkauf. Wiesbaden: Springer Fachmedien Wiesbaden.

North, Klaus (2016): Wissensorientierte Unternehmensführung. Wissensmanagement gestalten. 6., akt. und erw. Aufl. 2016, Korr. Nachdruck 2016. Wiesbaden: Springer Fachmedien Wiesbaden (Springer eBook Collection).

Rüegg-Stürm, Johannes; Grand, Simon (2020): Das St. Galler Management-Modell. Management in einer komplexen Welt. 2., überarbeitete Auflage. Stuttgart, Deutschland: utb GmbH (UTB, 5092). Online verfügbar unter https://elibrary.utb.de/doi/book/https://doi.org/10.36198/9783838554990.

Schreyögg, Georg (2016): Grundlagen der Organisation. Basiswissen für Studium und Praxis. 2nd ed. 2016. Wiesbaden: Springer Fachmedien Wiesbaden; Springer Gabler (Springer eBook Collection).

Schuh, Günther (2014): Einkaufsmanagement. Berlin, Heidelberg: Springer Berlin Heidelberg.

Strohmer, Michael F.; Easton, Stephen; Eisenhut, Martin; Epstein, Elouise; Kromoser, Robert; Peterson, Erik R.; Rizzon, Enrico (2020): Disruptive Procurement. Cham: Springer International Publishing.

Tardieu, Hubert; Daly, David; Esteban-Lauzán, José; Hall, John; Miller, George (2020): Deliberately Digital. Cham: Springer International Publishing.

van Looy, Amy (2014): Business Process Maturity. A Comparative Study on a Sample of Business Process Maturity Models. Aufl. 2014. Cham: Springer International Publishing (SpringerBriefs in Business Process Management).

Weigel, Ulrich; Ruecker, Marco (2017): The Strategy of Purchasing. In: Ulrich Weigel und Marco Ruecker (Hg.): The Strategic Procurement Practice Guide. Cham: Springer International Publishing (Management for Professionals), S. 9–26.

Ziemann, Jörg (2022): Fundamentals of enterprise architecture management. Foundations for steering the enterprise-wide digital system. Cham, Switzerland: Springer International Publishing (Enterprise Engineering Series).

5 Prozessuales Verständnis der Kernprozesse des strategischen Einkaufs

Im folgenden Kapitel wird auf den Konzepten des RDE aufgesetzt und eine funktionale Anforderungsperspektive für die Kernprozesse des strategischen Einkaufs beschrieben. Es geht darum, ein möglichst allgemeingültiges Verständnis der Kernprozesse darzustellen, um den Zweck der Prozesse tiefergehend zu verstehen und in den Vordergrund zu stellen. Insbesondere ist das Ziel, für eine Planung der digitalen Abbildung Software-Kernanforderungen abzuleiten, deren Erfüllung wünschenswert oder notwendig sind. Dies erscheint umso wichtiger, da die konkrete Ausprägung von verschiedenen Software-Lösungsanbietern mit unterschiedlichen Detailkonzepten im System realisiert wird. Ein klares Verständnis der Kernanforderung kann dabei unterstützen, diese alternativen Konzepte zu beurteilen, um diese Systeme untereinander zu evaluieren. Hier geht es darum, das Abbild von Kernanforderung anhand der funktionalen „features" einer möglichen Softwarelösung untersuchen zu können.

In den folgenden Darstellungen wird auf die sonst übliche und relevante Verwendung einer Modellierungssprache sowie -notation verzichtet (bspw. EPK, BPMN, SIPOC), um die Lesbarkeit zu erhöhen.[1]

5.1 Von der Planung zur Strategie

Innerhalb des strategischen Einkaufs ist es von zentraler Bedeutung, die unternehmensinternen Planungen und Anforderungen möglichst zielgerichtet auf die externe Wertschöpfung auszurichten. Dazu ist es notwendig, die zentralen Einflussfaktoren dieser

[1] Für den interessierten Leser stellt Liebetruth 2020 eine gute Übersicht an Modellierungsmethodiken bereit.

© Der/die Autor(en), exklusiv lizenziert an Springer Fachmedien Wiesbaden GmbH, ein Teil von Springer Nature 2024

B. Idler, *Referenzmodell zur Digitalisierung des strategischen Einkaufs*,
https://doi.org/10.1007/978-3-658-43943-9_5

Entscheidungen zu kennen und zu steuern und diese in einem synchronisierten und integrierten Prozess mit den relevanten Unternehmensbereichen innerhalb der Category-Strategie in konkrete Maßnahmen zu überführen. Darüber hinaus können auch die einkaufsinternen Planungen (Abschn. 4.5) wesentlichen Gestaltungseinfluss nehmen und sind in der Planungsphase ebenfalls zu berücksichtigen.

5.1.1 Planung

Für die Ausarbeitung einer für das eigene Unternehmen nachhaltigen Category-Strategie ist es erforderlich, eine Analyse des internen Umfelds systematisch durchzuführen, um im nächsten Schritt die Erkenntnisse mit den Bedingungen der externen Wertschöpfungsrahmenbedingungen bestmöglich zu synchronisieren. Dies kann nur gelingen, wenn die einzelnen Bereiche möglichst bezüglich ihrer IT-technischen, aber auch ihrer organisatorischen Zusammenarbeit bestmöglich aufeinander abgestimmt sind. Die Planung ist damit überwiegend ein unternehmensweiter Abstimmungsprozess, welcher wichtige Informationen für die strategische Ausrichtung des Einkaufs bereitstellt.

Eine wichtige Planungsbasis ist insbesondere im Direktmaterialeinkauf eine kontinuierliche Primär- und Sekundärbedarfsplanung. Diese Planungsdaten – meist kommend aus Planungsläufen in ERP- und Planungssystemen – bilden die Grundlage unter anderem für die zukünftige warengruppenspezifische Interpretation oder die Vertragsgestaltung (Abschn. 5.3.3) mit Lieferanten und sind auch für die daran angelehnten Folgeprozesse der Kapazitätsplanung beim Lieferanten relevant. Neben einem kurzfristigen Planungshorizont für die kommende Beschaffungsperiode sollten auch Anstrengungen unternommen werden, um möglichst eine längerfristige Planung im Horizont von drei bis fünf Jahren mit zu erwarteten Planungskorridoren zu generieren, welche Szenarien mit Wahrscheinlichkeiten belegen. Für eine einkäuferische Planung ist es ratsam, frühzeitig innerhalb der Category-Strategie für diese Szenarien Handlungsvorlagen festzulegen. Dies wäre dann der Fall, wenn es zu einer Kapazitätsüberschreitung kommt oder erwartete Volumina in der Praxis nicht realisiert werden können.

Somit ist es für den strategischen Einkauf erfolgsentscheidend, auf eine möglichst hohe Planungsgenauigkeit zurückgreifen zu können. Für diejenigen Materialien, welche in Folge von Neuheiten noch im Entstehungsprozess sind, bilden die projektspezifischen Plandaten eine weitere wichtige Informationsquelle, die auch in den Planungsprozessen des Einkaufs integriert werden sollte. Für den Gesamtbereich des indirekten Einkaufs sind sowohl aus den historischen Daten der Beschaffungsaktivitäten des Unternehmens als auch aus Planungsgesprächen mit den relevanten Stakeholdern (Abschn. 5.4.6) innerhalb des Unternehmens zu erwartende Volumina abzuschätzen.

Aus dem Blickwinkel der Zielsysteme des Einkaufes haben oftmals ungeplante Volumenschwankungen wahrnehmbare Auswirkungen auf Einsparungen und erfahren besondere Beachtung. In der Planung, bspw. von erwarteten Einsparungen, sollten diese Schwankungen ebenso mitberücksichtigt werden wie zu erwartende Schwankungen in der Preisentwicklung, denn beide Aspekte wirken auf die Zielkenngröße.

In Ergänzung zu den Mengenplanungen, die der Einkauf nur bedingt beeinflussen kann, leiten sich weitere Planungsaktivitäten für die Einkaufsorganisation ab, welche ebenfalls in die Planungen der Categorie-Strategie (Abschn. 5.1.2) Eingang finden können:

- Entwurf von Jahresplanungen zu regelmäßig wiederkehrenden Aufgaben, wie Jahrespreisverhandlungen und Leistungsmessungen
- Planung der erwarteten Kosteneffekte mit Preisminderungen und Preiserhöhungen
- Erwartete Rohmaterialpreisentwicklungen
- Geplante Quotierungen bei Lieferanten
- Planung der Lieferantenqualifikationsmaßnahmen
- Produktions- und Produktplanung

5.1.2 Category- oder Sub-Category-Strategien

Category Management dient dazu, kontinuierlich relevante Marktdaten zu sammeln, zu analysieren und zu verifizieren, um warengruppenspezifische Strategien zur nachhaltigen und langfristigen Realisierung von Vorteilen für das verantwortete Beschaffungsvolumen zu entwerfen (Cordell und Thompson 2018). Im Rahmen der Gestaltung dieser Strategie soll ein systematischer Prozess logisch und inkrementell (Cordell und Thompson 2018) zu einem im Unternehmen abgestimmten, anpassbaren und wirksamen Ergebnis führen. Subsumiert kann dem PCA-Prozess (Cordell und Thompson 2018) der Strategieentwicklung gefolgt werden: „Positioning, Choices, Activities“, d. h. ausgehend von einer Ist-Situation, gilt es Handlungsalternativen zu entwerfen, welche in Umsetzungsaktivitäten münden.

Die folgenden zentralen Aspekte sollten in einem Category-Strategie-Prozess berücksichtigt werden:

1. Die Ausgestaltung ist cross-funktional und kundenorientiert.
2. Der zeitliche Horizont ist drei bis fünf Jahre, mit einem adäquaten Maßnahmenportfolio komplexer und einfacher Maßnahmen.
3. Die Category-Strategie leistet einen auf ein Bündel konkreter Zielvorgaben ausgerichteten sichtbaren und messbaren Beitrag.
4. Die Category-Strategie führt die Schlussfolgerungen der Handlungsaktivitäten faktenbasiert herbei und bedient sich multipler Datenquellen und Meinungen.
5. Das Ergebnis ist von allen Stakeholdern getragen.
6. Die Category-Strategie folgt einem kontinuierlichen Adaptionsprozess.

7. Ergebnis der Category-Strategie ist eine kontinuierliche Identifikation von Kostenoptimierungs- und weiteren Ideen über eine kurz- und mittelfristigen Planungshorizont.
8. Ergebnis der Category-Strategie ist eine erfolgreiche Umsetzung von Optimierungsmaßnahmen.

Die folgenden zentralen Elemente sollten im Category- und Sub-Category-Strategieprozess berücksichtigt werden (Abb. 5.1):

Category-Strategie-Initialisierung
Innerhalb der Category-Initialisierung werden die notwendigen Voraussetzungen für die Erstellung der Category-Strategien geschaffen. Es geht vor allem darum, einen geeigneten Prozess zu entwerfen, der durch eine cross-funktionale Gruppe von Verantwortlichen zu einer tragfähigen Lösung führt, welche die spezifischen Erfordernisse der jeweiligen Warengruppe integriert. Eine systemgestützte Lösung muss demnach diesen Erstellungsprozess mit geeigneten Funktionen unterstützen.

Category-Definition und -Abgrenzung Innerhalb der Initialisierungsphase muss die Category definiert werden, d. h. es muss ein klar abgegrenztes Beschaffungsvolumen anhand einer Warengruppenfamilie oder auch Sub-Warengruppe explizit für die Bearbeitung festgelegt werden. Dazu ist es erforderlich, basierend auf vorhandenen Stammdatendefinition bspw. der Materialien, eine klare Abgrenzung zu anderen Warengruppen vornehmen zu können. Neben den beteiligten Materialien ist ebenso eine Abgrenzung des Beschaffungsvolumens notwendig, um transparent zu machen, welches Beschaffungsvolumen tatsächlich für die Category-Strategie relevant ist. Hier ist eine Unterscheidung zwischen theoretischem Beschaffungsvolumen und dem tatsächlich adressierbaren Beschaffungsvolumen empfehlenswert, d. h. welcher Anteil des Category-Volumens kann tatsächlich durch die Strategie gestaltet werden. Bei der Einteilung der Category ist darauf zu achten, dass eine angemessene Größe vorliegt, sodass eine Steuerung auf strategischer Ebene erfolgen kann. D. h. das Volumen sollte weder zu hoch sein, noch sollte ein zu granularer Anteil bearbeitet werden. Diese definitorischen Elemente müssen systemseitig erfasst und dokumentiert werden.

Category-Zuständigkeiten verwalten Im Rahmen der Initialisierung sollten die Verantwortlichkeiten des Category-Strategie-Prozesses definiert und systemseitig festgehalten werden. Es ist darauf zu achten, dass Unternehmensteile, welche nicht aus dem Einkauf kommen, angemessen repräsentiert sind. Darüber hinaus sollten die jeweiligen Rollen sowie die erforderlichen Aufwände vorab beschrieben werden. Um den crossfunktionalen Charakter der Category-Strategie zu betonen, ist es empfehlenswert, ein Sponsoren-Team zu definieren, welches die Erstellung als Steuerungsorgan begleitet.

Category oder Warengruppen Strategien

Category Strategie Initialisierung	Category Strategie Exploration	Category Strategie Analyse	Category Strategie Definition	Category Strategie Implementierung
Category Definition und Abgrenzung	Exploration interner Datenquellen	Instrumente der Category Analyse definieren und verwalten	Strategische Hebel der Category Strategie definieren und verwalten	Einzelmaßnahmen-umsetzung planen und verwalten
Category Zuständigkeiten verwalten	Exploration externer Datenquellen	Analyse des externen Beschaffungsmarktes der Category	Strategische Maßnahmen definieren und verwalten	Zielverankerung der Einzelmaßnahmen umsetzen
Category Kommunikationsplan definieren	Definition der Category Profile	Analyse der Unternehmens-internen Bedingungen der Category	Strategische Wirkungssimulation durchführen	Umsetzungsberichts-wesen definieren und verwalten
Category Strategie Terminplanung definieren	Definition der "Key Supplier" Profile	Analyse der Beschaffungsstruktur der Hauptwettbewerber	Aufwandsbewertung der strategischen Maßnahmen durchführen	Verankerung der Category Strategie in Folgeprozessen
Category Strategie Anforderungen und Ziele definieren	Definition der Analyseinstrumente der Category Strategie	Zusammenfassung der Analyseergebnisse der Category Strategie	Umsetzungsempfehlungen der Category Strategie freigeben	
Category Strategie Initialisierung freigeben	Präzisierung der Category-Strategie Anforderungen und Ziele			
	Category Strategie Exploration freigeben			

Abb. 5.1 Category- und Sub-Category-Strategieprozess

Category-Kommunikationsplan definieren Ein wesentlicher Teil einer im Unternehmen nachhaltig etablierten Category-Strategie ist eine systematische Kommunikation des Erstellungsprozesses sowie der Ergebnisse. Hierfür ist es erforderlich, innerhalb eines Systems einen Kommunikationsplan zu entwerfen, der die Erstellung transparent im Unternehmen verdeutlicht, um möglichst effektiv die Strategiemaßnahmen in der Alltagspraxis zu verankern.

Category-Strategie-Terminplan definieren Die erfolgreiche Erstellung einer Category-Strategie erfordert, innerhalb eines definierten Zeitfensters die relevanten Teilergebnisse zu erstellen. Insbesondere im Falle von rapiden Veränderungen im Marktumfeld muss so gewährleistet werden, dass die Strategie aus dem Erstellungsprozess in die Umsetzungsphase erfolgreich übergehen kann. Dazu sind von einem System unterschiedliche Terminvorlagen pro Warengruppe zu definieren, welche einen standardisierten und klar gesteckten Zeitrahmen vorgeben und verfolgen. Es ist empfehlenswert, ausgehend von diesem Terminplan eine automatisierte Generierung von Terminen zu veranlassen, um möglichen Verschiebungen auf Grund individueller Terminkonflikte vorzubeugen.

Category-Strategie-Anforderungen und -Ziele definieren Bereits zu Beginn der Formulierung einer Category-Strategie ist es relevant, die Geschäftsanforderungen und Erwartungen zu klären und zu priorisieren. Diese Anforderungen bilden den Rahmen für die weiteren Phasen. Hierfür sollte ein System methodische Unterstützung anbieten. Ein geeignetes Instrument hierfür (O'Brien 2019) ist das RAQSCI-Verfahren (Regulatory, Assurance of supply, Quality, Service, Cost/Commercial, Innovation). Hierdurch lassen sich systematisch aufeinander aufbauende Entwicklungsschritte veranschaulichen, welche auch eine Einbeziehung des Reifegrades der diskutierten Category veranschaulichen. Ist bspw. die primäre Anforderung, die Lieferqualität zu optimieren, ist dies aktuell als wichtiger einzuschätzen, als an Innovationsprojekten mit der Lieferantenbasis zu arbeiten. Es sollte daher differenziert werden zwischen aktuellen und zukünftigen Anforderungen an die spezifische Category. Da die Category-Strategie als cross-funktionales Instrument zur Steuerung der Beschaffungsaktivitäten im Unternehmen dient, ist eine transparente Steuerung der Erwartungshaltung aller Beteiligten für die spätere Umsetzung besonders wichtig. Ein System muss demnach diese Anforderungen dokumentieren und eine Priorisierung erlauben.

Als Resultat klarer Anforderungen folgt die Formulierung klarer und messbarer Ziele. Diese sollte ebenfalls systemseitig bereits innerhalb der Initiierungsphase festgehalten werden. Hierbei sollte es möglich sein, strategische Richtungen vorzugeben, welche in späteren Phasen durch konkrete Maßnahmen positiv auf diese Hauptziele einwirken. In diesem Zusammenhang ist es ratsam, Haupt- und Subziele zu definieren. Es kann beispielsweise ein Ziel „Reduktion der Risikoexposition für Spritzguss“ mit einem Subziel „Erhöhung des lokalen Beschaffungsvolumens in Region X“ sinnvoll sein. Systemseitig sind die Ziele zu dokumentieren.

Category-Strategie-Initialisierung freigeben Die grundsätzlichen Rahmenbedingungen der Category-Strategie sollten von definierten Sponsoren und Entscheiderkreisen bewilligt werden, bevor die vertiefte Exploration der Daten beginnt. Systemseitig ist die Freigabe zu erfassen und ggf. mit Bemerkungen zu versehen.

Category Strategie Exploration

Im Rahmen der Category-Strategie-Exploration geht es darum, auf Grundlage einer geeigneten Datenbasis ein möglichst vollständiges Bild der Category zu erstellen, welches eine tiefe Einsicht und eine faktenbasierte Entscheidungsfindung erlaubt. Neben der Erstellung eines Datensammlungsplans (O'Brien 2019) aus geeigneten Datenquellen mittels definierter Methoden, muss auch geklärt werden, welche Analyseinstrumente zur Exploration der Eigenschaften der Category genutzt werden sollten.

Exploration interner Datenquellen Mittels interner Datenquellen kann ein wesentlicher Teilaspekt der Category-Strategie definiert werden. Hierbei ist es erforderlich, dass ein System zur Unterstützung der Category-Strategie Erstellung eine Integration mit notwendigen Datenlieferanten zur Verfügung stellt. Neben Planungs- und Bestelldaten, die hauptsächlich aus ERP-Daten ermittelt werden können, geht es auch darum, Informationen aus weiteren Prozessen automatisiert zu integrieren, welche einen zuverlässigen Rückschluss auf die Qualität und die Risikoexposition der Lieferantenbasis, die Einsparungsprojekte oder Vertragssituationen erlauben. Die Datenquellen sowie die erforderlichen Datenfelder müssen dafür festgelegt und in einem vordefinierten Rhythmus integriert werden.

Ferner sind innerhalb der Category-Strategie auch Daten des Unternehmens zu integrieren, die einen Rückschluss über die Strategie des Unternehmens erlauben. Hier sind insbesondere Informationen zur Produktionsstandort- und Logistikplanung erforderlich, anhand derer Informationen bspw. über mögliche Lokalisierungsaktivitäten befunden werden könnte. Diese Rahmenbedingungen bilden wesentliche Entscheidungsgrößen bei der Ausgestaltung der Category-Strategie und müssen in der Explorationsphase erhoben werden.

Ein System zur Erstellung einer Category-Strategie sollte darüber hinaus in der Lage sein, strukturierte Stakeholderbefragungen durchzuführen und diese Ergebnisse als Informationsquelle bereitstellen.

Exploration externer Datenquellen Neben der Nutzung von internen Datenquellen kann ein vollständiges Bild der Category-Strategie mittels externer Datenquellen komplettiert werden. Die zu nutzenden Datenquellen müssen definiert werden. Hier geht es darum, insbesondere markt- und preispolitische Rahmenbedingungen der Category-Strategie zu erheben sowie Informationen aus der Lieferantenbasis zugänglich zu machen, die Rückschlüsse auf die Wettbewerbsfähigkeit erlauben. Neben bspw. der Integration von Informationen zu Rohmaterial- und weiteren Preisindizes kann hier eine interne Referenzpreiskalkulation oder Beschaffungskettenanalyse genutzt werden.

Außerhalb der Integration automatisierter externer Informationsquellen zählen auch klassische Informationsinstrumente wie Messen, Lieferantenbesuche oder Requests-for-Information (RFI) zu wichtigen externen Informationsquellen. Ein System sollte daher erlauben, zu den verschiedenen Ereignissen Berichte zu verwalten, welche in der Explorationsphase nutzbar und im Datensammlungsplan notiert werden.

Definition der Category-Profile Als Teil der Category Exploration muss ein System zwingend Funktionen bereitstellen, um ein prägnantes Bild der zu analysierenden Category zu vermitteln. Hierzu ist ein Category-Profil zu erstellen, welches es erlaubt, folgende Informationen zu veranschaulichen (Cordell und Thompson 2018):

1. Category-Umfang und Beschreibung
   - Auflistung der Category-Familie und der Sub-Kategorien
   - Bewertung des allgemeinen Marktumfeldes
   - Technologische Entwicklung der Fertigungsprozesse
2. Aktuelle Lieferanten
   - Anzahl und Bezeichnungen der aktiv genutzten Bezugsquellen
   - Priorität der genutzten Lieferanten
   - Bewertung der genutzten Lieferanten
   - Aktuelle Vertragsabdeckung und Dauer
   - Installierte Werkzeuge, Patente und weitere Betriebsmittel
3. Potentielle Lieferanten
   - Bereits qualifizierte Lieferanten als Bezugsquellenalternative
   - Potentielle neue Lieferanten, die noch nicht qualifiziert sind
   - Interne potentielle Fertigungskapazitäten
4. Einkaufsvolumen
   - Einkaufsvolumen nach Region, Werk, Einheit
   - Einkaufsvolumen nach Lieferanten
   - Einkaufsvolumen nach Kostenstellen
   - Einkaufsvolumen nach Teilenummern und Sub-Kategorien
   - Prognostiziertes Einkaufsvolumen
5. Materialnummern und Spezifikationen
   - Anzahl Teilenummern sowie Spezifikationen
   - Zu erwartende Neuheiten sowie deren Spezifikationen
   - Einzuhaltende Normen und ggf. Zertifikationsanforderungen spezifischer Branchen
6. Historische Entwicklung der Preise
   - Preisentwicklung der Top-Teilenummern und Einkaufseinheiten
   - Preistreiber der Sub-Kategorien

Die dafür erforderlichen Datenquellen sollten automatisiert integriert werden, während das Category-Management-System eine dynamische Erforschung der Inhalte ermöglicht.

Definition der „Key Supplier"-Profile Die zentralen Informationen der wichtigsten Lieferanten der Category müssen für die Ausgestaltung der Category-Strategie verfügbar sein. Hierfür eignet es sich, eine konzentrierte Zusammenstellung der relevanten Fakten systemseitig in standardisierter Form vorzuhalten. Dazu gehören insbesondere die folgenden Informationen, welche aus anderen Prozessen gezielt beigesteuert werden (Cordell und Thompson 2018):

1. Generelle Lieferanteninformation
   - Firmenstruktur
   - Produktionsstätten
   - Geographische Abdeckung
   - Mitarbeiteranzahl
2. Geschäftsstrategie
3. Finanzkennzahlen
   - Umsatz der Kernprodukte
   - Profitabilität
4. Produkt- und Leistungsspektrum
   - Leistungsspektrum
   - Kernmärkte und Industriesektoren
   - Top 5 Wettbewerber
5. Kundenspektrum
   - Top 5 Kunden
   - Kundenreferenzen
6. Eigene Bewertung
   - Kontakte im eigenen Unternehmen
   - Umsatz mit eigenem Unternehmen
   - Spezifische Fertigungskapazitäten und Flexibilitätsreserven
   - Umsatzentwicklung letzte 5 Jahre
   - Lieferantenleistung und -bewertung
   - Lieferantenrisikoprofil
   - Relative Bedeutung des eigenen Umsatzes am Lieferantenumsatz
   - Relative Bedeutung des Lieferanten für die eigene Organisation
   - Bewertung der Abhängigkeit und Beeinflussbarkeit
   - Kurz- und mittelfristige Category-Strategie-Ziele mit dem Lieferanten

Definition der Analyseinstrumente der Category Strategie Ein System zur Generierung einer Category-Strategie sollte die Nutzer in der Explorationsphase mittels definierter Analyseinstrumente unterstützen. Diese sollten auf integrierte Daten zurückgreifen, um die strategischen Entscheidungsfindungsprozesse zu unterstützen. Geeignete Analysemethoden sind dabei beispielsweise:

- STP-Methode: Situation-Target-Proposal
- PPCA-Purchase Price Cost Analysis: Kaufteilpreisanalyse

Präzisierung der Category-Strategie-Anforderungen und -Ziele Ausgehend von der innerhalb der Explorationsphase gewonnenen Fakten der Category, sollten die Anforderungen und Ziele weiter präzisiert werden.

Categoy-Strategie-Exploration freigeben Die Ergebnisse der Explorationsphase sollten in einem systemgestützten Workflow durch das steuernde Organ freigegeben werden und in die Analysephase überleiten.

Category-Strategie-Analyse

In dieser Phase der Category-Strategie-Erstellung sollen multiple Analyseinstrumente eingesetzt werden, um die Erstellung einer Strategie zu ermöglichen, welche die Ziele klar adressiert. Hierzu müssen Analyseinstrumente systemgestützt definiert werden, welche es gezielt ermöglichen, das externe und interne Umfeld der Category zu beschreiben.

Instrumente der Category-Analyse definieren und verwalten Ausgehend von den vorangegangenen Phasen, sollte ein System zur Category-Strategie-Erzeugung und -Verwaltung eine Kombination von Instrumenten funktional integrieren, die eine Analyse erleichtern. Hierzu muss es möglich sein, die verwendeten Analyseinstrumente zu definieren und auch zu pflegen.

Zu diesen Instrumenten gehört üblicherweise folgendes methodische Setup, welches durch unternehmensspezifische Analysen ergänzt werden kann. Hierbei ist es von Vorteil, wenn ein System über eine anwenderfreundliche Entwurfsfunktion verfügt, die es erlaubt, ohne Programmierung, mittels visueller Design-Funktionen, diese spezifischen Instrumente zu adaptieren oder zu entwerfen und insbesondere Einfluss auf die zugrunde liegende Datenbasis und ihre Berechnung zu nehmen[2].

1. SWOT-Analyse
   Stärken und Schwächen, Möglichkeiten und Bedrohungen aus Sicht der Category.
2. Makroökonomische-Analyse mittels STEEPLE
   Beurteilung des Umfelds der Category aus soziokultureller, technischer, ökonomischer, ökologischer, politischer, legislativer und ethischer Perspektive.
3. Wettbewerbsanalyse mittels „Porter's five forces"
   Analyse der fünf Wettbewerbsfaktoren der eigenen Industrie und Category: Neue Markteintritte, Verhandlungsmacht der Lieferanten, Verhandlungsmacht der Kunden, Substitutionsgefahren, Wettbewerb im Markt.

[2] Für eine detaillierte Beschreibung der einzelnen Instrumente siehe O'Brien 2019; Cordell und Thompson 2018.

4. Lieferkettenanalyse
   Systematische Sequenzierung und Analyse der einzelnen Wertschöpfungsstufen zur Identifikation von Chancen und Risiken. Hierzu gehören das Supply-Chain Mapping, Kostenanalyse bis zum Rohmaterial, Wertanalyse, Risiko- und Resilienzanalyse sowie eine Analyse zu Chancen.
5. Kraljic Portfolio-Analyse
   Die Unterteilung des Einkaufsvolumens in die Dimensionen Profit-Wirkung und Lieferrisiko zur Fokussierung der Category-Arbeit. Die Unterteilung resultiert in eine 4-Felder-Matrix mit den Bereichen „Bottleneck", „Strategic", „Routine" und „Leverage" und gibt so eine strategische Implikation für die Category-Fokussierung.
6. Lieferanten-Kunden-Relevanz Beurteilung (Steele und Court 1995)
   Beurteilung der beschaffenden Firma aus dem Blickwinkel eines Lieferanten bzgl. der vertrieblichen Relevanz. Hierzu wird der relative Wert der Geschäftsbeziehung mit der Attraktivität der beschaffenden Firma bzw. der Geschäftsbeziehung verglichen. Die daraus resultierende 4-Felder-Matrix mit den Elementen „Develop/nurture", „Core/protect", „Nuisance" und „Exploit" gibt wichtige Richtungen für die Vertriebsstrategie vor.

Analyse des externen Beschaffungsmarktes der Category Es ist wichtig, die Struktur der Category nicht ausschließlich an internen Organisationsstrukturen oder Beschaffungsvolumina auszurichten, sondern auch marktspezifische Rahmenbedingungen in diese Überlegung einfließen zu lassen (O'Brien 2019). Um diese Bedingungen zu verstehen, sollte der Beschaffungsmarkt hinsichtlich einiger Fragestellungen untersucht werden. Hierzu gehören folgende:

- Form: Wie kann der Markt betreten werden, handelt es sich um online Märkte oder physische Interaktionen?
- Größe: Wie groß ist der potenzielle Beschaffungsmarkt in Umsatz?
- Geographische Skalierung: Inwiefern sind die Leistungen des Beschaffungsmarktes global verfügbar?
- Lokationen: Welches sind die Haupthandelszentren, Industrieansammlungen für den Beschaffungsmarkt?
- Marktteilnehmer: Wie ist die Struktur der Marktteilnehmer aufgebaut und welche Unternehmen bilden die Hauptabnehmer?
- Restriktionen: Über welche Besonderheiten verfügt der Beschaffungsmarkt bzgl. Zugangsbarrieren, wie bspw. staatliche Regulationen?

In einzelnen Fällen kann es somit durchaus sinnvoll sein, auf Grundlage dieser Analyse regionale Category-Strategien zu definieren. Es sollte jedoch ein Ziel sein, die Marktbeschränkungen möglichst innerhalb der Category-Strategie systematisch zu öffnen; insbesondere da aus Sicht der Lieferanten vieles dafür spricht, Handlungsoptionen für Abnehmer zu vermindern.

Systemtechnisch muss es daher möglich sein, diese Analyseergebnisse zu erfassen und zu speichern und erfasste Daten aus der Explorationsphase zu verwerten. Ausgehend von diesen Analyseergebnissen können erste Schlussfolgerungen für die Category-Strategie bewertet und gesichert werden.

Analyse unternehmensinterner Bedingungen der Category Neben der Analyse der externen Bedingungen der Category sind für die Ausarbeitung einer tragfähigen Strategie unternehmensinterne Informationen relevant. Hier ist zu klären, wie sich die Bedeutung des Beschaffungsvolumens entwickelt (bestehende und neue Produkte), welche unternehmensstrategischen Entscheidungen bezüglich der Produktions- oder Logistikplanung Einfluss auf die Category-Strategie haben und auch, welche Fähigkeiten im Unternehmen bzgl. der Category bestehen, bestimmte Produktionsschritte ggf. auch selbst zu vollziehen.

Diese einzelnen unternehmensinternen Vorgänge sollten systemseitig gesammelt und bewertet werden.

Analyse der Beschaffungsstruktur der Hauptwettbewerber Für eine umfassende Analyse der Category-Strategie kann es hilfreich sein, einen möglichst tiefen Einblick in die Bezugsquellen der Hauptwettbewerber zu erlangen. Es sollten daher die Versorgungsstrukturen der Hauptwettbewerber systematisch erfasst und innerhalb der Category-Strategie gesichert werden. Es können dabei unterschiedliche Lieferanten identifiziert oder auch unterschiedliche Versorgungskonzepte ermittelt werden. Die Erhebung der Informationen kann über vielfältige Instrumente erfolgen, bspw. über die eigenen Lieferanten, Messen, Lieferanten-Awards, Referenzen der Lieferanten etc..

Zusammenfassung der Analyseergebnisse der Category-Strategie Als Abschluss der Analysephase sollten alle Ergebnisse der definierten Analyseinstrumente in einem digitalen Berichtssystem veranschaulicht werden. Die detaillierte Analyse bildet die Basis für die Entwicklung geeigneter Maßnahmen.

Die Ergebnisse der Analysephase sollten einer Freigabe unterliegen.

Category-Strategie-Definition

Ausgehend von den bisherigen Phasen geht es innerhalb der Strategie-Definition darum, Handlungsoptionen zu generieren und zu bewerten. Das Ergebnis dieser Phase mündet in einer Umsetzungsempfehlung.

Strategische Hebel der Category-Strategie definieren und verwalten Die Category-Strategie kann sich im Rahmen ihrer konkreten Ausgestaltung mehrerer Einkaufshebel bedienen, um ihre Ziele zu verfolgen. Um dies strukturiert durchzuführen, ist es wichtig, dass die erforderlichen Handlungsoptionen in einem System definierbar und selektierbar sind und der Category-Strategie zugeordnet werden können. Somit dienen diese auch dem Category-Team als eine geordnete Basis zur Ideenfindung.

Eine geeignete Orientierung findet sich hierzu in dem „Category Strategy Cube“[3] (Cordell und Thompson 2018, 1713), welcher ein Handlungskontinuum und Einordnungen entlang einer disruptiven sowie adaptiven Dimension vorschlägt:

Produktinnovationen

- Optimierung des Designs
- Substitution von Produkten
- Neuproduktentwicklung
- Wert-Analytik
- Umsatz- und Profitbeteiligungen

Optimierung des Lieferantenportfolios

- Nachverhandlungen
- Ausschreibungen und Auktionen
- Lieferantenreduktion
- Best-Cost-Country und Total-best-Cost Country Sourcing (Lokalisierungen)

Restrukturierung

- Integration von M&A-Aktivitäten
- Make-or-buy-Analysen
- Outsourcing und Offshoring
- Lieferkettenoptimierung und -restrukturierung
- Insourcing

Prozesseffizienz

- Volumenoptimierung, Abrufmengenaggregation
- Standardisierung
- Automatisierungsaktivitäten
- Bestandsoptimierung
- Supplier Excellence-Projekte (Lean-Projekte)
- Geschäftsprozess-Redesign

[3] Alternativ sei auch das „Purchasing Chess Board“ erwähnt (Vgl. Schuh 2009).

Lieferantenmanagement

- Partnerschaften definieren und gestalten
- Lieferantenentwicklungsprojekte
- Co-Entwicklung
- Technologieintegration durch Lieferanten

Zusammenarbeit entlang der externen Wertschöpfung

- Einkaufskooperationen
- Joint-Ventures
- Delegation des Einkaufs

Das Konzept sieht vor, neue Möglichkeiten der Optimierung zu erzeugen, vorhandene Strukturen zu verändern sowie durch Optimierungen möglichst wirksam auf die Ziele der Category auszurichten (O'Brien 2019, 3346).

Strategische Maßnahmen definieren und verwalten Die strategischen Hebel geben einen möglichen Lösungsraum für Optimierungen innerhalb der Category-Strategie vor. Es gilt nun, den konkreten Ideenprozess zu unterstützen und ein Bündel an konkreten Maßnahmen abzuleiten. Hierfür muss ein System eine Funktion bereitstellen, welche als Log-Buch alle möglichen Handlungsalternativen sammelt und gruppiert.

Dabei sind insbesondere die Erkenntnisse der Analyse-Phase von Bedeutung.

Für die einzelnen Maßnahmen sollten Wirkungsannahmen systematisch definiert werden, sodass eine faktenbasierte Simulation und Messung der Effekte erfolgen kann (O'Brien 2019, 5328). Dazu gehören – wie in den Folgeschritten erklärt – auch die Erhebung der Maßnahmenkosten sowie deren prognostizierte Eintrittsdauer, Wirkdauer, des Umsetzungsrisikos sowie der zu erwartenden Folgeeffekte der jeweiligen Maßnahme.

Strategische Wirkungssimulation durchführen Für die Category-Strategie ist es essenziell, die mögliche Wirkdimension der gesammelten Maßnahmen beurteilen zu können. Hierfür sollte ein System die Möglichkeit vorsehen, nach einer in den letzten Schritten erfolgten Definition der relevanten Parameter, eine Simulation der Wirkungen sowie eine zeitlich gestaffelte Beurteilung der einzelnen Maßnahmen vorzunehmen.

Die Maßnahmen müssen bezüglich ihrer Angemessenheit, Akzeptanz sowie Umsetzbarkeit bewertet werden. Daraus abgeleitet kann eine synchronisierte und bezüglich ihres Risikoportfolios ausgewogene Category-Strategie formuliert werden.

Aufwandsbewertung der strategischen Maßnahmen durchführen Für das innerhalb der Strategie-Phase nach und nach konkretisierte Logbuch an Maßnahmen ist es wichtig, eine möglichst exakte Bewertung des Umsetzungsaufwandes, der dafür benötigten Ressourcen sowie möglicher Folgeprojekte transparent zu machen. Das können, z. B. im Falle von Produktverlagerungen in kostengünstigere Liefermärkte, Aufwände folgender Art sein:

- Suchkosten nach geeigneten Bezugsquellen
- Musterbestellung bei neuen Bezugsquellen
- Musterbewertung bei neuen Bezugsquellen
- Lieferantenauditierung
- Serienfreigabe neuer Bezugsquellen
- Verlagerung von Werkzeugen oder Neubau von Werkzeugen
- etc.

Es ist daher erforderlich, die einzelnen Maßnahmen als eigene Projekte zu klassifizieren, welche in einem Category-Strategie-Projektportfolio synchronisiert zur Abwicklung gebracht werden sollten. Dafür erfolgen aus vielen Unternehmensbereichen Teilleistungen, welche insbesondere bei der Freigabe der Maßnahmen ein nachhaltiges Commitment erfahren müssen.

Daher muss ein System zur Category-Strategie-Erzeugung über Funktionalitäten verfügen, welche zumindest die planerischen Aspekte des Projektmanagements unterstützen.

In dieser Phase der Category-Strategie-Entwicklung ist es ausreichend, eine grobe Zeitplanung vorzunehmen, welche in der Implementierungsphase konkretisiert wird.

Umsetzungsempfehlungen der Category-Strategie freigeben Das Maßnahmenpaket mit einer Analyse seiner Gesamtwirkung muss durch ein Entscheidungsgremium freigegeben werden. Dies ist ein essenzieller Schritt von größerer Tragweite, da, wie oben beschrieben, durch die Abwicklung der Projekte eine starke Implikation auf die laufende Organisation folgt. Umso wichtiger erscheint hier die Cross-Funktionale Akzeptanz der Category-Strategie durch Entscheidungsträger, welche die Ressourcenzuteilung beeinflussen können.

Category-Strategie-Implementierung

Innerhalb der Category-Strategie-Implementierung ist das Ziel, die verabschiedeten Maßnahmen in sichtbare Projektergebnisse zu überführen. Dazu ist es notwendig, eine konkrete zeitliche Vorstellung der Implementierung zu erstellen und auch die Fortschritte laufend zu überprüfen. Die konkrete Durchführung und Nachverfolgung kann integriert mit dem Wirkungsmanagement (Abschn. 5.3.1) erfolgen.

Einzelmaßnahmenumsetzung planen und verwalten Für die Umsetzung der freigegebenen Einzelmaßnahmen oder auch Maßnahmengruppen, ist es erforderlich, eine klare Zuständigkeit systemseitig zu definieren und auch die verschiedenen Fraktionen zu involvieren, welche für die Einzelmaßnahme verantwortlich sind. Der definierte Category-Manager oder Sub-Category-Manager ist berichtspflichtig zum Status der Strategie-Implementierung insgesamt. Für eine klar formulierte Einzelmaßnahme ist neben der in der Strategiephase formulierten Wirkungsannahme insbesondere im Implementierungsverlauf eine kontinuierliche Aktualisierung der Effekte sowie der Umsetzungsdetails und der Terminpläne notwendig. Hierfür bietet es sich an, innerhalb eines Systems neben einem Aufgabentracking auch standardisierte Berichte vorzudefinieren, welche dies ermöglichen.

Zielverankerung der Einzelmaßnahmen umsetzen Um eine erfolgreiche Abarbeitung der Einzelmaßnahmen zu ermöglichen, sollten alle Beteiligten einer Maßnahme die Verankerung in ihren Zielsystemen vorfinden. Insbesondere im Rahmen der cross-funktionalen Zusammenarbeit und bei Maßnahmen, die auf Veränderung des Produkt-Designs oder der Wertschöpfungsart abzielen, kann schnell eine interne Ressourcenbarriere eine erfolgreiche Implementierung verhindern.

Umsetzungsberichtswesen definieren und verwalten Innerhalb eines Systems zur Steuerung der Category-Strategie sind die Fortschritte in der Abarbeitung auf unterschiedlichen Abstraktionsebenen notwendig. Für die Category-Manager ist eine konsolidierte Sicht auf die Wirkung der Einzelmaßnahmen besonders relevant, während einzelne Projektbeteiligte insbesondere an den Fortschritten ihres Fachgebietes interessiert sind. Dazu sollte ein gruppenspezifisches Berichtswesen definierbar sein und möglichst automatisiert erfolgen.

Ein System muss daher etwaige Dashboards mit einer Kombination von Informationsdarstellungsinstrumenten anbieten, welche an die spezifischen Gegebenheiten des Unternehmens angepasst werden können.

Verankerung der Category-Strategie in Folgeprozessen Die erfolgreiche Umsetzung der Category-Strategie findet sich in der Realität in der Nutzung zahlreicher Prozesse wieder. Es ist daher erforderlich, in Folgesystemen und Prozessen die Ergebnisse der Strategie sichtbar zu machen und diese dadurch aktiv zu unterstützen. Dies sind bspw. die Definition der Vorzugslieferanten der Category-Strategie, welche in Anfrageprozessen genutzt werden sollten, und betrifft darüber hinaus die Bewertung und Einordnung der Lieferanten im Rahmen der Kategorisierung. Es kann aber auch die automatisierte Anweisung an Lieferantenscouting-Einheiten sein, welche als Folge einer verabschiedeten Maßnahme einen Such- und Qualifikationsauftrag für ein oder mehrere spezifische Teile erhalten.

5.2 Lebenszyklusmanagement der Lieferanten

Auswahl, Bewertung, Entwicklung und Desintegration der Lieferantenbasis zählen zu den Kernaufgaben des strategischen Einkaufs in Kooperation mit einer Lieferantenentwicklungsorganisation. Durch weitestgehend standardisierte Verfahren soll eine im Sinne der Anforderungen des eigenen Unternehmens möglichst schnelle und transparente Aussagefähigkeit bzgl. der gesamten Lieferantenbasis getroffen werden können (Helmold 2021, S. 55 ff.). Das Unternehmen hat dabei, neben der Optimierung von Kosten-, Qualitäts- und Lieferfähigkeitsaspekten, auch die Intention, an Innovationen und Wissen aus der Zulieferkette zu partizipieren, um die eigenen Kernkompetenzen zu ergänzen (Dölle 2013, S. 160).

Im folgenden Abschnitt sollen die prozessualen Aspekte der verschiedenen Hauptprozesse des Lebenszyklusmanagements der Lieferanten näher beschrieben werden. Dies dient vor allem dazu, wesentliche Prozess- und Funktionselemente zu verstehen, die für eine Prozessdigitalisierung relevant sind.

5.2.1 Vorüberlegungen zur Lieferantenintegration

Die Lieferantenintegration beschäftigt sich mit der Frage der Einbeziehung von Lieferanten in das unternehmenseigene Geschehen (Lorenzen und Krokowski 2018). Es geht dabei darum, die Prozesse mit allen Informationsbelangen unternehmensübergreifend miteinander zu synchronisieren (Helmold 2021), um für beide Seiten Effizienz- und Transparenzfortschritte zu gestalten (Wannenwetsch 2021). Aus den Bereichen des Supply Chain Managements sind Beispiele des „Efficient Replenishment" in Form von Vendor Managed Inventory oder des „Collaborative Planning" bekannt (Wannenwetsch 2021).

Durch die Funktion des Einkaufs als zentrales Steuerungsorgan eines externen Wertschöpfungsökosystems für das eigene Unternehmen, bietet sich eine Vielzahl von Prozessen an, in denen eine Antwort auf die eingangs erwähnte Fragestellung gefunden werden kann. Dies betrifft vor allem die im folgenden Kapitel erläuterten Prozesse, schließt aber weitere Prozesse keinesfalls aus, denn auch in den Verfahren des Wirkungsmanagements, des Vertragswesens oder in weiteren operativen Beschaffungsprozessen ist die Einbindung der Lieferanten wesentlich für eine digital-integrierte Kommunikation.

Grundsätzlich muss versucht werden, eine gemäß der Relevanz der Partnerschaft angemessene Form und Tiefe der Lieferantenintegration zu finden (Gabath 2010). Dies kann sinnvollerweise erfolgen nach einer Analyse des Beschaffungsrisikos, des Einkaufsvolumens oder auch aus einer Perspektive des Lieferantenentwicklungspotenzials, d. h. aus den Überlegungen der Category-Strategie (Abschn. 5.1.2). Ein genereller Ansatz der Fokussierung einer tiefgehenden Lieferantenintegration auf ausschließlich strategisch relevante Lieferantenbeziehungen kann dabei ein Risiko enthalten, denn insbesondere Versorgungsrisiken können sich auch aus der mangelnden Steuerung vermeintlich kleiner Beschaffungsvolumina ergeben („bottleneck-Materialien" (Gabath 2010)). Es empfiehlt sich demnach eine angepasste Lieferantenintegrationsstrategie, kommend aus einer tiefergehenden Analyse der Partnerschaft und der lieferantenspezifischen Kategorisierung. Insbesondere im Bereich der Neuheitenprojekte (Abschn. 5.3.4) sollte daher frühzeitig bei der Bezugsquellenselektion der Grad und die Form der

Lieferantenintegration bedacht werden, um Versorgungsrisiken zu vermeiden (Gabath 2010).

Insgesamt sind folgende Überlegungen zur Lieferantenintegration zu berücksichtigen:

1. Definition der Partnerschaftsebene und -relevanz
2. Ermittlung und Analyse der Integrationskosten und -nutzen
3. Definition der relevanten Einkaufsprozesse bezogen auf die Partnerschaftseinordnung
4. Definition der geeigneten Informationssystemintegrationsstufen und -technologien
5. Definition der Informationsübermittlungsstrategie an Lieferanten (passiv-Lieferantenportal, aktiv-Lieferantenschulung)
6. Definition von Evaluations- und Monitoringverfahren für die Partnerschaftsentwicklung

Batran (2008) weist zurecht darauf hin, dass im Falle einer wechselseitigen Integrationsinvestition ebenfalls die Austrittsbarrieren stetig anwachsen. Dabei ist sorgfältig zu überlegen, ob eine verstärkte Organisationszusammenarbeit auch in eine IT-technische Integration münden soll. Ein wichtiges Kriterium ist abermals der anvisierte zeitliche Horizont (Batran 2008) der Zusammenarbeit und das Ausmaß der lieferantenspezifischen Investitionskosten. Hinsichtlich des letzten Punkts sind die Möglichkeiten der Lieferantennetzwerke (Abschn. 5.4.5) relevant. In diesen Fällen kann eine breitere Gruppe von Lieferanten an einer digitalen Integration partizipieren als bei spezifischen Integrationsprojekten, wie bspw. EDI.

5.2.2 Lieferanteninitialevaluation und -freigabe

Der Prozess der Lieferantenevaluation und -freigabe verfolgt mehrere Zielsetzungen, um ein für das jeweilige Unternehmen optimiertes Portfolio aus Qualität, Kosten, Liefertreue sowie Risiko- und Nachhaltigkeitsaspekten aus der externen Wertschöpfung zu erhalten. Dabei sind insbesondere folgende Ziele des Prozesses zu nennen:

1. Einfache und schnelle Registrierung von Lieferanten als potenzielle Lieferanten
2. Identifikation, Selektion und Freigabe von Lieferanten in Abstimmung mit der Category-Strategie
3. Transparente, robuste und schnelle Prozesse hinsichtlich der Sichtung, Erstbewertung und Freigabe von Lieferanten
4. Transparente interne und externe Kommunikation bis zur Freigabe sowie bei Änderungen von Lieferanten
5. Transparente interne und externe Kommunikation bei Weiterentwicklungsmaßnahmen

Es ist bei der Prozessimplementierung sinnvoll, mehrere Prozessderivate in die Konzeption der Lieferantenevaluation und -freigabe zu berücksichtigen. Dies sind in der Praxis folgende Unterscheidungen bezüglich der Prozessierung:

1. Freigabe von Serienlieferanten für direktes Material
2. Freigabe von Lieferanten für indirektes Material
3. Freigabe von Lieferanten für Muster- und Prototypen
4. Freigabe von Lieferanten in kritischen Ausnahmesituationen (Management-Release)

Die folgenden zentralen Elemente sollten im Lieferantenmanagementprozess berücksichtigt werden (Abb. 5.2):

Lieferantenregistrierung
Die Teilprozesse der Lieferantenregistrierung umfassen alle Aspekte, die zu einer technischen Anbindung und Anbahnung der digitalen Geschäftsbeziehung zwischen externen Partnern und der einkaufenden Unternehmensseite gehören. Von Bedeutung ist in diesem Schritt, die Eingangshürden für Lieferanten gering zu halten, gleichwohl aber aus Unternehmenssicht, eine Vorselektion zu ermöglichen. Der Lieferant durchläuft dabei im Wesentlichen jeweils den Status:

1. Eingeladen
2. In Registrierung
3. Registriert/Abgelehnt

Selbstregistrierung Eine gängige Option der Lieferantenregistrierung besteht darin, dass ein interessierter Lieferant sich eigenständig über einen Link auf der Homepage des Unternehmens (Lieferantenportal) als potenzieller Lieferant registriert bzw. bewirbt. Der potenzielle Lieferant wird vom Lieferantenportal auf die Registrierungsseite weitergeleitet. Es sollte dabei gewährleistet sein, dass die potenziellen Lieferanten über Bedingungen, wie z. B. Datenschutzerklärungen und Geschäftsbedingungen, informiert werden, bevor sie sich registrieren. Zur Registrierung muss der potenzielle Lieferant einige Basisdaten eingeben. Diese umfassen mindestens:

- Name des Lieferanten
- Kontaktdaten
- Adresse
- Gültige E-Mail-Adresse
- DUNS-Nummer
- Warengruppe(n)
- …

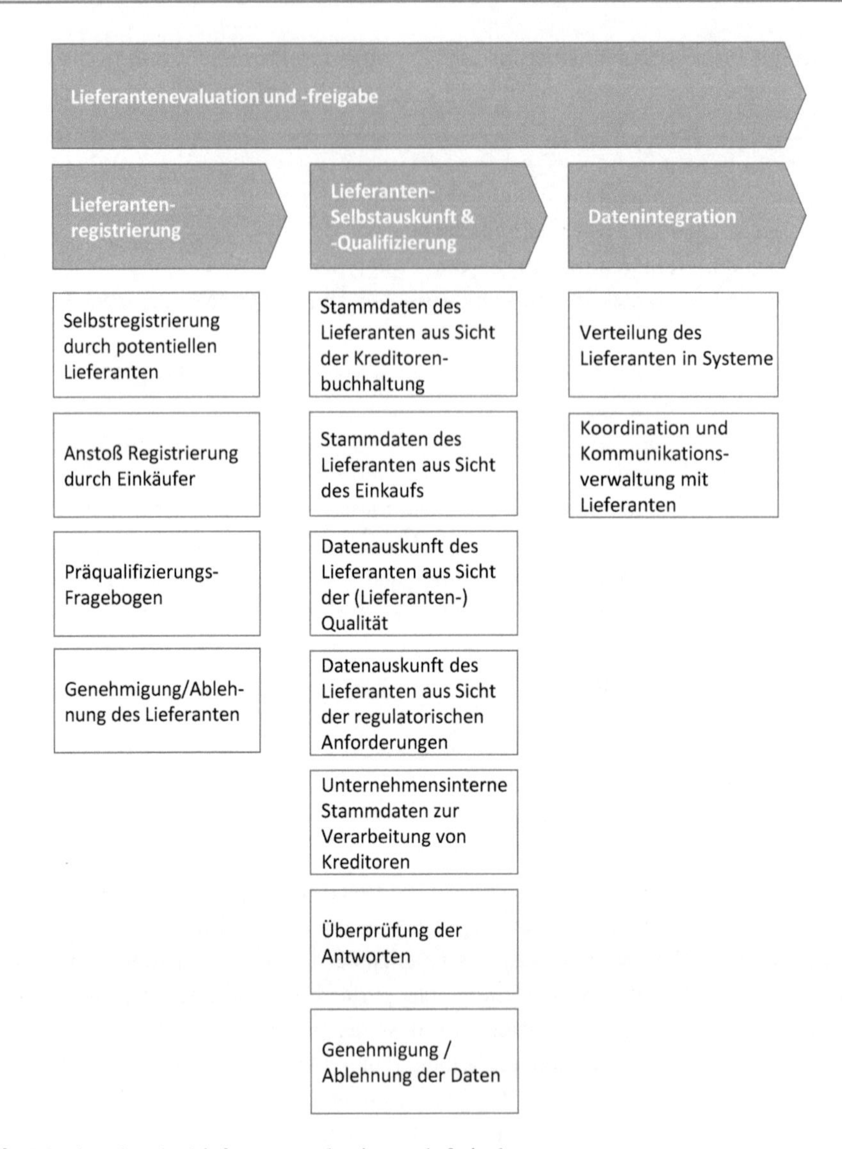

Abb. 5.2 Aspekte der Lieferantenevaluation und -freigabe

Auf Basis einer einheitlichen Kreditorennummernlogik, wie bspw. der DUNS-Nummer[4], kann schon während der Registrierung durch das System eine Überprüfung stattfinden, ob der Lieferant bereits als Kreditor in der Vergangenheit angelegt wurde (Duplikatscheck). Bei der Registrierung ist es von Bedeutung, dass sich ein Lieferant generell

[4] https://www.dnb.com/duns-number.html.

in seiner Landessprache registriert (bspw. chinesischer Schriftsatz, kyrillischer Schriftsatz), aber bestimmte Felder ebenfalls verpflichtend in lateinischen Schriftzeichen abgefragt werden (bspw. Lieferantenname) und diese auch im jeweiligen ERP-System des Unternehmens verarbeitet werden können. So ist eine globale Verwendbarkeit zentraler Lieferantenmerkmale möglich. Nach Versand des Registrierungsfragebogens sollte der unternehmensspezifische Entscheidungsprozess anhand der selektierten Warengruppen und Regionen stattfinden, um eine möglichst zielorientierte Bearbeitung zu ermöglichen.

Anstoß Registrierung durch Einkäufer Die zweite grundsätzliche Möglichkeit für die initiale Registrierung eines Lieferanten ist der Anstoß der Registrierung durch einen autorisierten Einkaufsmitarbeiter über das System. Dieser soll die Möglichkeit haben, einen potenziell interessanten Lieferanten mit den Basisdaten im System anzulegen und aus dem System heraus eine Benachrichtigung an den bekannten Ansprechpartner des Lieferanten zu generieren, in der ein Link zur Registrierung eingebettet ist. Diese wird dann an den entsprechenden Lieferanten verschickt. Der zur Registrierung eingeladene Lieferant kann diesem Link direkt folgen und die Vorgaben der Registrierung vollziehen.

Präqualifizierungs-Fragebogen Es kann sinnvoll sein, bereits während der Registrierung des Lieferanten Daten abzufragen, welche zu einer raschen Entscheidung bzgl. der Aufnahme weiterer Aktivitäten in Form einer durchgängigen Qualifizierung führen. Hierbei ist immer zu beachten, dass durch die Abfrage von Daten ein Aufwand entsteht, der aus Sicht des Lieferanten noch ohne Aussicht auf die Aufnahme einer Geschäftsbeziehung steht. Es gilt demnach abzuwägen, welcher Vorteil für das eigene Unternehmen daraus entsteht, dass ein Lieferant über eine digitale Plattform angebunden ist und welche Detailtiefe der je nach Prozessstand verfügbaren Daten angestrebt werden sollte. Es bietet sich somit an, den Präqualifizierungsfragebogen auf spezifische Fragen zu konzentrieren, die besonders entscheidungsrelevant dafür sind, ob weitere Schritte mit dem Lieferanten erfolgen sollen, oder ob der Prozess zunächst innerhalb der Registrierung verbleibt. Diese Daten können sich auf warengruppenspezifische Fakten beziehen oder auch auf regulatorische Anforderungen an das eigene Lieferantenportfolio.

Genehmigung/Ablehnung des Lieferanten Nach Abschluss der Registrierung durch den Lieferanten und Beantwortung des Präqualifizierungsfragebogens hat der zuständige Entscheider im Einkauf die folgenden Optionen:

1. Er akzeptiert die Antworten des Lieferanten [Genehmigen].
2. Er lehnt den Registrierungsversuch ab und der Lieferant bekommt diese Information per Mail und im System übermittelt [Ablehnen].
3. Er fordert erweiterte Informationen vom Lieferanten ein. Der Lieferant hat daraufhin die Möglichkeit, seine Antworten zu überarbeiten und erneut zu übermitteln [Zusatzinformation].

Akzeptiert der zuständige Einkäufer die Auskunft, erhält der Lieferant den Status „Registriert". Abhängig davon, wie weiter verfahren werden soll, können mit diesem Status Lieferanten bereits für Sourcing-Prozesse, wie die Anfrage oder Auktion, genutzt werden. Vergaben an einen Lieferanten sind jedoch erst nach einer erfolgreichen Qualifikation des Lieferanten üblich.

Lieferantenselbstauskunft und -qualifizierung

Der folgende Abschnitt beschreibt den Prozessablauf der Lieferantenselbstauskunft und Lieferantenqualifizierung. Die Qualifikation des Lieferanten dient dem Zweck, alle benötigten Informationen zu vervollständigen, die aus IT-technischer als auch operativer Sicht notwendig sind, um über die Lieferantenfreigabe zu entscheiden. Es ist sinnvoll, dabei auf Informationen aus der optionalen Präqualifizierungsphase zurückzugreifen und im Anwendungsfall diese Informationen mit den Daten der Lieferantenselbstauskunft zu kombinieren.

Um alle benötigten Informationen im Prozessverlauf zu erhalten, sollten folgende Aspekte berücksichtigt werden:

1. Stammdaten des Lieferanten aus Sicht der Kreditorenbuchhaltung
2. Stammdaten des Lieferanten aus Sicht des Einkaufs
3. Datenauskunft des Lieferanten aus Sicht der (Lieferanten-) Qualität
4. Datenauskunft des Lieferanten aus Sicht der regulatorischen Anforderungen
5. Unternehmensinterne Stammdaten zur Verarbeitung von Kreditoren

Es geht hier konzentriert darum, möglichst alle Daten in dieser Phase zu digitalisieren, um sie später für ein prozessspezifisches Berichtswesen nutzbar zu machen. Darüber hinaus sollen, im Sinne einer verknüpfenden Datenintegration der relevanten Daten des strategischen Einkaufs, bereits zu diesem Zeitpunkt die Voraussetzungen für eine ganzheitliche Datenhaltung geschaffen werden.

Lieferantenspezifische Datenerhebung Nachdem die Registrierung des Lieferanten erfolgreich abgeschlossen ist, wird die Qualifikation des Lieferanten angestoßen (Status: „In Qualification"). Die Qualifikation des Lieferanten erfolgt, bezogen auf dessen Hauptkompetenz, anhand einer Zuordnung zu einer oder mehrerer Warengruppen unter Nutzung der Warengruppenstruktur des Unternehmens. Ebenso ist die regionale Zuordnung von Belang, um bspw. zu definieren, ob ein Lieferant ausschließlich für eine bestimmte Region oder ein bestimmtes Werk für diese Warengruppe als qualifizierter Lieferant vorliegen soll. Optional kann eine bestimmte Unternehmenseinheit als zusätzliches Qualifizierungskriterium genutzt werden. Ein wesentlicher Informationsträger ist dabei die Lieferantenselbstauskunft (LSA). Ziel ist es, systemseitig einen (oder mehrere) Fragebögen an den Lieferanten zu senden, um insbesondere folgende lieferantenspezifische und entscheidungsrelevante Informationen einzuholen:

Stammdaten des Lieferanten aus Sicht der Kreditorenbuchhaltung Für die Nutzung eines Lieferanten in digitalen Einkaufsprozessen ist es notwendig, dass alle Finanzinformationen des Lieferanten abgefragt und integriert werden, um insbesondere für die Belange der operativen Bestellprozesse alle notwendigen Informationen vorzuhalten. Es geht dabei im Wesentlichen um die Bankdaten der Lieferanten. Aus organisatorischer Sicht sollten diese Daten in der Verantwortung der Finanzabteilung stehen und auch von denen des Einkaufs hinsichtlich Genehmigung differenziert werden. Eine exemplarische Auflistung von Datenfeldern findet sich am Ende des Abschnitts.

Stammdaten des Lieferanten aus Sicht des Einkaufs Aus Sicht des Einkaufs gilt es, die Daten im Rahmen der Lieferantenfreigabe einzuholen und abzufragen, die für die Beurteilung der Eignung eines Lieferanten ausschlaggebend sind. Dies sind allgemein Daten zum Firmenhintergrund des Lieferanten bzgl. Historie, Umsatz und Gewinn sowie Mitarbeiterzahlen in verschiedenen Bereichen des Betriebes. Ebenso ist von Belang, inwiefern die Anfordernisse an eine globale Belieferung abgedeckt sind; es ist somit sinnvoll, Informationen über die Produktionsbasis des Lieferanten einzuholen.

Ein weiteres wichtiges Segment von Einkaufsdaten sind Informationen über die jeweiligen Kontakte im liefernden Unternehmen. Dies können einmal Informationen und Kontaktdaten der Geschäftsführung sein, aber auch Kontakte aus Vertrieb, Bemusterung oder Reklamation. Ziel sollte es sein, diese Daten zentral zu speichern und somit auch aktuell zu halten.

Aus Sicht des direkten Einkaufs sind ebenfalls Versicherungsdaten relevant. So ist beispielsweise die Abfrage von Produkthaftpflichtversicherungen in der Praxis häufig ein Aspekt der Lieferantenqualifizierung.

In diesem Abschnitt wird bereits deutlich, dass es hier zu einer Differenzierung der zur Beurteilung eines Lieferanten benötigten Daten kommen kann. Aus Sicht des indirekten Einkaufs können andere Daten erforderlich sein als aus der Sicht eines Serieneinkäufers für Produktionsmaterial.

Datenauskunft des Lieferanten aus Sicht der (Lieferanten-) Qualität Die Beurteilung von Lieferanten bedarf einer Analyse deren Kompetenzen und Eignung für das eigene Unternehmen. Dazu kann anhand einer Reihe von Zertifizierungen auf die Ausprägung von Mindeststandards geschlossen werden. Es ist deshalb notwendig, die vorliegenden Zertifizierungen eines Lieferanten zu erheben und auch regelmäßig zu prüfen. Organisatorisch obliegt diese Verantwortung im Bereich der Lieferantenqualität. Thematisch sind insbesondere Auskünfte zum Qualitäts- und Umweltmanagementsystem relevant, bspw. anhand der DIN EN ISO 9001 und DIN EN ISO 14001. Darüber hinaus gibt es weitere branchenspezifische Zertifikate und Nachweise, die nachgewiesen werden sollten, um die Qualität eines neuen Lieferanten zu beurteilen. Neben den standardisierten Zertifikaten kann auch ein unternehmenseigenes Prozessaudit sinnvoll sein, insbesondere, wenn allgemeine Zertifikate fehlen oder im Falle der Nutzung eines unternehmensspezifischen Fragebogens, um bspw. die Nachhaltigkeit der Lieferkette zu beurteilen. Kommt es im Rahmen der Datenerhebung zu Nachweislücken, die einer Behebung bedürfen, um eine Freigabe des Lieferanten fortzuführen, muss ebenfalls ein Maßnahmenverfolgungswerkzeug in digitaler Form verfügbar sein.

Datenauskunft des Lieferanten aus Sicht der regulatorischen Anforderungen Als weitere Kategorie relevanter Daten während der Lieferantenevaluation und -freigabe ist die Einhaltung allgemeiner und spezifischer regulatorischer Anforderungen von Bedeutung. Die Einwilligung des Lieferanten zu den spezifischen Einkaufsbedingungen ist zu nennen, aber auch eine Zustimmung zu den unternehmensspezifischen Verhaltensrichtlinien für Lieferanten. Des Weiteren sollte während der Qualifikation eine Risikobewertung des Lieferanten in Bezug auf seine finanzielle Stabilität in Form einer Kreditwürdigkeitsprüfung vollzogen werden aber auch eine Bewertung des Lieferanten dahingehend erfolgen, wie die Aspekte der Nachhaltigkeit und Ausfallsicherheit implementiert sind.

In Bezug auf die Nachhaltigkeitsthemen sind für die Beurteilung von Lieferanten insbesondere folgende Themen relevant für die Freigabe:

1. Einhaltung von Arbeits- und Menschenrechten
   Bspw. faire Gehälter, Gleichberechtigung und Anti-Diskriminierung, Abschaffung von Kinder- und Zwangsarbeit
2. Einhaltung von ethischen Standards einer ordnungsgemäßen Geschäftspraktik
   Bspw. Anti-Korruption und Anti-Bestechung, nachhaltiges Beschaffen
3. Arbeitsschutz und -sicherheit
   Bspw. Arbeitsbedingungen, Arbeitsschutz- und sicherheit
4. Umweltmanagement
   Bspw. Entsorgungssystem, Reduktion von CO2-Emmissionen, schonender Umgang mit Ressourcen, verantwortungsvolle Beschaffung von Rohmaterialien, Umgang mit verbotenen Inhaltsstoffen.

Durch die Zunahme von Gefahren für die Lieferkette im Kontext der Cyberkriminalität ist es ebenfalls relevant, eine Analyse des Umgangs des Lieferanten mit Informationssicherheitsaspekten zu eruieren. Dafür kann ein sogenanntes „Business Continuity Management System (BCMS)“[5] dienen. Es ist insbesondere relevant, mit welcher Geschwindigkeit von einer Wiederherstellung der Geschäftstätigkeit im Schadensfall (bspw. Cyberattacke) auszugehen ist, um die Versorgung des beschaffenden Unternehmens zu sichern.

Unternehmensinterne Stammdaten zur Verarbeitung von Kreditoren Um die Lieferanten für die Verwendung von digitalen Arbeitsprozessen nutzbar zu machen, müssen neben den oben erwähnten allgemeinen Daten zur Beurteilung der Lieferanten aus verschiedenen Perspektiven zusätzliche Daten ergänzt werden, die für eine erfolgreiche

[5] Bspw. ISO 22301.

Systemimplementierung notwendig sind. Es ist zu klären, welche organisatorischen Zuständigkeiten definiert werden, d. h. im konkreten, welcher Einkaufsverantwortliche und Lieferantenentwickler soll zuständig sein, welche Einkaufsorganisation ist für den Lieferant zuständig und in welchen Einzelstandorten soll der neue Kreditor angelegt werden. Darüber hinaus sind für die Anlage des Lieferanten relevant, welche Währung, welche Zahlungsbedingungen und Lieferbedingungen in dem Kreditorenstammsatz hinterlegt werden sollen.

Überprüfung der Antworten Die vom potenziellen Lieferanten gegebenen Antworten werden von der spezifischen Zielgruppe (Einkauf oder Fachabteilung) verifiziert. Durch eine Standardisierung der Datenabfragen kann, ausgehend von einem definierten Bewertungsschema, die Qualität der Antworten numerisch evaluiert werden und erleichtert so die systematische Überprüfung der Antworten. Werden bspw. Mindestanforderungen nicht erfüllt, kann auf diese Weise eine systemseitige Ablehnung oder tiefergehende Prüfung der Lieferantenqualifikation erfolgen, wohingegen im Falle einer Erfüllung aller Angaben ein automatisierter Freigabeprozess in Betracht käme. Es ist vorteilhaft, die Kommunikation mit dem Lieferanten im Falle des notwendigen erweiterten Austauschs von Informationen direkt im System zu dokumentieren, um alle Entscheidungen, die zur Freigabe oder Ablehnung von Lieferanten führen, transparent zu sichern.

Genehmigung/Ablehnung der Daten Nachdem die Überprüfung der Fragebögen inhaltlich abgeschlossen ist, soll es den Entscheidern möglich sein, diese zu genehmigen oder abzulehnen. Im Falle einer Genehmigung wird der jeweilige Fragebogenstand protokolliert. Es sollte daraufhin der nächste Prozessschritt im Workflow automatisiert eingeleitet werden. Hierzu ist die Definition eines unternehmensinternen Freigabeprozesses notwendig. Es geht in diesem Schritt darum, die organisatorische Legitimation entsprechender Hierarchiestufen zu erlangen, die relevanten Stammdaten in das ERP-System zu übertragen, den Lieferanten für Bestellungen nutzbar zu machen und den Status der Lieferanten entsprechend zu setzen. Die Freigabe der Lieferanten involviert somit im Minimum folgende Rollen der Einkaufsorganisation:

1. Verantwortliche Einkaufsbetreuer
2. Warengruppen-Verantwortliche (Category)
3. Betreuer der Lieferantenqualität

Datenintegration

Verteilung des Lieferanten Gemäß den im internen Qualifizierungsprozess hinterlegten Stammdaten soll der Lieferant automatisiert in die betroffenen ERP-Systeme verteilt und integriert werden. Zur technischen Verteilung relevanter Daten ist auf eine technische Schnittstelle zurückzugreifen, welche über eine Überwachungs- und Berichtsfunktion verfügt, um aufkommende Probleme zu identifizieren.

Koordination- und Kommunikationsverwaltung mit Lieferanten Für qualifizierte Lieferanten sollte ein System eine Kalenderfunktion für die verschiedenen Parteien des Einkaufs vorsehen, in dem Lieferantentermine sowie die komplette Kommunikation mit dem Lieferanten abgelegt werden können. Hierbei sind insbesondere die Ablage und Dokumentation von Vereinbarungen und Absprachen notwendig als auch die Möglichkeit interner Notizen, welche nicht mit dem Lieferanten geteilt werden. So soll es global erleichtert und ermöglicht werden, die verschiedenen Interaktionspunkte des Einkaufs mit dem Lieferanten zu koordinieren und für alle Parteien transparent zu machen.

Beispiele für Stammdaten innerhalb der Lieferantenevaluation und -freigabe

Stammdaten des Lieferanten aus Sicht der Kreditorenbuchhaltung

Finanzinformationen

- E-Mail-Adresse für elektronische Zahlungen
- Informationen über alternative Rechnungseinheiten [Bestelladresse ungleich Rechnungsadresse]
- Adresse der alternativen Rechnungspartei
- IBAN der Rechnungspartei
- SWIFT der Rechnungspartei
- E-Mail-Adresse der alternativen Rechnungspartei
- VAT-ID Nummer [Zusatz für Indien: PAN-Nummer und GST-Nummer]

Stammdaten des Lieferanten aus Sicht des Einkaufs

- Bank-Daten
- Land der Bank [DE, US, …]
- Kontonummer
- Bank Code
- Bank Name
- IBAN
- SWIFT-Adresse [BIC]
- Information zur spezifischen Verwendung der jeweiligen Bank-Daten (bspw. „allgemeine Verwendung oder „nur für China“)

Stammdaten des Lieferanten aus Sicht des Einkaufs [Unterscheidung ggf. nach Produktionsmaterial und Nicht-Produktionsmaterial (Teilsatz der Informationen)]

Lieferanten-Daten

- Homepage der Firma
- DUNS-Nummer
- Ultimate-DUNS-Nummer
- Gründungsjahr
- Anzahl Mitarbeiter
- Anzahl MA im Vertrieb
- Anzahl MA in der Produktion
- Anzahl MA in der Qualität
- Anzahl MA in R&D
- …
- Umsatz im letzten Jahr in EUR
- Umsatz im laufenden Jahr in EUR nach Plan
- Verfügbarkeit von Exportlizenzen in relevante Zielgebiete
- Automotive-Umsatz-Anteil in Prozent
- Top-3 Kunden
- Produktionslokationen und Orte
- Momentan belieferte Regionen

…

Kontakt-Daten

Jeweils: Name, Telefon-Nummer, E-Mail-Adresse und Berufsbezeichnung für

- CEO
- Vertriebskontakt
- Beauftragter für Reklamationen (Qualität)
- Beauftragter für Muster

Versicherungen

- Produkthaftpflichtversicherung mit Anhang

Datenauskunft des Lieferanten aus Sicht der (Lieferanten-) Qualität

Zertifikatsanforderungen

- Ist eine Zertifizierung nach DIN EN ISO 9001 vorhanden [mit upload]
- [Wenn nein, ist eine Planung diesbzgl. vorhanden als bedingter Fragetyp]
- Ist eine Zertifizierung nach DIN EN ISO 14001 vorhanden [mit upload]
- [Wenn nein, ist eine Planung diesbzgl. vorhanden als bedingter Fragetyp]
- Gibt es Ziele bzgl. der Erfüllung von Anforderungen des Umweltschutzes
- Sind Verpackungen im Einklang mit ökologischen Anforderungen
- Ist eine Zertifizierung nach VDA 6.4 vorhanden [mit upload]
- [Wenn nein, ist eine Planung diesbzgl. vorhanden als bedingter Fragetyp]
- ...

Datenauskunft des Lieferanten aus Sicht der regulatorischen Anforderungen

- Einwilligung in die Einkaufsbedingungen
- Einwilligung in den Code-of-Conduct
- Einwilligung in die Bestimmungen „verbotener Inhaltsstoffe“

Weitere Fragebögen zur Evaluation des Lieferanten

- Fragebogen Nachhaltigkeit ESG
- Fragebogen zur Einhaltung von Sanktionsvorgaben
- Fragebogen zum Business Continuity Management

5.2.3 Risiko-, Resilienz- und Nachhaltigkeitsgestaltung

Der Prozess der Risiko- und Resilienzgestaltung sichert eine adäquate Reaktion des Einkaufs auf verschiedene Szenarien, welche die angemessene Versorgung des eigenen Unternehmens bedrohen. Es wird an dieser Stelle bewusst nicht von Lieferantenrisikomanagement gesprochen, da dies den realen Sachverhalt zu eng fassen würde. Zahlreiche Herausforderungen resultieren jenseits einer lieferantenbezogenen Risikoursache aus Fragestellungen der globalen Lieferketten, der Rohstoffpreise, der Gesetzgebung und insbesondere auch in erhöhtem Ausmaß aus Herausforderungen der Datensicherheit.

So soll durch die Kombination der Perspektiven des Risikos sowie der Resilienz gegenüber Risiken – im Sinne einer aktiven Gestaltung der Widerstandsfähigkeit innerhalb des Einkaufs in Bezug auf diese Risiken (Gabath 2010, S. 16) – die gestalterische Aufgabe des Prozesses betont werden. Es sind zunehmend Instrumente von Relevanz, die eine prädiktive Risikosteuerung ermöglichen, welche in die Ausformulierung einer reaktiven Category-Strategie integriert werden sollten. Dazu ist es notwendig, dass entsprechende IT-Lösungen ebenfalls den Zugang zu einer für die praktische Steuerung notwendigen Datenbasis bereitstellen, um möglichst ein holistisches Bild einer risikobezogenen Bewertung der externen Wertschöpfungspartnerschaften in allen ihren Facetten zur Verfügung zu stellen. So erweitern sich die bewährten Risikodimensionen Menge, Qualität, Kosten, Zeit, Preis und Ort als auch die Indikatoren und Datenquellen (Schuh 2014, S. 270). Es ist nicht davon auszugehen, dass alle Risiken einer Einkaufsabteilung vollständig erfasst werden können, d. h. dass komplette Transparenz über alle Risiken existiert. Es ist deshalb notwendig, auch Elemente des Krisenmanagements vorzudefinieren, um die Reaktionsfähigkeit der Organisation auf nicht erkannte Risikofelder hin zu flexibilisieren (Heß 2021, S. 17 ff.).

Dem Gesamtprozess kommen folgende Hauptaufgaben zu (Gabath 2010, S. 40; Weigel und Rücker 2017, S. 92 ff.):

1. Bewältigung von Insolvenzrisiken auf Lieferantenbasis, die zu einem Ausfall der Lieferfähigkeit führen könnten
2. Bewältigung von Risiken aus mangelnder Qualität der gelieferten Güter eines Lieferanten
3. Bewältigung von Risiken aus der Lieferkette, welche durch mangelhafte Transport- und Lagerprozesse negative Auswirkungen auf Qualitäts- und Liefervereinbarung haben könnten
4. Schaffen von Transparenz über Risiken aus der Rohstoffpreisentwicklung in Bezug zu den eigenen Produkten und Beschaffungsgütern
5. Bewältigung von Fragestellungen des Nachhaltigkeitsmanagements der externen Wertschöpfung des Unternehmens
6. Bewältigung von Fragestellungen aus Länder- und Marktrisiken (bspw. Währungsfluktuation, politischer Instabilität etc.)
7. Beantwortung von Fragestellungen bezüglich des Resilienzmanagements der externen Wertschöpfung des Unternehmens
8. Bewältigung von Fragestellungen zu Risiken aus einer mangelnden Geschäftskontinuität einzelner Lieferanten aufgrund von IT-Sicherheitsrisiken (Business Continuity Management)

Im Folgenden (siehe auch Abb. 5.3) werden die Kernanforderungen an ein systemgestütztes Verfahren zur Risiko-, Resilienz und Nachhaltigkeitsgestaltung erklärt[6].

Management der Risikoanalyse

Innerhalb der Risikoanalyse soll ein möglichst vollständiges Inventar des Risikoportfolios entstehen. Hierfür bedarf es einer schnellen und systematischen Analysemethodik sowie der Möglichkeit, Datenquellen in die Analyse einzubeziehen, die keine

---

[6]Es soll sich hierbei auf Kernanforderungen eines Systems konzentriert werden, da der Umfang des Themas Risikomanagement in Gänze hier nicht abgebildet werden kann.

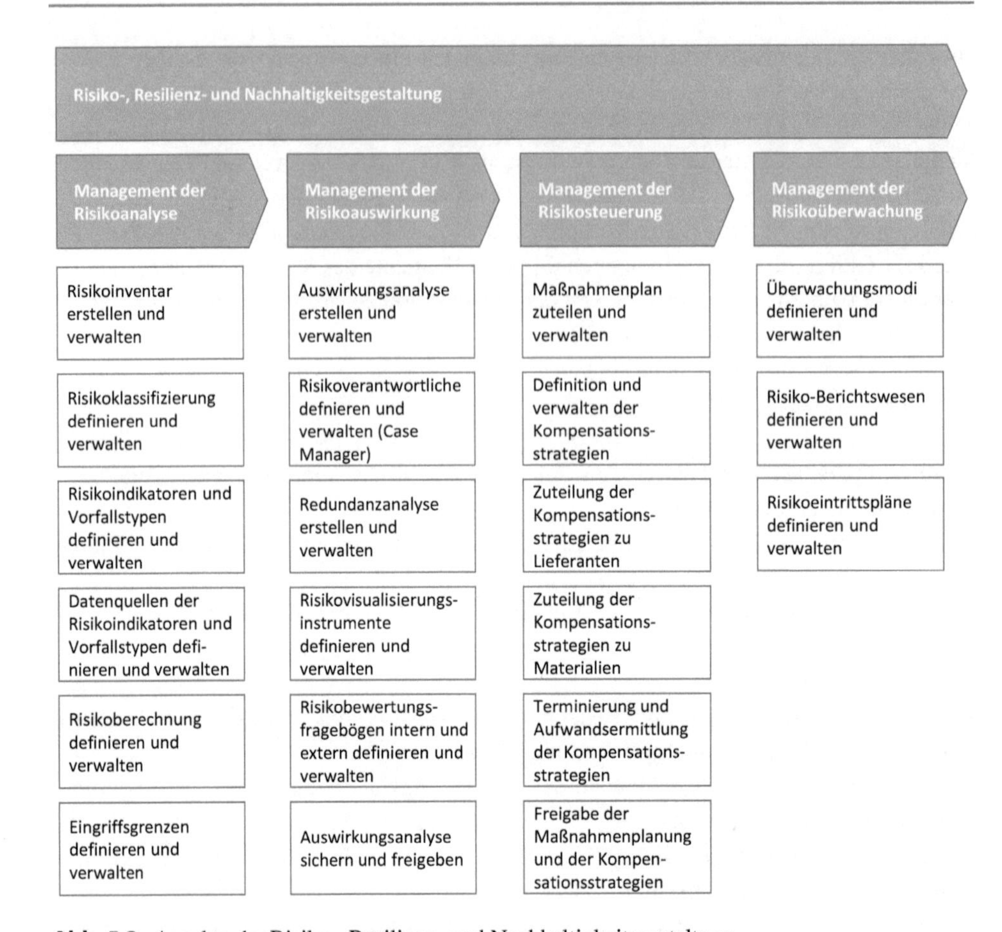

Abb. 5.3 Aspekte der Risiko-, Resilienz- und Nachhaltigkeitsgestaltung

ausschließliche Auflistung von bekannten Risiken bedeuten, sondern auch zur Identifikation weiterer Risiken geeignet sind, welche sich beispielsweise erst in einer Entstehungsphase befinden, sich aber mittels Prognose andeuten (Schröder 2019, S. 71).

Risikoinventar erstellen und verwalten Ein System zur Bewältigung von Fragestellungen des Risikomanagements im Einkauf sollte eine systematische Katalogisierung und Suche aller bekannter Risiken beinhalten. Hierzu müssen Instrumente integrierbar sein, welche die Erstellung eines Inventars erlauben. Als geeignete Methoden kommen Kollektions- und auch analytische Suchmethoden (Schröder 2019, S. 71) in Betracht. Kollektionsmethoden sind über Befragungen, Checklisten oder auch SWOT-Analysen abbildbar, um bestehende Risiken zu identifizieren. Analytische Methoden, wie die FMEA, kommen zum Einsatz, um spezifische neue Risiken zu identifizieren. Das

Risikoinventar muss eine flexible Editierung von relevanten Kopffeldern ermöglichen, um an unternehmensspezifische Berichtsanforderungen anpassbar zu sein. Im kontinuierlichen Verlauf des Risikoprozesses wird das Risikoinventar aktualisiert.

Risikoklassifizierung definieren und verwalten Die Risikoklassifizierung erlaubt es, einzelne Risikocluster systematisch einem Risiko zuzuweisen. Ein System muss dabei erlauben, diese Risikoklassen zu definieren und zu verwalten. Eine übergeordnete Klassifizierung ist die Aufteilung in operative, Finanz-, Umwelt- und soziale-, regulative und legale sowie Cyber-Risiken. Diese lassen sich weiter differenzieren.

Hauptrisikoklassen und Subrisiken:

- operative Risiken:
  - Lieferkettenrisiko
  - Qualitätsrisiko
- finanzielle Risiken:
  - Preisrisiko
  - Lieferantenstabilitätsrisiko
- Umwelt- und soziale Risiken
  - Marktrisiko
  - Nachhaltigkeitsrisiko
- regulative und legale Risiken
  - Bestechung und Korruption
  - Lizenzentzug
  - Verstoß gegen Sanktionen
- Cyber-Risiken
  - Hackerangriffe
  - Industriespionage
  - Datensicherheitsverstoße
  - mangelndes Business Continuity Management
  - …

Über die Verwaltung von Hauptrisikoklassen hinaus sollte es auch möglich sein, Subrisikoklassen zu definieren, welche eine genauere Spezifikation des Risikos ermöglichen. Dies könnten im Falle von Lieferkettenrisiken die Risikoobjekte Transport, Lager oder Ort sein.

Risikoindikatoren und Vorfallstypen definieren und verwalten Für die Zuweisung von Risikoüberwachungsfunktionen ist es von Bedeutung, dass die relevanten Risikoindikatoren eindeutig definiert sind. Neben einer Auflistung und Pflege der spezifischen Indikatoren kann hier auch eine Risikopriorisierung erfolgen, welche systemseitig optional spezifische Workflows aktiviert und so eine automatische Aufmerksamkeitssteuerung auf die Vorfälle ermöglicht, die vom Unternehmen als besonders relevant kategorisiert wurden. Ein Risikomanagementsystem sollte weiter über eine Reihe spezifischer Vorfallstypen verfügen, welche zur exakten Ursachenanalyse der Risikoereignisse herangezogen werden können und die Aktivierung von Risikoindikatoren auslösen. Insbesondere bei der Verwendung von Automatismen, welche bspw. Social Media und weitere Feeds durchsuchen und verarbeiten, kann ein Risikomanagementsystem diese Zuordnung automatisiert durchführen. Vor dem Hintergrund der spezifischen Geschäftstätigkeit des Unternehmens können, neben den beispielhaft dargestellten Indikatoren und Vorfallstypen in Tab. 5.1., weitere definiert werden (Tab. 5.2). Ist das Bild komplettiert, d. h. die relevanten Risikoklassen sind bekannt und auch die Erfassungsindikatoren, kann sich im nächsten Schritt der Datenherkunft - entweder auf Indikatoren- oder Vorfallstypenniveau - gewidmet werden.

Datenquellen der Risikoindikatoren und Vorfallstypen definieren und verwalten Ziel eines systemgestützten Risikomanagementprozesses ist es, möglichst automatisiert über Ereignisse zu informieren, welche die Aktivierung von konkreten (Korrektur-)Maßnahmen erfordern. Dazu ist neben der Definition der Risikoindikatoren auch die Definition der erforderlichen Datenquelle (kommerziell oder staatlich) unabdingbar. Dazu gehört zunächst die Definition des Datenversorgers aus internen und externen Datenquellen und Datenelemente für die spezifischen Indikatoren als auch die Bestimmung des Verarbeitungsprozesses. Hierzu zählen insbesondere die Aktualitätsanforderungen, die Gültigkeitsdauer der Indikatoren und die Berechnungslogik. So sollte gewährleistet sein, dass eine eindeutige und abgestimmte Interpretation der resultierenden Kennzahl möglich ist.

a) Externe Risikodatenerhebungsinstrumente definieren und verwalten
   Für die unterschiedlichen Risikodomänen und Risikoklassen lassen sich unterschiedliche Instrumente nutzen, um Rückschlüsse aus der Risikosituation in Bezug auf die spezifischen Risikoindikatoren zu erlangen. Externe Risikoerhebungsinstrumente bezeichnen hier Datenquellen, welche nicht aus den eigenen Unternehmensquellen automatisiert oder manuell erhoben werden können oder sollen und somit die Einbeziehung externer Partner erfordern. Diese sind bspw. im Falle der Erhebung von Länder- und politischen Risiken verfügbare Indizes, wie der CPI Perception Index für Korruption[7] oder auch Rohstoffinformationen der DERA[8] (Wannenwetsch 2021, S. 804 ff.) oder Datenbanken zu Finanzkennzahlen der Lieferanten[9]. Weitere Beispiele im Falle von Nachhaltigkeits- und Umweltrisiken sind Datenquellen zu den

[7] https://www.transparency.org/en/cpi/2021.

[8] https://www.deutsche-rohstoffagentur.de/

[9] Bspw. https://www.bvdinfo.com/

Tab. 5.1 Beispielhafte Indikatoren für Risikoklassen

Risikodomäne	Risikoklasse	Risikoindikator
	Lieferkettenrisiko	
Operativ	Zeit- und Terminrisiko	Lieferverzögerung
Operativ	Zeit- und Terminrisiko	Lieferausfall
Operativ	Logistikfehler	Mengenfehler
Operativ	Logistikfehler	Verpackungsfehler
Operativ	Logistikfehler	Fehllieferungen Ort
Operativ	Produktqualitätsrisiken	Fehlerhafte Teile
Operativ	Produktqualitätsrisiken	Fehlerhafte Dokumentation
Operativ	Produktqualitätsrisiken	Unsicherer Fertigungsprozess
Operativ	Resilienzrisiko	Fehlende Kompensationsstrategie
Operativ	Resilienzrisiko	Fehlende Flexibilitätsstrategie
Operativ	Resilienzrisiko	Fehlende Versorgungsredundanz
Finanziell	Lieferantenstabilitätsrisiko	Finanzelle Risiken
Regulativ und Legal	Lieferantenstabilitätsrisiko	Zertifizierungsmängel
Regulativ und Legal	Lieferantenstabilitätsrisiko	Nachhaltigkeitsrisiko
Regulativ und Legal	Lieferantenstabilitätsrisiko	Audit-Mängel
Regulativ und Legal	Lieferantenstabilitätsrisiko	Branchenrisiko
Operativ	Lieferantenstabilitätsrisiko	Kapazitätsrisiko
Operativ	Lieferantenstabilitätsrisiko	Abhängigkeitsrisiko
Umwelt und Sozial	Marktrisiko	Länderrisikobewertung
Umwelt und Sozial	Marktrisiko	Politische Stabilität
Umwelt und Sozial	Marktrisiko	Währungsrisiken
Umwelt und Sozial	Nachhaltigkeitsrisiko	Menschenrechtsverstöße
Umwelt und Sozial	Nachhaltigkeitsrisiko	Korruptionsverstöße
Umwelt und Sozial	Nachhaltigkeitsrisiko	Umweltrisiken
Cyberrisiken	Cyberangriff	Ransome Attack
Cyberrisiken	BCMS	Wiederherstellungszeit
Cyberrisiken	BCMS	BCM-Reifegrad

Themen Gesundheit und Soziales, Menschenrechten, Umwelt, Rechtssystem. Beispielhaft seien der „Human Development Index“ (HDI), „Labour Force Surveys“ (ILO), der „Environment Performance Index“ (EPI) oder der „Corruption Control Index“ der Weltbank genannt.

b) Interne Risikodatenerhebungsinstrumente definieren und verwalten
Über Fragebögen und Vorprozesse können unternehmensinterne Informationsquellen genutzt werden, um einen Risikomanagementprozess zu aktivieren oder mit Daten

Tab. 5.2 Beispiele für Vorfallstypen

Risikodomäne	Vorfallstyp	Vorfalls-Sub-Typ
Operativ	Unfall	Feuer
Operativ	Operative Störung	Streik
Operativ	Werke	Versorgungsengpass
Finanziell	Insolvenz	Zahlungsausfall
Finanziell	Eigentümer	Besitzwechsel
Finanziell	Eigentümer	Fusion
Regulativ und Legal	Korruption u. Bestechung	Bestechungsfall
Regulativ und Legal	Illegaler Handel	Sanktionsverstoß
Regulativ und Legal	Verfahren	Klage anstehend
Umwelt und Sozial	Abfall	Illegale Entsorgung
Umwelt und Sozial	Abfall	Emissionsverstoß
Umwelt und Sozial	Ethisches Verhalten	Verbot von Gewerkschaft
Cyberrisiken	Cyber-Angriff	Malware-Bedrohung
Cyberrisiken	Cyber-Angriff	Industriespionage
Cyberrisiken	BCMS	Wiederherstellung

zu versorgen. Ein zentrales Instrument für Qualitätsdaten ist dabei die Lieferantenbewertung, welche bspw. Auffälligkeiten bezogen auf die Entwicklung mehrerer Kennzahlen überwacht (Abschn. 5.2.4) und somit Daten als Aktivierungsindikator für das Risikomanagement bereitstellen kann. Beispielhaft sei hier eine signifikante Veränderung der Qualitätsleistung genannt. Ebenso ist es denkbar, dass weitere Beschaffungsprozesse Aktivierungscharakter für das Risikomanagement darstellen. Ein Beispiel ist ein Anfrageprozess in Risikoländern, Risikobranchen, oder Warengruppen oder auch bestimmte Ausschreibungsvolumina, welche einen vorgeschalteten Prozess zur Risikoevaluation erfordern. Im Falle der Nachhaltigkeitserfüllung sind relevante Daten zu Arbeitsrecht, Ethik, Arbeitssicherheit und Umwelt über ein Zertifikatsmanagement zu einem guten Teil ableitbar. Auch die Qualifikation eines Lieferanten mit einer bestimmten Länder- und Warengruppenkombination kann ein solcher Auslöser sein. Diese internen Compliance-Vorgaben (Policies) sollten systemseitig aktivierbar sein. In solchen Fällen stellt also ein unternehmensinterner Vorprozess Daten bereit, die zu Risikoereignissen führen. Die Einbindung dieser Datenquellen muss ebenfalls durch ein Risikomanagementsystem definierbar und verwaltbar sein. Das bedeutet, dass insbesondere die Stammdaten (Abschn. 5.4.1) der Prozesse und Systeme auf einen synchronisierten Stand zugreifen müssen, sei es bspw. die Warengruppen-Risiko-Definition, die Länder- und Regionenrisikoklassifizierung, aber selbstverständlich auch die Lieferantenstammdaten selbst.

Risikoberechnung definieren und verwalten Die Berechnung der Risikoexposition ist eine wichtige Aufgabe innerhalb eines Risikomanagementsystems. Ziel ist es, eine bezogen auf Lieferanten, Materialien, Lieferketten und weiteren Risikoklassen gesamthafte Bewertung in numerischer Form zu erfassen, die als Entscheidungs- und Handlungsanker für weitere Aktivitäten fungiert.

Ähnlich wie bei der Kalkulation der Lieferantenbewertung (Abschn. 5.2.4) sollte es möglich sein, einen gewichteten Gesamtscore auf Lieferantenebene zu erzeugen, der als Indikator für die gesamte Risikoexposition dient. Im Falle von Risiken diverser Art empfiehlt es sich, die Eintrittswahrscheinlichkeit sowie das erwartete Schadensausmaß (impact severity) für die Risikoindikatoren festzulegen. Insbesondere bei automatisierter Risikovorfallsermittlung aus externen Datenquellen ist die unternehmensspezifische Gewichtung relevant, um zu verhindern, dass alle Arten von Meldungen aufwendige Bewertungsmaßnahmen zur Folge haben.

Es sollte somit auch möglich sein, das Berechnungsschema simulativ zu verändern, um beispielsweise spezifischen Fragestellungen nachzugehen. Dies könnte sein, wenn insgesamt eine Risikoreduktion in der Lieferkette gewünscht ist und untersucht werden sollte, d. h. wenn die Sensitivität für diese spezifischen Risikoindikatoren damit erhöht wird, welche Auswirkungen dies auf das momentane Lieferantenportfolio sowie die Lieferkette haben würde?

Die einzelnen Risikodomänen sollten ebenfalls berechnet werden können und mit ihren Einzelbeiträgen gewichtet in die Gesamtrisikoexposition eingehen.

Es sollte ermöglicht werden, Erfassungszeitpunkte für Risikoentwicklung über verschiedene Zeiträume hinweg zu vergleichen, um einen spezifischen Risikoindex bspw. auf Lieferantenebene oder Warengruppenebene zu kalkulieren.

Eingriffsgrenzen definieren und verwalten Für alle Risikoindikatoren sind Eingriffsgrenzen zu definieren, die es erlauben, eine Risikoausprägung im Schadenausmaß zu gewichten. Dies kann beispielsweise über eine 3-stufige Skala erfolgen: hoch, mittel, gering welcher ein numerischer Wert zugeordnet ist. Übersteigt der Gesamtrisikowert des Indikators diese Schwellen, verändert sich die Gesamtbewertung des Indikators basierend auf den Selektionsparametern, d. h. aus Sicht einer Warengruppe, aus Sicht eines Lieferanten, einer Gruppe von Lieferanten oder auch einer Region.

Die Eingriffsgrenzen können zur aktiven Steuerung des Risikomanagementprozesses genutzt werden. Bei einer signifikanten Verschlechterung kann beispielsweise ein Risikoauswirkungsprojekt angestoßen werden.

Im Zusammenhang mit den Eingriffsgrenzen erfolgt auch die Definition unternehmensspezifischer Zielwerte der Risikoindikatoren sowie der Risikodomänen.

Management der Risikoauswirkung

Um auf etwaige Risikoereignisse reagieren zu können, ist es erforderlich, dass eine systematische Analyse der Auswirkungen für das spezifische Unternehmen erfolgt. Dazu bedarf es eines Analyseprojektes, welches Risiken bewertet und etwaige Maßnahmenpläne zur Risikomitigation vorschlägt.

Auswirkungsanalyse erstellen und verwalten Sind Ereignisse eingetreten, die auf Grund von Eingriffsgrenzen oder anderweitiger Informationen eine detaillierte Analyse der Risikosituation für das Unternehmen erfordern, sollte ein Risikomanagementsystem eine Möglichkeit vorsehen, dies in Form eines Projektes auszuführen. Dafür muss die Möglichkeiten vorhanden sein, ein Risikoprojekt anzulegen, in welchem alle erforderlichen Daten der Bewertung gespeichert werden. Hierbei ist relevant zwischen der Zugangsberechtigung zu unterscheiden. Sollte ein Analyseprojekt die Teilnahme eines Lieferanten erfordern, sind Daten ggf. vor der Einsichtnahme zu schützen, d. h. interne und externe Daten zu trennen.

Risikoverantwortliche definieren und verwalten Die Auswirkungsanalyseprojekte müssen durch ein Team von Personen – möglicherweise mit externen Mitgliedern – oder zumindest durch eine spezifische Person des Unternehmens verantwortet werden. Dafür sollte ein System eine Funktion bereitstellen, um die Teams zu verwalten und spezifische Rollen in der Analyse zuzuweisen.

Redundanzanalyse erstellen und verwalten Versorgungsgefährdende Risiken sowie die Beurteilung weiterer Risiken erfordern in ihrer Bewertung (impact assessment) eine Auseinandersetzung mit der Stabilität, Struktur und Flexibilität der Lieferkette (Heß 2021, S. 125 ff.). Hierfür eignet sich eine Analyse der existierenden Redundanzen in der Lieferkette. Die Redundanz ermöglicht es, die Abhängigkeit von Risikoereignissen gezielt zu kompensieren und führt somit in Abhängigkeit der existierenden Redundanz zu unterschiedlicher Risikoeinschätzung seitens des eigenen Unternehmens. Es lässt sich somit ein direkter Bezug zur Resilienz der Versorgungsketten bilden, die zur Maßnahmenableitung dienen.

Eine Systemlösung sollte deshalb diesen Prozess sowie die einzelnen Aspekte in Fragebögen und Checklisten begleiten und die Bewertungsergebnisse systematisch aufbereiten.

Zunächst ist, ausgehend von einem Material und Lieferanten, eine Bewertung vorzunehmen, um zu prüfen, ob aktive oder passive Sekundärversorgungsstrategien für dieses Material vorliegen (bspw. second source, second site), die einen potenziellen Ausfall kompensieren könnten. Hier ist auch bedeutsam, zu welchem Grad die Redundanz gebildet werden kann, d. h. liegen mehrere aktive Bezugsquellen vor oder wäre nur generell eine Marktgegebenheit vorhanden, welche eine Redundanz erlaubt. Dies bedingt an sich, dass ein gewisses Maß an Transparenz über die Lieferketten besteht. Die Transparenzforderung der Lieferkette bedingt auch die Redundanzvermutung.

Neben dem Material ist die vorhandene Produktionsstruktur sowie die damit verbundene Betriebsmittelspezifität für die Redundanzermittlung relevant. Im Falle von spezifischen Werkzeugen, Softwareprogrammen, Fertigungsverfahren oder Spezialmaschinen ist die Redundanzbewertung der Produktionsstruktur geringer einzustufen als bei Versorgungsstrukturen ohne diese Faktoren.

Im nächsten Schritt geht es um die Beurteilung regionaler Redundanz, d. h. im Falle von regionalen Ereignissen, inwiefern wird die Versorgungskette gefährdet oder liegt eine Situation vor in der eine Region durch eine andere kompensiert werden könnte.

Die Redundanzanalyse der Transport- und Zahlungswege bildet ein weiteres Element der Risikobewertung. Die Frage muss geklärt werden, ob ein geeignetes Verkehrsträger-Portfolio existiert, welches bspw. See-, Luft-, Bahnfracht sowie Straßentannsport bedient.

Auf der Ebene der Vormaterialen und Rohstoffe sollte eine Redundanz die Frage beantworten, inwiefern Alternativmaterialien (z. B. alternative Granulate) qualifiziert vorliegen. Nicht zuletzt gibt die Bewertung der Bestände einen weiteren Einblick in den Grad der Redundanz. Dazu gehört, über eine Kenntnis der eigenen Bestände, auch möglichst die der Lieferanten sowie kritischer Vorlieferanten, um eine Bestandsreichweitenaussage in Tagen für das eigene Unternehmen treffen zu können.

Risikovisualisierungsinstrumente definieren und verwalten Systeme zum Risikomanagement sollten mehrere Visualisierungsinstrumente einsetzen, welche die Bewertung und vertiefende Auswirkungsbetrachtung von Risiken erleichtern. Dazu gehören:

- Lieferkettenvisualisierungen mit geographischen Daten
- Risikomatrix-Darstellungen, bspw. nach Risikowahrscheinlichkeit und Schadensausmaß
- Lieferanten-Teile-Katalog-Analysen
- Risiko-Scorecards und Dashboards

Die exakte Darstellung sollte unternehmens- und nutzerspezifisch anpassbar sein. Die Ausprägung der einzelnen Funktionen sollte ferner ermöglichen, bspw. alle Lieferanten eines Landes oder einer Region zu sichten und auch eine Länderrisikobewertung anhand einer Farbskala zu veranschaulichen. Interessant ist ebenfalls, welche Produktionsstätten eines Lieferanten für das eigene Unternehmen aktiv sind und welches Teilespektrum hierüber bezogen wird. Durch eine Analyse aktiver Bezugsquellen (bspw. aus ERP-Systemen) ist es auch möglich, das Teilespektrum einer Warengruppe oder eines Lieferanten hinsichtlich praktikabler Alternativen zu untersuchen. Es empfiehlt sich, auch eigene Produktionsstätten (Werke) in Übersichten zu integrieren, um ein möglichst vollständiges Bild der Lieferketten bewerten zu können. Es ist demnach erforderlich, dass in den ERP-Systemen des Unternehmens Schnittstellen existieren, die diese Daten zweckmäßig verarbeiten.

Risikobewertungsfragebögen intern und extern definieren und verwalten Einzelne Risikoindikatoren erfordern eine vertiefende Analyse und erweiterte Fragestellung seitens der Risikobewertungsprojekte. Dafür ist es notwendig, dass in einem System zur Risikobetrachtung nicht ausschließlich auf eine breite automatisierte Sensorik in Form von Datenquellen gesetzt wird, sondern es auch ermöglicht wird, unternehmensspezifische Fragebögen zu entwerfen, zu versenden und auszuwerten. Neben dem aktiven Anstoßen einer detaillierten Finanzauskunft bei Drittanbietern, gehört dazu auch die Einbeziehung der spezifischen Lieferantenansprechpartner. Dies ist beispielsweise der Fall, wenn Fragen zum Business Continuity Management erörtert werden müssten und ein spezifisches Unternehmen hinsichtlich des Reifegrades seines BCM-Systems bewertet werden soll. Fragebögen-Ergebnisse müssen intern analysierbar sein und Eingang in die Analyseakte finden. Über die Zuordnung als Datenquellen zu einzelnen Risikoindikatoren können so im Falle von Bewertungsprojekten automatisiert die spezifischen Fragebögen vordefiniert werden.

Auswirkungsanalyse sichern und freigeben Das Ergebnis der Auswirkungsanalyse sollte gesichert werden können und einer Freigabe unterliegen, um ggf. weitere Kompensationsstrategien einzuleiten oder aber anhand des Ergebnisses der Risikoauswirkungsanalyse von weiteren Maßnahmen Abstand zu nehmen.

Management der Risikosteuerung

Nach Festlegung der Risikoanalyse sowie der Auswirkungsanalyse kann die Steuerung der Risiken erfolgen. Hier geht es vor allem darum, geeignete Kompensationsstrategien kurz-, mittel-, und langfristig zu entwickeln und umzusetzen. Insbesondere Themen, die auf eine Veränderung der Bezugsquellen abzielen, haben den Charakter längerfristiger Projekte und müssen daher sorgfältig im Fortschritt begleitet werden. Ein System zum Risikomanagement sollte diese Umsetzung steuern und erleichtern.

Maßnahmenplan zuteilen und verwalten Basierend auf den bisherigen Ergebnissen zu den einzelnen Risikoindikatoren und deren spezifischen Auswirkungsanalysen, sollte ggf. eine Reihe von Gegenmaßnahmen eingeleitet werden. Hierfür ist ein Maßnahmenplan durch ein Projektteam zu erstellen. Ein System zum Risikomanagement muss die Erstellung einer Maßnahmenplanung ermöglichen und auch die daran beteiligten Rollen und Personen verwalten können. Innerhalb des Maßnahmenplans kann darüber entschieden werden, was der geeignete Umgang mit den Risiken ist. Es gilt zu klären, ob die Risiken als Einzelrisiken oder aggregiert behandelt werden und über welche Reichweite eine Kompensationsmaßnahme verfügt (punktuelle vs. flächendeckende Kompensation im Unternehmen). Ferner muss über die generelle Risikosteuerungsstrategie entschieden werden: Vermeidung, Verminderung und Begrenzung, Überwälzung und Selbsttragung (Schröder 2019, S. 75 ff.; Liebetruth 2020, S. 220 ff.). Somit ist im Falle einer Risikoakzeptanz die Definition von Kompensationsstrategien obsolet.

Definition und Kompensationsstrategien verwalten Als Grundlage für die aktivierten Maßnahmen sollte in einem System zum Risikomanagement eine vordefinierte Liste von Kompensationsstrategien vorgegeben sein, welche sich zur Risikominderung bei spezifischen Indikatoren eignen (Heß 2021, S. 131 ff.). Dies ist wichtig, um verschiedene Maßnahmen hinsichtlich ihrer praktischen Bedeutsamkeit zu bündeln und somit die Geschwindigkeit von Abhilfemaßnahmen unterstützen zu können. Mit dem Fortbestand des Systems wächst auf diese Weise ein unternehmensspezifisches Handlungsportfolio an.

Aus Sicht einer Lieferkettenresilienz geht es insbesondere um folgende Elemente, aus denen sich Korrekturmaßnahmen ableiten lassen (Heß 5.2021, S. 5.131 ff.)

- Bezugsquellenpartnerschaft:
  Ist die Bezugsquelle hinsichtlich ihrer Ressourcenstärke, Anzahl der Mitarbeiter, internationalen Reichweite, hinsichtlich ihrer Kontrolle über die Lieferkettenstufen und in Bezug auf die eigene Partnerschaft kompensationsfähig, d. h. in der Lage und Willens, Destabilisierungen zu beherrschen?
- Eigenfertigung und Kapitalverflechtung:
  Ist das eigene Unternehmen in der Lage, durch Eigenfertigungskapazitäten Risiken in der Lieferkette auszugleichen oder besitzt das eigene Unternehmen Beteiligungen an Bezugsquellen, welche die eigene Versorgung sichern?
- Stabile Transportwege und Lieferregion:
  Ist die Lieferregion politisch, wirtschaftlich und hinsichtlich anderer ökologischer Aspekte stabil?
- Kapazitative Stabilität:
  Inwiefern ist die aktuelle Mengen- sowie Kapazitäts- und Vertragssituation dazu in der Lage, Versorgungsschwankungen zu kompensieren bzw. welche Maßnahmen würden dazu führen, dies zu erreichen?
- Fehlertolerante Konstruktion:
  Erlaubt es die Konstruktion des spezifischen Materials, geringe Abweichungen zu den Spezifikationen zu kompensieren und trotzdem eine Montage zu ermöglichen, um potentielle Schwankungen in der Fertigungstechnik zu kompensieren?
- Spezifische Betriebsmittel:
  Bei einer hohen Spezifität der Betriebsmittel bei einer Bezugsquelle ist eine Kompensation schwieriger als bei einer geringen spezifischen Investition des eigenen Unternehmens.

Ferner sind für die weiteren Risikodomänen ebenfalls Kompensationsstrategien zu hinterlegen, welche als Ausgangspunkt für die Reduzierung der Risikoexposition bei bestimmten Indikatoren dienen können.

Zuteilung der Kompensationsstrategien zu Lieferanten Abhängig von der Risikosituation sowie der tangierten Indikatoren bedarf eine Kompensationsstrategie, dass spezifische Maßnahmen auf ein oder mehrere Lieferanten (oder auch interne Bezugsquellen) zugeteilt werden. Es ist somit möglich, die risikobezogenen Korrekturen auf einem Lieferanten nachzuverfolgen und auch die dafür spezifisch einzusetzenden Ressourcen zu aktivieren.

Zuteilung der Kompensationsstrategien zu Materialien Neben der Zuteilung von Kompensationsstrategien zu Lieferanten, kann es auch erforderlich sein, spezifische Maßnahmen an den Materialien selbst durchzuführen, um die Risikoexposition zu verringern. Neben dem Aufbau, bspw. einer internen Lieferquelle, kann dies auch bedeuten, durch konstruktionsbedingte Korrekturen die Bezugsquellenabhängigkeit zu reduzieren. Ferner kann im Falle von Bestands- oder Outputvolumen-Schwachstellen der Aufbau von Pufferlägern oder Zusatzwerkzeugen als Maßnahme sinnvoll sein. Die dafür notwendigen Ressourcen sollten ebenfalls auf diese Maßnahme hin bündelbar sein.

Terminierung und Aufwandsermittlung der Kompensationsstrategien Für die Umsetzung der geplanten Kompensationsstrategien zur Verringerung der Risikoexposition muss jeweils ein Terminplan entwickelt werden, welcher im gesamten Maßnahmenplan ersichtlich ist. Für eine Umsetzungsempfehlung ist es ebenso notwendig, dass systemseitig die benötigten personellen und materiellen Ressourcen für die jeweilige Maßnahmen hinterlegt werden. Dies ist ein wichtiger Schritt, denn das erwartbare Schadensmaß des Risikos sollte in einem ausgewogenen Verhältnis zur erforderlichen Kompensationsstrategie stehen.

Freigabe der Maßnahmenplanung und der Kompensationsstrategien Nach der erfolgten Erstellung des Maßnahmenplans und der jeweiligen Kompensationsstrategien sollte systemseitig eine Freigabe oder Korrektur erfolgen. Es ist notwendig, dass die in diesem Zusammenhang benötigten Umsetzungsressourcen auch verfügbar sind.

Management der Risikoüberwachung

Die Risikoüberwachung dient der Erfassung von Meldegrenzen sowie der Definition von Notfallplänen, welche im Fall von nicht planbaren Risiken aktiviert werden können.

Überwachungsmodi definieren und verwalten Für alle Risikodomänen, Indikatoren und definierte Vorfallstypen wurden bereits Meldegrenzen festgelegt, welche dafür sorgen, dass die erforderlichen Verantwortlichen auf das Risiko automatisiert hingewiesen werden. Es muss systemseitig überwacht werden, dass die Reaktion auf diese Meldungen in angemessenere Zeit erfolgt. Insbesondere für die Risikoaspekte, die nicht automatisiert verarbeitet werden können und somit ein aktives Eingreifen spezifischer Personen erfordern, um Risikosituationen aus den verschiedenen Domänen zu beurteilen, sind Überwachungszeitfenster zu definieren. Dies kann bedeuten, dass bspw. alle qualitativen Daten einer Lieferantenrisikoeinschätzung mindestens zwei Mal pro Jahr aktualisiert werden müssen. Die jeweiligen Überwachungsmodi müssen dazu systemseitig hinterlegbar sein.

Risiko-Berichtswesen definieren und verwalten Für alle laufenden Risikoprojekte in den verschiedensten Phasen sollte ein Risikomanagementsystem einen umfassenden Status der Projekte darstellen können. Dazu gehört die Kontrolle einer vollständigen Erfassung und Dokumentation der darin verorteten Maßnahmen. Ein vordefiniertes Berichtswesen kann automatisiert an relevante Kreise verteilt werden.

Risikoeintrittspläne definieren und verwalten Risikoeintrittspläne ermöglichen es im Falle von nicht vorhersehbaren Ereignissen, ein definiertes Vorgehen mit Verantwortlichen und Maßnahmen zu hinterlegen. Dies ist sinnvoll, um möglichst effizient auf eine solche Störung reagieren zu können. Es kann sich dabei bspw. um einen Insolvenzeintrittsplan handeln, der strukturiert anhand von Checklisten und Anweisungen die Gesamtorganisation in den Krisenfall involviert. Neben der Definition dieser Krisenfalleintrittspläne ist auch eine regelmäßige Testung sinnvoll und kann von einem Risikomanagementsystem aus simuliert werden.

5.2.4 Lieferantenbewertung

Im Rahmen des Prozesses der Lieferantenbewertung sollen relevante Aspekte der Geschäftsbeziehung mit Lieferanten kontinuierlich anhand verschiedener Bewertungskriterien transparent gemacht sowie einer Evaluation unterzogen werden. Insgesamt verfolgt der Prozess mehrere Hauptziele (Janker 2008):

1. Generierung einer aktuellen und objektiven Datenbasis, die einen zuverlässigen Vergleich über die Qualität der Lieferbeziehungen erlaubt
2. Generierung von Bewertungsdaten zur Lieferantenleistungsfähigkeit zur weiteren Nutzung im Rahmen der Formulierung und Ausarbeitung von Warengruppenstrategien sowie der damit verbundenen optimierten Entwicklung der Lieferantenbasis
3. Steuerung und Entwicklung der Lieferantenleistungsfähigkeit anhand von Zielvorgaben zur Optimierung der Bewertungskriterien
4. Nutzung der Ergebnisse der Lieferantenbewertung im Rahmen der Verhandlungstaktik
5. Verbesserung der eigenen Wettbewerbsfähigkeit zur Selektion besonders geeigneter Lieferanten

Aus einer Anforderungssicht ist es wünschenswert, diese Ziele mit einem möglichst geringen eigenen Mitteleinsatz zu erreichen, um Bewertungskosten sowie -aufwand zu minimieren. Die erforderlichen Beurteilungskriterien sind somit vorzugsweise aus bestehenden Daten mit vordefinierten Auswertungsalgorithmen zu generieren. Ein weiterer relevanter Aspekt betrifft den Umfang der Lieferantenbewertung, d. h. für welche Lieferanten ist die Verwendung empfehlenswert, da die Steuerung der Lieferantenbeziehung über eine Lieferantenbewertung zusätzliche einkäuferische Handlungsoptionen unterstützt oder ermöglicht.

Eine Kategorisierung der Lieferanten bildet hierbei eine geeignete Methodik, um die Lieferantenbewertung möglichst auf die Partnerschaften zu fokussieren, die auch von der

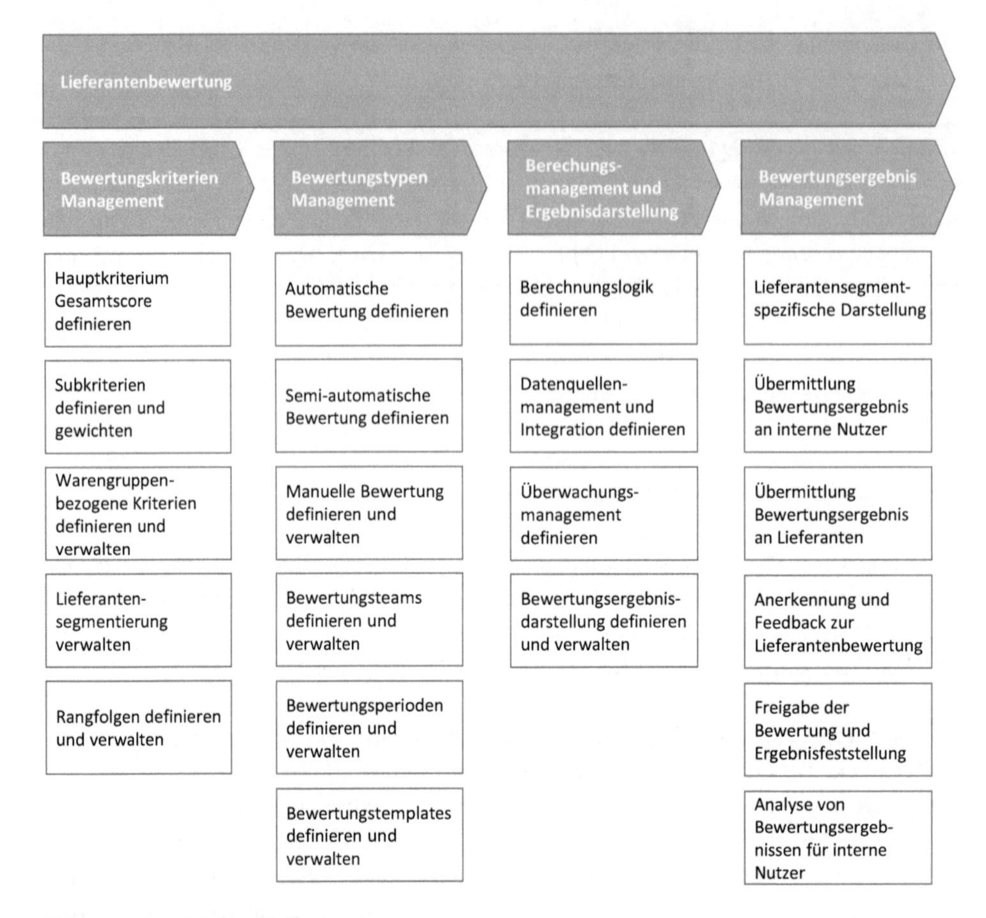

Abb. 5.4 Aspekte der Lieferantenbewertung

Einkaufsabteilung beeinfluss- und steuerbar sind. Dies sind meist die Lieferbeziehungen, in denen das einkaufende Unternehmen eine ausgeprägte Einkaufsmacht besitzt und die Bedeutung der Lieferanten für das eigene Unternehmen eine aktive und intensive Steuerung empfiehlt (Bräkling und Oidtmann 2019, S. 180). Die Bemühungen zur Digitalisierung sollten somit immer an eine Überlegung zur Lieferantensegmentierung geknüpft werden und die Segmentierung den Technologie- und Prozesseinsatz mitbeeinflussen. Abb. 5.4 fasst die Kernaspekte zusammen.

Folgende zentrale Anforderungen sind an ein IT-System zu stellen, welches den Prozess der Lieferantenbewertung unterstützt:

Management der Bewertungskriterien

Im ersten Schritt muss für das jeweilige Unternehmen ein Bewertungskriterien-Set definiert werden, welches zur Lieferantenbewertung geeignet ist. Hierfür ist es erforderlich,

Tab. 5.3 Leistungsklassen von Lieferanten anhand von Bewertungsgruppen

Gesamtscore [100 Punkte]	Leistungsklasse	Beschreibung
> 95 Punkte	A-Lieferanten	Lieferantenelite
> 75 Punkte	AB-Lieferanten	Gute Lieferanten
> 60 Punkte	B-Lieferanten	Befriedigende Lieferanten
<= 60 Punkte	C-Lieferanten	Bedingt leistungsfähige Lieferanten

Beispiel anhand eines maximalen Gesamtscores von 100 Punkten

dass eine Systemlösung eine entsprechende Funktion bereithält, um Kriterien anzulegen, zu verwalten sowie die Möglichkeit vorsieht, eine hierarchische Bewertungslogik systematisch zu hinterlegen.

Hauptkriterium Gesamtscore definieren Das konsolidierte Ergebnis der Subkriterien muss in eine Gesamtbewertung münden, die einen eindeutigen Rückschluss über die Lieferantenleistung im Bewertungszeitraum ermöglicht. Ausgehend von einer numerischen Ausprägung im Gesamtscore kann so eine Einordung der Lieferanten in Leistungsklassen erfolgen, die für weitere Prozesse wiederum wichtige Eingangsgrößen bilden. Tab. 5.3 zeigt ein Beispiel zur Überführung des Gesamtscores in Leistungsklassen.

Subkriterien definieren und gewichten Die Definition der Subkriterien bildet einen essentiellen Aspekt der Lieferantenbewertung ab, denn hier werden die relevanten Leistungsbereiche und somit Steuerungsgrößen der Zulieferer festgelegt (Janker 2008). Es können im Wesentlichen folgende Subkriterien verwendet werden, für die im Einzelnen eine Bewertungsmethodik definiert werden muss, sowie deren Einzelbeitrag im Rahmen der Gesamtscorebildung.

1. Liefermengenleistung
   - Mengenflexibilität
   - Mengenkonstanz
   - Höhe der Mindestliefermenge
2. Qualitätsleistung
   - Produktqualität (ppm)
   - Anzahl der Qualitätsmängelrügen
   - Reklamationsquote
   - Qualifikationsniveau der Mitarbeiter
   - Zertifizierungen
3. Logistikleistung
   - Liefertermintreue
   - Anzahl Logistikmängelrügen

   - Terminflexibilität
   - Lieferortflexibilität
4. Kostenleistung
   - Angebotspreise
   - Konditionsgestaltung
   - Zahlungsziele
   - Kostenreduktionsbeitrag
5. Serviceleistung
   - Kulanzverhalten
   - Kundendienstleistung
   - Projekttermintreue
6. Information- und Kommunikationsleistung
   - Kooperationsbereitschaft
   - Wissenstransferleistung
   - Digitaler Integrationsgrad
7. Innovationsleistung
   - Technologiekompetenz
   - Forschungs- und Entwicklungsleistung bei Neuheiten
8. Nachhaltigkeitsleistung
   - Nachhaltigkeits- und Risikomanagement
   - Soziale Verantwortung
   - Nachhaltige Beschaffung

Bei der Abbildung in einem digitalisierten System ist es erforderlich, die einzelnen Kriterien dahingehend im System zu definieren, dass eine möglichst automatisierte Erfassung erfolgen kann. Es empfiehlt sich, für jedes Kriterium eine Definition auszuarbeiten, welche als Grundlage für die Systemabbildung dienen kann.

Eine grundsätzliche Differenzierung kann zwischen qualitativen und quantitativen Kriterien getroffen werden. Für eine Bestrebung hin zu einer höher automatisierten Bewertungslösung kann ein Weg darin bestehen, bewusst stärker auf quantitative Kriterien einen Fokus zu legen und diese nur punktuell durch qualitative Informationen zu ergänzen.

Jedoch sind eine Reihe von Kriterien qualitativer Art für das Management der Lieferantenbeziehung relevant und sollten in einem vernünftigen Aktualisierungszyklus auch auf die Gesamtbewertung Einfluss haben. Das sind vor allem Themen der Informations- und Kommunikations- oder auch der Innovationsleistung, welche zumeist einer gewissen Subjektivität bei einer skalenbasierten Bewertung unterliegen.

Die genannten Kriterien dienen im Wesentlichen einer Ist-Erfassung bzw. einer Darstellung von historischen Zeiträumen einer Lieferantenbewertung. Es ist jedoch ebenso wichtig, die Entwicklung der Lieferantenbewertung vorwegzunehmen, d. h. den Trend der Subkriterien zu observieren, um bei einer vorhersehbaren negativen Entwicklung frühzeitig eingreifen zu können. Über kriterienbezogene Eingriffsgrenzen lassen sich systemseitig bereits innerhalb der Kriteriendefinition zusätzliche Handlungsoptionen des Einkaufs erschließen.

Warengruppenbezogene Kriterien definieren und verwalten Die Lieferantenbewertung sollte eine Möglichkeit vorsehen, neben den allgemeinen Kriterien der Bewertung auch warengruppenspezifische Bewertungskriterien zu definieren, um den Anforderungen spezifischer technologischer oder auch marktspezifischer Fragestellungen zu entsprechen. Beispielsweise sind in bestimmten Industrien gesonderte Zertifizierungen (bspw. Explosionsschutz) notwendig und müssen überwacht werden, während für die Bewertung von Logistikdienstleistern andere Inhalte Relevanz haben.

Eine starke Differenzierung bildet die Beschaffungsart: Grundsätzlich wird eine Serienbelieferungssituation (Make-to-Stock) andere Bewertungsinstrumente nutzen, als Geschäftssituationen die stark von projektbezogenen Beschaffungsleistungen der Lieferanten abhängen (Make-to-Project). Im letzteren Fall muss gezielt ein einzelnes oder eine Reihe spezifischer Projekte bewertet werden und kann damit mehrere automatisierte Kriterien, wie bspw. die Serienproduktqualität (ppm), nur eingeschränkt nutzen. Für eine möglichst objektive Bewertung von Dienstleistungen empfiehlt es sich, Skalen mit Indikatoren vorzudefinieren[10].

Es besteht also eine Differenzierungsnotwendigkeit insbesondere bei dienstleistungsbezogenen Bewertungskriterien (z. B. Beratungsleistungen) und Bewertungen, die die Leistungsfähigkeit von Produktionsmateriallieferanten im Fokus haben.

Lieferantensegmentierung verwalten In Abhängigkeit von der Relevanz der Geschäftsbeziehung sollten auch die Anforderungen an die Bewertung der Leistungsfähigkeit dieser Beziehung angeglichen werden. Hierfür ist der Ausgangspunkt, dass alle Lieferanten vorab hinsichtlich ihrer Relevanz eingruppiert werden. Dazu sollen insbesondere IT-Systeme Möglichkeiten vorsehen, eine unternehmensspezifische Rangfolge abzubilden und diese Bewertungskategorien auch zu verwalten. Eine typische Segmentierung des Lieferantenportfolios kann anhand des Einkaufsvolumens, der technischen Relevanz oder aber auch anhand der faktischen Beeinflussbarkeit der Geschäftsbeziehung erfolgen. Das heißt, auch in Situationen, in denen eine Einkaufsvolumenbetrachtung eine intensive Lieferantenbewertung empfehlen würde, kann durch eine eigene geringe Einkaufsmacht der Grad der Steuerbarkeit der Geschäftsbeziehung eingeschränkt sein. Die Steuerbarkeit der Lieferantenbeziehung liefert, ausgehend von der Segmentierung, wichtige Erkenntnisse über die Gestaltung der Category-Strategie. Ist die Beziehung durch den Lieferanten selbst prädeterminiert, kann die Gestaltung eines gemeinsamen Entwicklungspfades der Geschäftsbeziehung herausfordernd werden.

---

[10] Siehe dazu SERVQUAL in Liebetruth 2020, S. 79 ff.

Aus der Segmentierung müssen konkrete Handlungsschritte folgen, d. h. innerhalb der Lieferantenbewertung sollte prozessuale Klarheit darüber bestehen, welche internen und externen Konsequenzen eine bestimmte Eingruppierung nach sich zieht.

Somit sollte eine IT-System-gestützte Lösung auch Möglichkeiten vorsehen, bestimmte Handlungsanweisungen als „Workflows“ anzustoßen: bspw. ein Lieferant wird vom Segment „Strategischer Lieferant“ in ein Segment „Allgemeiner Lieferant“ oder „Abbaulieferant“ herabgestuft.

Neben der initialen strategischen Eingruppierung kann es sinnvoll sein, dem Lieferanten ebenfalls prinzipielle Eigenschaften bzgl. seiner Verwendung zuzuordnen. Neben einer strategischen Segmentierung sind dies häufig die globale Einsetzbarkeit, d. h. ist dieser Lieferant als globaler Lieferant oder neben der Serienfreigabe auch für die Verwendung im Neuheitenentstehungsprozess freigegeben.

Neben der unternehmensspezifischen Eingruppierung in verschiedenen Segmenten kommt hier einer proaktiven Steuerung der Lieferantenbewertung durch IT-technologische Instrumente eine hohe Bedeutung zu. Es wäre wünschenswert, wenn anhand von Risikodaten oder weiteren nicht intern im Unternehmen verfügbaren Daten proaktiv auf die Änderungsnotwendigkeit einer aktuellen Lieferantenbewertung hingewiesen werden könnte.

Rangfolge definieren und verwalten Innerhalb einer Warengruppe ist es relevant, die relative Leistung der Lieferanten bezogen auf eine komplette Warengruppe oder eine Subwarengruppe zu verstehen und auch intern eine Rangfolge kontinuierlich zu führen. So lassen sich die spezifisch besten Lieferanten fördern; zudem kann, im Falle von Lieferanten mit Lieferbeziehungen in mehrere Warengruppen, die spezifisch beste Eignung des Lieferanten transparent gemacht werden. Im direkten Material könnte es beispielsweise sein, dass ein Lieferant im Bereich „Aluminium-Druckguss“ mittelmäßige Bewertungen erhält, jedoch im Bereich „Feinguss-Edelstahl“ als strategischer Lieferant bewertet wird.

Innerhalb eines systemgestützten Lieferantenbewertungsprozesses sollten diese Informationen dargestellt werden und ebenfalls eine strategische Entscheidungsfindung unterstützen.

Bewertungstypen-Management
Innerhalb eines Systems zur Lieferantenbewertung sollte eine Differenzierung der Bewertungstypen möglich sein. Neben automatisierten und nicht-automatisierten Bewertungsinitiativen müssen vor allem auch die prozessualen Aspekte der Bewertung in Regeln hinterlegbar sein. Dies betrifft neben dem Bewertungstyp insbesondere auch das Bewertungsteam, die Bewertungsperiode sowie die zu nutzenden Bewertungstemplates.

Automatische Bewertung definieren Eine automatisierte Bewertung der Lieferantenbeziehung kann erfolgen, wenn die Kriterienbewertungen keine manuellen Eingriffe in der Berechnung benötigen, sondern bspw. lediglich über einen spezifischen Freigabeprozess verfügen. Die Zuordnung eines Bewertungstyps kann anhand der Lieferantensegmentierung erfolgen; so erhalten bspw. alle „Strategischen Lieferanten“ eine automatisierte und kontinuierliche Erfassung ihrer Bewertungsdaten und diese Bewertungen werden auch im Einkauf und der Lieferantenentwicklung analysiert. Andererseits kann auch eine warengruppenspezifische Typenzuordnung sinnvoll sein, etwa indem alle Serienlieferanten für Serienteile für eine automatisierte Erfassung vorbereitet werden, während Lieferanten im Dienstleistungsbereich eine projektspezifische Bewertung erfahren.

Semi-automatische Bewertung definieren Eine semi-automatische Bewertung kombiniert die Verwendung von automatisiert ableitbaren Kriterien mit der Ermittlung von Bewertungen zu Kriterien, welche bedingt aus Systemdaten automatisiert erhoben werden können. Dies ist dann sinnvoll, wenn bspw. besondere Projekte eines Lieferanten ebenfalls in die Gesamtbewertung einfließen sollen, die Projektbewertung aber durch die Ermittlung von qualitativen Daten in Form eines Fragebogens, diese Bewertungen bereitstellen muss. Ausgangspunkt einer semi-automatischen Bewertung kann ein spezifisches Ereignis sein, welches einen Bewertungsprozess initiiert. Es ist deshalb relevant, die Auslösungsereignisse zu definieren, welche bspw. Wareneingänge oder Rechnungen in bestimmter Höhe bilden können, die zum Versand von Bewertungstemplates führen.

Manuelle Bewertung definieren und verwalten Die manuelle Bewertung bildet einen nicht automatisierten Bewertungsprozess eines Lieferanten. Dieser Prozess wird manuell durch berechtigte Personen angestoßen und erfolgt ereignisbezogen. Hierbei ist es wichtig zu definieren, welche Bewertungstemplates diesem Bewertungstyp zugeordnet werden und welche Bewertungsteams eine Beurteilung durchführen sollten. Es ist ebenfalls zu beschreiben, in welcher Form die Bewertungsergebnisse in das Gesamtergebnis Eingang finden. Handelt es sich um ein Sonderprojekt, welches zu einer automatisierten Bewertung ergänzt werden soll, oder ist der Zweck dieser Bewertung lediglich eine spezifische Projektleistung zu dokumentieren?

Bewertungsteam definieren und verwalten Bei allen qualitativen Bewertungen wird meist auf eine empirische Untersuchung mit Beurteilungsskala zurückgegriffen. Die Bewertenden sollten so selektiert sein, dass sie möglichst ein ausgeglichenes Mandat bzgl. der Beurteilung von Einzelkriterien erhalten, wenn bspw. eine ähnliche Anzahl an Mitarbeitern aus dem Einkauf und der Logistik ihre Stimme abgeben können. Dazu sollte die Rolle innerhalb der Bewertung verwaltet werden können und ebenfalls die entsprechende Person, welche über das System zur Beurteilung aufgefordert wird (Userdaten). Hierüber ist es auch möglich, die Beurteilung der Kriterien immer auch funktionsorientiert zu gestalten, um zu vermeiden, dass Mitarbeiter Sachverhalte beurteilen, die evtl. nicht selbst observierbar waren. Das Bewertungsteam ist somit entweder anhand der Warengruppe vordefiniert oder kann punktuell vor dem Versand der Bewertung angepasst werden.

Bewertungsperioden definieren und verwalten Für eine Lieferantenbewertung ist es erforderlich, den Bewertungsindex kontinuierlich festzuschreiben, um eine Entwicklungstendenz zwischen den Bewertungsereignissen sichtbar zu machen. Hierzu sollten Möglichkeiten vorgesehen werden, Bewertungsperioden zu definieren, zu denen eine Fixierung erfolgt. Insbesondere ist dies notwendig bei den Bewertungskriterien, die nichtautomatisiert erfasst werden können.

Bewertungstemplates definieren und verwalten Bewertungstemplates ermöglichen es, warengruppenspezifische Vorlagen zu verwalten, die separat administriert werden können und nach ihrer Freigabe zu einer einheitlichen Bewertungsmethode im Unternehmen führen. Die Bewertungstemplates bilden ein relevantes Set von Kriterien ab, die zur Bewertung notwendig sind.

Berechnungsmanagement und Ergebnisdarstellung
Um die Kriterien und Bewertungsverfahren einer inhaltlichen Bewertung zugänglich zu machen, ist es erforderlich, im Rahmen des Berechnungsmanagements und der Ergebnisdarstellung die dafür notwendigen Definitionen zu formulieren.

Berechnungslogik und- verfahren definieren Für die Bewertung von Lieferanten eignen sich prinzipiell eine Reihe von Verfahren, von denen in der Praxis vor allem quantitative und qualitative Nutzung finden (Janker 2008, S. 101 ff.). Die unterschiedlichen Verfahren sind bezüglich ihrer Erfüllung von spezifischen Anforderungen der Lieferantenbewertung unterschiedlich geeignet. Ein kennzahlenbasiertes System ermöglicht mit Blick auf eine Kontroll-, Anreiz- und Steuerungsfunktion mit Lieferanten ein effektives quantitatives Verfahren. Um die Kennzahlen zu berechnen, ist jedoch auch ein Zugriff auf eine eindeutige Kriteriendefinition erforderlich. Neben der Festlegung des Verfahrens ist ebenfalls das Kalkulationsschema zu definieren und zu verwalten. Um eine Vergleichbarkeit der Bewertungen sicherzustellen, muss das Kalkulationsschema innerhalb einer Bewertungsgruppe identisch sein.

Datenquellenmanagement und -integration Jedes Kriterium, welches zur Lieferantenbewertung herangezogen werden soll und einer automatischen Kalkulation zugeführt wird, benötigt die exakte Definition einer oder mehrerer Datenquellen. Dafür ist es oftmals unumgänglich, eine Datenintegration von mehreren Systemen durchzuführen, zu konsolidieren und auch zu überwachen. Das Management dieser Datenquellen ist somit erfolgskritisch für eine effiziente Lieferantenbewertung.

Überwachungsmanagement definieren Für eine effiziente Überwachung der Lieferantenbewertungen ist es sinnvoll, Eingriffsgrenzen zu definieren, die zu aktiven Benachrichtigungen im Einkauf oder auch beim Lieferanten führen. Wenn sich bspw. mehrere Kriterien zeitgleich verschlechtern, kann dies ein Indikator dafür sein, frühzeitig in den Dialog zu treten, um dieLieferbeziehung wieder zu stabilisieren. Diese „Alert“-Funktionen müssen systemseitig verwaltet werden können.

Bewertungsergebnisdarstellung definieren und verwalten Die gewonnen Daten und Kriterien müssen den Anwendergruppen – teils spezifisch – präsentiert werden, um eine möglichst schnelle Erfassung kritischer Steuerungsgrößen zu ermöglichen. Hierfür eignen sich tabellarische und grafische Darstellungen, welche systemseitig vorzudefinieren sind. Die Ergebnisdarstellungen müssen von berechtigten Personen verwaltbar sein, insbesondere um zu verhindern, dass bei einer Bewertungsänderung der Bezug zu historischen Daten der Lieferantenbewertung verloren geht.

Bewertungsergebnis-Management

Innerhalb des Bewertungsergebnis-Managements geht es darum, die gewonnenen Daten für die Ableitung von Entscheidungen zu nutzen. Hierfür ist die gezielte Verteilung der Information notwendig.

Lieferantensegmentspezifische Darstellung Abhängig vom Lieferantensegment sowie von der Bedeutung des Lieferanten für das eigene Unternehmen, sind die notwendigen Informationen zur Steuerung unterschiedlich. Es sollte deshalb möglich sein, anhand der Lieferantensegmentierung spezifische Ausprägungen der Ergebnisdarstellung zu definieren.

Übermittlung Bewertungsergebnis an interne Nutzer Die Bewertungsergebnisse müssen in der richtigen Form an die richtigen Interessengruppen adäquat verteilt werden, um die Daten zu interpretieren und notwendige Steuerungen durchzuführen. Die Übermittlung kann dabei in Form von zyklischen Updates zu Berichtsständen in ein Mailpostfach erfolgen oder die Bewertungen können auf die jeweils aktuellen Werte im Quellsystem verlinken.

Übermittlung Bewertungsergebnis an Lieferanten Eine zentrale Funktion ist die Übermittlung des aktuellen Bewertungsstandes an die Lieferanten-Ansprechpartner, um auch diesen über den Status der wahrgenommenen Leistungsfähigkeit zu informieren. Hier ist eine ereignisgesteuerte Benachrichtigung möglich sowie eine Einsichtnahme der eigenen Bewertung über ein unternehmenseigenes Lieferantenportal. Auch die Übermittlung spezifischer Anhänge kann in diesem Zusammenhang sinnvoll sein.

Anerkennung und Feedback zur Lieferantenbewertung Der aktuelle Stand der Bewertung sollte zu bestimmten Zeitpunkten fixiert werden, um eine gemeinsame Anerkennung der Leistungsfähigkeit des Lieferanten festzuschreiben und die Möglichkeit zu geben, ausgehend vom jetzigen Status gezielt Weiterentwicklungsmaßnahmen und -projekte zu planen. Eine sinnvolle Funktion ist auch, ein Feedback zu protokollieren, bevor ein Bewertungszeitraum fixiert wird. In der Praxis kann es durchaus noch erforderlichen Dialog geben, der bspw. die Verantwortung für Schlechtteile betrifft, in denen ein Eigen- oder Fremdverschulden noch ungeklärt ist; oder auch in Projekten, in denen die Bewertung der erbrachten Leistung eine starke Kommunikation zwischen Lieferant und Einkauf erfordert.

Freigabe der Bewertung und Ergebnisfeststellung Das abgestimmte Bewertungsergebnis kann im Rahmen einer internen und externen Freigabe formalisiert werden und so den Ausgangspunkt für die weitere Lieferantenbewertung bilden. Es ist dabei wichtig, die Freigabe der Bewertung nicht nur im eigenen Unternehmen abgestimmt und freigegeben zu haben, sondern auch relevante Stellen des Lieferanten in diese Workflows einzubeziehen. Das Ergebnis für einen bestimmten Analysezeitpunkt wird daraufhin festgestellt und im Bewertungssystem protokolliert. Diese Information ist relevant, um bspw. der Frage nachzugehen, wie viele der jeweiligen Lieferanten in einem Segment eine abgestimmte Bewertung haben. Hieraus lassen sich Schlussfolgerungen über die Bedeutung der Partnerschaft ableiten.

Analyse von Bewertungsergebnissen für interne Nutzer Im Lieferantenbewertungssystem selbst oder auch im Analysesystem, welches auf Bewertungsdaten zugreift (Abschn. 5.4.2), muss die Möglichkeit vorgesehen werden, dass Nutzer die Bewertungsdaten gezielt dynamisch analysieren. Dies ist notwendig, um etwaige Category- oder Sub-Category-Strategien abzuleiten oder auch um Bewertungsdaten mit Daten aus anderen Prozessen heraus gezielt anzureichern. Hier sei die Risikobewertung als ein besonders relevantes Kriterium genannt.

5.2.5 Lieferantenentwicklung

Die Lieferantenentwicklung zielt darauf ab, die Leitungsfähigkeit der existierenden Lieferantenbasis systematisch weiterzuentwickeln. Neben dem Fokus auf die existierenden Lieferanten, hat die Lieferantenentwicklung aber auch zum Ziel, mögliche zusätzliche Bezugsquellen zu erschließen bzw. für das eigene Unternehmen nutzbar zu machen (Durst 2011, S. 14 ff.). Es geht dabei sowohl um Maßnahmen zur kurzfristigen Steigerung der Lieferantenleistung (Abstellung von Qualitätsmängeln) als auch um Maßnahmen, die einen längerfristigen Horizont einschließen, bspw. die technologische Entwicklung eines Lieferanten. Übergeordnetes Ziel ist, die Wettbewerbsfähigkeit des Lieferantenportfolios zu steigern (Durst 2011, S. 18).

Im Folgenden sind die Hauptziele der Lieferantenentwicklung (LE) zusammengefasst:

1. Systematische Erhöhung der Leistungsfähigkeit der Lieferantenbasis bezüglich der Zielsystemgrößen, wie unter anderem:
   a) Steigerung der Materialqualität

   b) Optimierung der Liefertreue
   c) Materialkostenreduktion
   d) Erschließung technischer Möglichkeiten
   e) Absicherung von Investitionen
   f) Optimierung der Lieferketten
2. Erschließung und Entwicklung zusätzlicher Bezugsquellen
3. Korrektur von Fehlleistungen in der Lieferantenbasis

Die Ausprägung der Lieferantenentwicklungsansätze kann indirekt oder direkt erfolgen; indirekt bedeutet eine gering ausgeprägte Einsatzbereitschaft des einkaufenden Unternehmens mit dem Fokus auf Aktivierung der eigenen Problemlösungskompetenz des Lieferanten, während direkt meist mit einem Ressourceneinsatz des eigenen Unternehmens einhergeht, d. h. es kommt hier zu einer aktiven Beteiligung im Lieferantenentwicklungsprozess (Proch 2017, S. 40 ff.). Eine weitere Differenzierung der Lieferantenentwicklung kann anhand ihres strategischen Horizonts erfolgen. Wird auf eine problematische Situation reagiert oder wird vorausschauend an der strategischen Weiterentwicklung des Lieferanten gearbeitet (Durst 2011, S. 18)? Dementsprechend ist ein Verständnis über die Lieferbeziehung von hoher Relevanz, um insbesondere die Partnerschaften zu identifizieren, bei denen eine aktive Investition in die Lieferantenentwicklung mit entsprechenden Verbesserungen einhergeht, welche die Kosten der Investition überwiegen. In Situationen mit einer starken Dominanz seitens des Lieferanten kann es hingegen schwer sein, Lieferantenentwicklungsprojekte kooperativ zum Erfolg zu bringen. Hier bietet sich gegebenenfalls eine alternative Einkaufsstrategie an[11].

In Abb. 5.5 werden die wesentlichen Anforderungen an einen systemgestützten Lieferantenentwicklungsprozess skizziert.

Formulierung der Lieferantenentwicklungsstrategie

Die Lieferantenentwicklungsstrategie sollte den individuellen Bedürfnissen und Marktgegebenheiten einer Gruppe von Warengruppen (Category) gerecht werden. Dies bedeutet auch, dass die Lieferantenentwicklungsstrategie spezifisch anhand der Warengruppenstrategie und der Warengruppencharakteristika im Unternehmen ausgerichtet werden sollte, um eine möglichst optimale Bündelung von Ressourcen auf möglichst relevante Situationen zu ermöglichen.

Analyse von Warengruppen-Strategie und -Relevanz Ein LE-System muss anhand der Daten aus der Warengruppenstrategie (Abschn. 5.1.2) die wesentlichen Beurteilungskennzahlen bereitstellen, anhand derer die Relevanz der Warengruppe für das eigene Unternehmen ersichtlich wird. Dazu gehören, neben Einkaufsvolumen und Teile-

[11] Für Segmentierungsportfolien siehe bspw. Batran 2008, S. 26 ff.

Lieferantenentwicklung

Formulierung der Lieferantenentwicklungsstrategie	Lieferanten-spezifische Optimierungs-identifikation	Lieferanten-entwicklungsprojekt initiieren	Lieferanten-entwicklungs-maßnahmen Umsetzung	Abschluß und Evaluation der Lieferanten-entwicklungsprojekte
Analyse von Warengruppen-Strategie und -Relevanz	Warengruppen-spezifische LE-Strategie für Lieferant definieren	Definition des LE-Projektteams und der -Rollen	Verantwortlichkeits-zuordnung zu Einzelmaßnahmen	Bewertung des spezifischen LE-Projektes und Dokumentation
Formulierung der Warengruppenspezi-fischen LE-Strategie	Zuordnung der LE-Strategie zu Lieferanten	Definition des LE-Projektumfangs und der LE-Ziele	Überprüfung des Umsetzungs-fortschritts	Abschluß des LE-Projektes und digitaler Bericht
Identifikation von Differenzierungs-merkmalen der Warengruppen	Fixieren der LE-Entwicklungsziele und Reifegradziele	Festlegung des zeitlichen Ablaufs und der Meilensteine	Evaluation der Umsetzungsergebnisse	
LE Berichtswesen zu Status und Strategie	Kooperationsanfrage an Lieferant senden und dokumentieren	Freigabe der LE-Projektplanung	Mahn- und Belohnungsmanage-ment zu Maßnahmen	
		Festhalten und Verabschiedung der Analyseergebnisse		
		Festhalten und Verabschieden der Ursachenanalyse		
		Freigabe Umsetzungs-empfehlung im Maßnahmenplan		

Abb. 5.5 Komponenten der Lieferantenentwicklung

nummerninformationen, auch Daten zur Anzahl der aktiven und potenziellen qualifizierten Lieferquellen, deren geographischen Ausprägung, des Versorgungsrisikos sowie der Leistungsfähigkeit des spezifischen Lieferantenportfolios aus der aktuellen Lieferantenbewertung. Ausgehend von diesen Informationen sollte ein LE-System eine Relevanzeinordnung ermöglichen, um eine unternehmensinterne Priorisierung zu unterstützen.

Formulierung der warengruppenspezifischen LE-Strategie Eine warengruppenspezifische LE-Strategie sollte in einem LE-System definiert und hinterlegt werden können. Die Durchführung von aktiven LE-Maßnahmen sollte sich vor allem auf diejenigen Warengruppen konzentrieren, von denen eine hohe Ergebniswirkung zu erwarten ist, sich also auf strategische Produkte und Lieferanten beziehen, die bspw. einem hohen Versorgungsrisiko ausgesetzt sind und ein kooperativer Ansatz der LE Eignung findet. Im Falle von untergeordneter Bedeutung einer Warengruppe oder einer Warengruppenfamilie hinsichtlich des Marktzugangs sowie der Ergebniswirkung der Produkte kann auch auf passive Instrumente der Lieferantenentwicklung, wie bspw. Lieferantenbewertung und Zielvereinbarung, zurückgegriffen werden[12]. Die entsprechenden Handlungsoptionen sollten somit in einem LE-System der Warengruppe zugeordnet werden, um eine spezifische LE-Strategie systemseitig zu fixieren.

Identifikation von Differenzierungsmerkmalen der Warengruppen Zur Beurteilung des Leistungsportfolios der Lieferanten einer Warengruppe ist eine interne Vergleichbarkeit bezogen auf verschiedene Bewertungskriterien erforderlich. Diese stammen oftmals aus der Lieferantenbewertung und erlauben es, einen subgruppeninternen Leistungsstand zu ermitteln. Es ist dabei bspw. die allgemeine Produktqualität (ppm) im Gesamtdurchschnitt und innerhalb einer Warengruppe zu unterscheiden. Ausgehend vom spezifischen Zielsystem der Warengruppe können so anzustrebende Reifegrade und erwünsche Preis-Leistungs-Verhältnisse definiert werden und es ist möglich innerhalb der Warengruppe Lieferanten mit Entwicklungsbedarf rasch (automatisiert) zu identifizieren.

Lieferantenentwicklungs-Berichtswesen zu Status und Strategie In einem LE-System sollte die Möglichkeiten vorgesehen werden, über alle LE-Projekte und Maßnahmen zu berichten, um sowohl einen individuellen Projektstatus als auch eine gebündelte Information zu erhalten. Hierzu müssen relevante Kopfdaten der Projekte sowie der Warengruppenansätze selektierbar sein, um spezifische Berichte zu konstruieren und auch an relevante Empfängergruppen zu verteilen. Insbesondere betrifft dies auch die Einbindung der Lieferantenseite, bezogen auf die Informationen, die dem Lieferanten zur Einsicht freigegeben sind.

[12] Machtassymetrie zugunsten der einkaufenden Organisation.

Lieferantenspezifische Optimierungsidentifikation
Nachdem eine Analyse der LE-Strategie, bezogen auf das Einkaufsspektrum einer Warengruppe, erfolgt ist, gilt es im nächsten Hauptschritt, ein lieferantenspezifisches Maßnahmenpaket zu definieren und mit LE-Kandidaten einen kommunikativen Anbahnungsprozess zu initiieren sowie Entwicklungsziele zu definieren.

Warengruppenspezifische Lieferantenentwicklungs-Strategie für Lieferant definieren Ausgehend vom spezifischen Beschaffungsobjekt und -Spektrum kommen bezüglich der LE-Projekte spezifische Ausprägungen der Strategien zum Ausdruck. Innerhalb der Warengruppenstrategie wird die Bedeutung eines jeglichen Lieferanten beurteilt. Ist beispielsweise ein Lieferant bereits als Abbaulieferant durch die jeweilige Kategorisierung vorgesehen, kann das gegen ein LE-Projekt sprechen, wenngleich dieses bezogen auf die Leistung gerechtfertigt sein würde. Es geht in diesem Schritt somit darum, die verfügbaren Ressourcen weiter auf die Lieferanten zu fokussieren, die innerhalb der Warengruppenstrategie eine entsprechende Bedeutung haben.

Zuordnung der Lieferantenentwicklungs-Strategie zu Lieferanten Ausgehend von der Analyse der Lieferanten einer Warengruppenfamilie sowie der Identifikation von Entwicklungskandidaten sollte in einem System die Zuordnung von spezifischen LE-Strategien zu Lieferanten erfolgen. Dies kann zunächst eine Unterscheidung in eine direkte oder indirekte Strategie sein, d. h. es kann, bezogen auf das Lieferantenportfolio, das Set an Lieferanten ausgewiesen werden, bei dem strategische Lieferantenentwicklungen sinnvoll sind. Bezogen auf die grundsätzliche strategische Eingruppierung lassen sich Einzelaktivitäten zuordnen. Dies können die in Tab. 5.4 dargestellten sein (Proch 2017, S. 42).

Tab. 5.4 Indirekte und direkte Lieferantenentwicklungsmaßnahmen. (In Anlehnung an (Proch 2017, S. 42))

Indirekte Lieferantenentwicklung	Direkte Lieferantenentwicklung
Lieferantenbewertung	Beratung des Lieferanten zu operativen und strategischen Belangen
Detailliertes Leistungsfeedback	Schulung der Mitarbeiter des Lieferanten
Zielvereinbarungen	Installation einer eigenen Präsenz beim Lieferanten
Lieferantenauszeichnungen und -preise	Investitionsunterstützung
Aussicht auf Geschäftserweiterung bei Zieleinhaltung	Bereitstellung von Produktionsanlagen und Werkzeugen
Zertifizierungsprogramme	
Wettbewerbsintensivierung	

Fixieren der Lieferantenentwicklung- und Reifegradziele Für ein konkretes LE-Projekt sollten klare Entwicklungsziele dargelegt werden. Es werden im Wesentlichen folgende Hauptentwicklungsziele bzw. Potenzialkategorien unterschieden, welche sich gegenseitig beeinflussen (Batran 2008, S. 45):

Ferner sollte eine textuelle detaillierte Ausformulierung der LE-Strategie für den Lieferanten erfolgen und gespeichert werden.

1. Produktionsziele
2. Beschaffungsobjektziele
3. Zusammenarbeitsziele

In allen drei Potenzialkategorien können die Aspekte „Technische Fähigkeiten", „Qualität", „Kosten" und „Innovationsleistung" Bewertung finden. Von besonderer Relevanz ist hier auch die aus der Lieferantenbewertung (Abschn. 5.2.4) abgeleitete Logik der Indikatoren. Es ist, ausgehend von der aktuellen Bewertung, der Stand bekannt, wie sich die Ausprägung des Lieferanten bezogen auf die Zielgrößen verhält. Es gilt also, im folgenden Schritt der Zielfixierung präzise abzuleiten, zu bestimmen, welcher Soll-Zustand durch die LE-Maßnahmen angestrebt wird, d. h. welcher Reifegradgewinn erwünscht ist.

Kooperationsanfrage an Lieferanten senden und dokumentieren Die Durchführung eines strategischen LE-Projektes erfordert die Bereitschaft des Lieferanten zur Teilnahme. Es ist deshalb notwendig, eine Kooperationsanfrage an den Lieferanten zu stellen und auch zu dokumentieren. Ist die grundsätzliche Bereitschaft vorhanden, muss im Folgeschritt die Rahmenbedingung des LE-Projektes vereinbart werden.

Lieferantenentwicklungsprojekt initiieren

Für die erfolgreiche Umsetzung eines LE-Projektes, ist es erforderlich, einen abgestimmte Projektplan aufzustellen, der eine unternehmensübergreifende Kooperation ermöglicht. Es gilt, systematisch Maßnahmen der Lieferantenentwicklung abzuleiten, die zur Implementierung gebracht werden, um den Lieferantenentwicklungsbedarf zu schließen.

Definition des Lieferantenentwicklungs-Projektteams und der -Rollen Für das LE-Projekt sollte eine Projektorganisation beider Unternehmen entworfen werden, in der die einzelnen Funktionsgruppen und Rollen klar definiert werden. Neben der personenbezogenen Hinterlegung der Kontaktdaten geht es auch darum, digitale Zusammenarbeitsthemen zu klären, um eine transparente Ablagestruktur zu führen.

Neben der Definition der operativen Projektrollen ist ein aus beiden Unternehmensgruppen zu besetzendes Steuerungskomitee zu definieren, welches auf der Management-Ebene eine Aufmerksamkeit sichert.

Definition des Lieferantenentwicklungs-Projektumfangs und der LE-Ziele Die Projektleitung beider Unternehmen hat die Aufgabe, mit dem Team aller beteiligten Gewerke eine Konkretisierung der Entwicklungsziele für den Lieferanten durchzuführen. In einem System sollte dafür ein Zielmanagement funktional verfügbar sein, indem die Ziele bezüglich Definition, Messbarkeit und Akzeptanz zu einem LE-Projekt dokumentiert und gespeichert sind.

Festlegung des zeitlichen Ablaufs und der Meilensteine Nach der Festlegung des Projektteams und der -ziele ist es erforderlich, einen präzisen Einsatzzeitplan zu definieren und im LE-System zu hinterlegen. Neben der arbeitspaketbezogenen Abfolge von Tätigkeiten sollten auch Möglichkeiten existieren, spezifische Meilensteine des LE-Projektes zu hinterlegen und diese mit Checklisten zu versehen, um so während der Projektlaufzeit eine realistische Einschätzung bezüglich des Fortschritts zu erlauben.

Freigabe der LE-Projektplanung Die initiale Planung des LE-Projektes muss durch das Steuerungskomitee freigeben werden, bevor mit der konkreten Umsetzung der LE-Ziele begonnen wird. Dies erfolgt durch Freigabe des ersten Meilensteines: Projektaufsatz zur Umsetzung freigegeben. Dieser Schritt ist relevant, da anschließend die benötigten Kapazitäten sicher von beiden Unternehmensteilen bereitgestellt werden müssen und es auch ein beidseitig abgestimmtes Zielbild des LE-Projektes gibt, welches durch das Management beider Unternehmen getragen wird.

Festhalten und Verabschiedung der Analyseergebnisse Nach der Definition des Projektes beginnt, ausgehend von der Zielsetzung und der Verifikation früherer und aktueller Messergebnisse, eine detaillierte Analyse der Ist-Situation. Die Analyseergebnisse sollten in einem System bezüglich ihrer Wirkung auf die einzelnen Ziele dokumentierbar sein. Es muss dafür möglich sein, ggf. auch größere Anhänge zu verwalten.

Die Analysephase, bezogen auf die Daten der Ist-Situation, sollte als Meilenstein abgeschlossen werden.

Festhalten und Verabschieden der Ursachenanalyse Ausgehend von der Analyse der Ist-Situation, sollten in einem nächsten Schritt Ursachenanalysen beginnen, um mit hoher Wahrscheinlichkeit Korrekturmaßnahmen einzuleiten, die auch zur erwünschten Ergebniswirkung, d. h. zur Verbesserung der Ausgangskennzahlen führen und somit auf eine Korrektur der Fehlerursachen abzielen. Die abgeschlossene Ursachenanalyse sollte ebenfalls systemseitig als Meilenstein erfasst werden und zu einer Freigabe führen.

Freigabe Umsetzungsempfehlung im Maßnahmenplan Ausgehend von der Analyse der Ist-Situation, der Ableitung von Ursachen, sollte in einem LE-System ein Register an Maßnahmen hinterlegt werden können, welches im Rahmen der operativen Umsetzung der LE-Projekte zu einer Abarbeitung führt.

Der Maßnahmenplan sollte ebenfalls als Meilenstein erfasst werden und zu einer Freigabe führen.

Lieferantenentwicklungsmaßnahmen Umsetzung
Im jeweiligen Unternehmen muss, ausgehend vom identifizierten Lieferantenentwicklungsbedarf sowie der daraus abgeleiteten Maßnahmenpläne, eine praxisbezogene und nachhaltige Umsetzung erfolgen. Dieser Prozess sollte begleitet und kontrolliert werden und kann ggf. zu einer Anpassung und Konkretisierung der Maßnahmen führen.

Verantwortlichkeitszuordnung zu Einzelmaßnahmen Die Maßnahmenliste sollte mit Personen des Projektteams in der Form besetzt werden, dass eine klare Verantwortungszuordnung einer Person zu einer Einzelmaßnahme vorhanden ist. Neben der Verantwortungsdefinition sind auch ggf. Maßnahmenteams zu definieren, die an der Korrekturmaßnahme beteiligt sind. Diese Zuordnung muss systemseitig erfolgen.

Überprüfung des Umsetzungsfortschritts Die Einzelmaßnahmen sollten im Gesamtplan des LE-Projektes ersichtlich sein und durch die Eigner der Maßnahme in einem abgestimmten Zeitplan dargestellt werden können. Ausgehend von den festgelegten Einzelarbeitsschritten sollte in einem System ein Fortschritt dokumentiert werden können, der zu jeder Zeit einen aktuellen Stand der Maßnahme dokumentiert. Für die Umsetzung sind Nachweise zu erbringen und vom Maßnahmeneigner sowie vom Team in Bezug auf die Einzelmaßnahme zu hinterlegen. Dies können Anhänge aller Formate sein.

Evaluation der Umsetzungsergebnisse Bereits während der Korrekturmaßnahmen sollte im Hinblick auf die Wirksamkeit evaluiert werden. Dies bedeutet kritisch zu hinterfragen und zu prüfen, ob umgesetzte Maßnahmen zur Fehlerbehebung geführt haben. Evaluationserkenntnisse sollten systemseitig dokumentierbar sein.

Mahn- und Belohnungsmanagement zu Maßnahmen Bei einer fehlenden Kooperationsbereitschaft des Lieferanten kann ein Mahnwesen genutzt werden, um das LE-Projekt beim Lieferanten zu priorisieren. Ebenso kann eine positive Zusammenarbeit honoriert werden und zu Maßnahmen führen, die eine erhöhte Bindung der Geschäftsbeziehung fördern, etwa durch die Zusage über Volumina oder die Verleihung von Lieferantenpreisen. Diese Aspekte sind ebenfalls in einem LE-System zu hinterlegen und sollten ggf. so dokumentiert werden, dass sie nicht einem Zugang durch die Berechtigung des Lieferanten unterliegen (intern).

Abschluss und Evaluation der Lieferantenentwicklungsprojekte
Nach erfolgter Umsetzung der Maßnahmenpläne sollte abschließend eine Dokumentation des Projektes erfolgen, um das generierte Wissen für andere Projekte und Prozesse nutzbar zu machen.

Bewertung des spezifischen Lieferantenentwicklungs-Projektes und Dokumentation Die Wirkung des LE-Projektes sollte systemseitig dokumentiert und kritisch beurteilt werden. Neben dem Schließen der Projektakte sollten Erkenntnisse mit dem Projektteam dokumentiert werden, die zu einer Verbesserung bei ähnlichen Projekten führen könnten („lessons learned"). Ausgehend von der Korrektur präziser Kennzahlen der Lieferantenbewertung sollte im Nachgang der Maßnahmenumsetzung, nach angemessenerer Zeit, ein Evaluationsmeilenstein definiert werden, der eine faktische Beurteilung des Erfolges erlaubt. Ist bspw. die Qualitätsleistung gestiegen, hat sich die Kommunikation verbessert etc.

Abschluss des Lieferantenentwicklungs-Projektes und digitaler Bericht Nach erfolgter Evaluationsphase sollte das LE-Projekt beendet und die Projektorganisation aufgelöst werden. Ein auf Basis der digitalen Projektdaten erstellter Bericht sollte automatisiert generiert werden.

5.2.6 Lieferantendesintegration

Die Lieferantendesintegration betrachtet die Kernanforderungen, die an eine koordinierte Entflechtung von Geschäftsbeziehungen zu stellen sind.

Dieses Szenario geht nicht von einer ungewollten Beendigung der Geschäftsbeziehung aus, sondern von einer bewussten Entscheidung einer der beiden Partner, die Geschäftsbeziehung nicht fortzuführen. Auf Grund der teils engen Verflechtung beider Parteien in Abhängigkeit von der strategischen Relevanz des Abnehmers, ist aufseiten der beschaffenden Organisation keinesfalls der Prozess damit beendet, keine Bestellungen mehr zu platzieren, sondern bedarf einiger sorgfältiger Überlegungen.

Der Prozess der Lieferantendesintegration hat folgende Ziele:

1. Systemtische Erfassung von Desintegrationsprojekten sowie deren Abarbeitungsstand
2. Vollständige und nachhaltige Abwicklung aller Bestandteile der Lieferantendesintegration
3. Vernetzung aller Beteiligten einer Lieferantendesintegration in einen Prozess
4. Priorisierung der Abwicklungsprojekte

Je nach Anlassszenario können unterschiedliche Handlungsprioritäten entstehen (Bräkling und Oidtmann 2019, S. 163 ff.). Abb. 5.6 zeigt dabei die Dimensionen einer geplanten und ungeplanten Lieferantendesintegration sowie die Konsequenz der Desintegration: mit Substitution oder ohne Substitution. Abhängig von diesen Grundfragestellungen ergibt sich eine klare Priorisierung der Tätigkeiten im einkaufenden Unternehmen. Liegt eine Situation vor, die es erlaubt, auf Lieferantenvolumina zu ver-

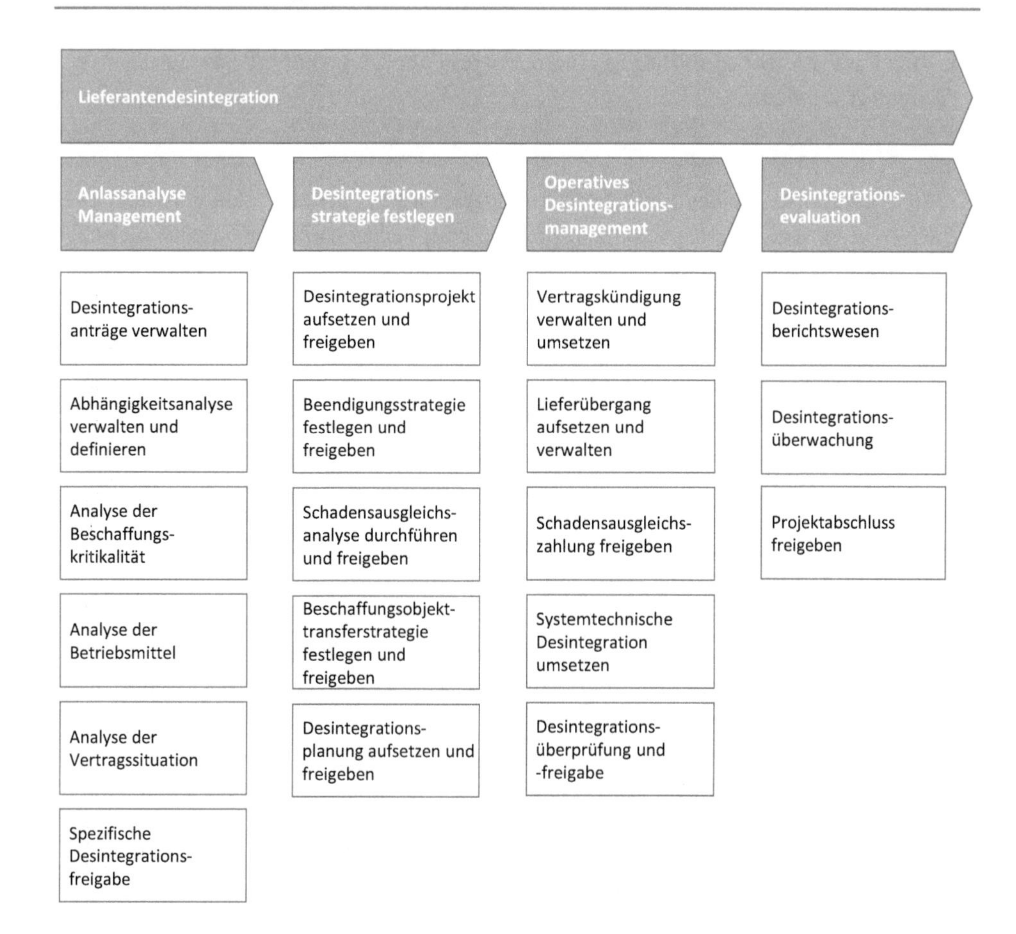

Abb. 5.6 Aspekte der Lieferantendesintegration

zichten, ohne diese zu substituieren, muss lediglich der Auslauf koordiniert werden und bspw. die aktuelle Vertragssituation überprüft werden. Im Falle von Lieferantendesintegrationen, die eine Substitution der derzeitigen Bedarfe verlangen, entsteht ein Projekt höherer Komplexität, welches im Rahmen einer systematischen Abarbeitung zum Ziel hat, ab einem bestimmten Zeitpunkt eine neue Lieferquelle als Volumenträger der bisherigen Bedarfe zu aktivieren. Geschieht dies ungeplant, bspw. als Folge einer Insolvenz, ist ein schnelles Handeln unumgänglich, um die Lieferfähigkeit zu gewährleisten; es kann von einem akuten Desintegrationsprojekt gesprochen werden. Folgt die Lieferantendesintegration als Folge interner Überlegungen aus einer Category-Strategie oder einer Lieferantenbewertung, kann von einem strategischen Desintegrationsprojekt ausgegangen werden.

Die folgenden Elemente sollten in einem Prozess der Lieferantendesintegration berücksichtigt werden:

Anlassanalyse Management
Für die Durchführung eines Lieferantendesintegrationsprojektes ist es unerlässlich, eine genaue Analyse des Anlasses durchzuführen. Hierfür bedarf es der Integration mehrerer Daten, die zur substanziellen Entscheidungsfindung beitragen.

Desintegrationsanträge verwalten Es ist erforderlich, dass alle Veränderungen an der Lieferantenbasis, insbesondere die der Desintegration, zentral verwaltet werden und nur von berechtigten Personengruppen eingestellt werden können. Die Herkunft eines Desintegrationsprojektes kann mehrere Gründe haben. Neben einer dauerhaften Schlechtleistung in der Lieferantenbewertung kann auch eine Produktverlagerung dazu führen, dass innerhalb der Category-Strategie eine Alternative aufgebaut werden soll. Neben den endogenen Gründen können auch exogene Gründe dazu führen, dass ein Antrag angelegt werden muss, bspw.eine Lieferanteninsolvenz oder eine Beendigung des Vertragsverhältnisses seitens des Lieferanten.

Abhängigkeitsanalyse verwalten und definieren Für die Ableitung geeigneter Maßnahmen ist es notwendig, eine Abhängigkeitsanalyse anzustoßen, welche einen umfassenden Blick auf die gesamtunternehmerische Situation zulässt. Ausgehend von der Category-Strategie sowie der Lieferanten-Segmentierung ist zunächst zu klären, ob es sich um einen strategischen Lieferanten oder aber um nicht-strategische Partnerschaften handelt. Ebenso muss der Frage nachgegangen werden, ob bereits im Portfolio alternative Bezugsquellen vorhanden sind. Diese Analyse gibt wichtige Impulse für die Wechselstrategie und -optionen.

Analyse der Beschaffungskritikalität Die Abhängigkeitsanalyse muss auch die Analyse der Beschaffungskritikalität einbeziehen. Ziel ist, hier auf Materialnummernebene eine Aussage zur Versorgungssicherheit abzuleiten. Dazu ist im Detail auch zu analysieren, ob sich aus dem Lieferantenportfolio für Sub-Categorien evtl. alternative Bezugsquellen identifizieren lassen (second source). Die teilenummernspezifische Bewertung muss innerhalb der Abhängigkeitsanalyse hinterlegbar sein.

Analyse der Betriebsmittel Relevante Teile der Integration von Lieferanten sind häufig die Nutzung spezifischer Betriebsmittel, die dem Lieferanten zur Verfügung stehen. Neben Werkzeugen sind dies spezifische Software-Programme und auch Spezialmaschinen, die aus einer vollständigen oder Teilfinanzierung durch das beschaffende Unternehmen resultieren. Es ist deshalb relevant, ein vollständiges Inventar der Betriebsmittel in die Abhängigkeitsanalyse aufzunehmen und zu verwalten.

Analyse der Vertragssituation Zur Beurteilung der aktuellen Rechtslage muss die Vertragssituation transparent sein. Dies betrifft insbesondere ein Verständnis über garantierte Zielvolumina oder weitere Vertragsbestandteile, die nach jetziger Lage dazu führen würden, dass eine Auflösung des Vertrages außerhalb der zugesicherten Rahmenbedingungen notwendig ist.

Spezifische Desintegrationsfreigabe Nach Vervollständigung der Abhängigkeitsanalyse muss ein zuständiges Entscheidungsgremium über die weitere Analyse und Umsetzung entscheiden. Es ist häufig so, dass die Abhängigkeitsanalyse Folgekosten bei selbst eingeleiteten Desintegrationsprojekten darstellt, die zu anderen korrektiven Maßnahmen führen (bspw. Lieferantenentwicklung). Es sollte somit ein bewusster Schritt sein, den aufwendigen Prozess einer dauerhaften Desintegration anzustoßen. Der Entscheidungsprozess sowie der Freigabestand müssen systemseitig fixiert werden.

Desintegrationsstrategie festlegen
Ausgehend von der Anlassanalyse kann der Aufsatz eines funktional übergreifenden Desintegrationsprojektes initiiert werden. Diese Projekte sind aus Parteien zusammengestellt, welche die gesamte Wertschöpfung des Lieferanten aus einkäuferischer (strategisch und operativ), technischer und finanzieller Sicht beurteilen können. Aufgabe ist es, eine spezifische Desintegrationsstrategie zu entwickeln und dann zur Umsetzung zu bringen.

Desintegrationsprojekt aufsetzen und freigeben Für die Durchführung aller notwendiger Schritte der Desintegration sind klare Verantwortlichkeiten innerhalb eines Projektteams zu definieren. Aufgabe dieses Teams ist es, die gesamte Abwicklung aller operativen, finanziellen, rechtlichen und IT-technischen Fragestellungen zu bearbeiten. Alle Desintegrationsprojekte bedürfen eines Steuerungsorgans, welches das Projektteam unterstützt.

Beendigungsstrategie festlegen und freigeben Für das spezifische Projekt müssen, ausgehend von der Anlassanalyse, eine oder mehrere Handlungsalternativen erarbeitet werden. Je nach Art der Desintegration kann dabei ein partieller Ersatz von einem vollen Ersatz des Einkaufsspektrums unterschieden werden. Andererseits ist zu entscheiden, ob eine schleichende Umstellung des Einkaufsvolumens erfolgen soll oder eine harte Umstellung ab einem definierten Zeitpunkt. Insbesondere die schleichende Substitution birgt Risiken in sich, da davon auszugehen ist, dass der Lieferant seinerseits auf Einbußen hinsichtlich des Einkaufsvolumens reagiert (Large 2013, S. 259 ff.).

Die projektspezifische Beendigungsstrategie ist somit für das Projekt zu hinterlegen und freizugeben.

Schadensausgleichsanalyse durchführen und freigeben Im Falle einer Beendigung einer Geschäftsbeziehung außerhalb der Vertragsgültigkeiten und im Falle hoher spezifischer Investitionen beider Parteien muss davon ausgegangen werden, dass ggf. Regressansprüche geltend gemacht werden. Es ist somit eine Schadensausgleichsanalyse durchzuführen, um eine Abschätzung potenziell – oder bereits reell – entstehender Folgekosten der Desintegration zu beziffern. Diese Wechselkosten sind entscheidungsrelevant. Nach erfolgter Berechnung sollten diese freigegeben werden.

Beschaffungsobjekttransferstrategie festlegen und freigeben Die bezogenen Beschaffungsobjekte sind, insofern weiter ein Bedarf besteht, auf interne oder alternative Bezugsquellen neu zu distribuieren. Es ist daher erforderlich, ein vollständiges Inventar aller Teilenummern und Volumina und auch Produktionsbedingungen (bspw. Werkzeuge) zu kennen, um die Diskussion über alternative Bezugsquellen erfolgreich führen zu können. Im Falle von Single-Sourcing-Szenarien, die oftmals mit hohen spezifischen Investitionen verbunden sind, muss zunächst auch der Frage nachgegangen werden, ob eine real erwartbare Chance besteht, das anvisierte Volumen in adäquater Qualität auf eine neu zu qualifizierende Bezugsquelle zu transferieren. In diesem Fall kann die Lieferantendesintegration auch Aktivierungspunkt für die Lieferanteninitialevaluation oder das Lieferantenscouting (Abschn. 5.4.7) sein.

Neben teilenummernbezogenen Umfängen muss ebenso geklärt werden, wie ein potenzieller Transfer weiterer Betriebsmittel (bspw. Werkzeuge oder Software) erfolgen kann. Dafür bedarf es einer Einschätzung des Zustandes der Werkzeuge und der Frage nach einer Lieferübergangsstrategie. Es gilt zu klären, ob aus bestehendem Werkzeug vor dem Transfer ein erhöhter Bestand angelegt oder ein Neuwerkzeug für die alternative Bezugsquelle beschafft wird. Im Falle von Software muss generell die lizenzrechtliche Eignerschaft geprüft werden und dies muss auch in die Beschaffungsobjektstrategie Eingang finden.

Ist das komplette Beschaffungsinventar erstellt, sollte der Ist-Stand freigeben werden.

Desintegrationsplanung aufsetzen und freigeben Ausgehend von den Elementen der Desintegrationsstrategie muss nun eine zeitliche Feinplanung erfolgen, um die gesamten Projektauswirkungen einschätzen zu können. Im Falle einer exogen vorgegebenen Laufzeit des Projektes, bspw. durch Insolvenz eines Lieferanten, muss eine Rückwärtsterminierung eine risikominimale Vorgehensweise adressieren, während im Falle einer geplanten Substitution eine Vorwärtsterminierung ein realistisches Vorgehensmodell darlegen sollte. In der Praxis wird insbesondere oft unterschätzt, welche Wechselzeiten notwendig sind, sollte eine neue Teilenummer von einer neuen Lieferquelle vollständig qualifiziert werden (Bemusterung Abschn. 5.4.9).

Die Desintegrationsplanung sollte freigegeben werden und bildet den Aufsatzpunkt, um den Lieferanten aktiv in die Desintegration zu involvieren.

Operatives Desintegrationsmanagement

Sobald ein Beschluss zur Umsetzung des Desintegrationsprojektes erfolgt ist, kann mit der operativen Umsetzung des Projektes begonnen werden. Konnten die bisherigen Bestandteile des Prozesses intern abgewickelt werden, bedarf dieser Schritt spätestens die Involvierung des Lieferanten.

Vertragskündigungen verwalten und umsetzen Alle bestehenden Verträge müssen bezüglich ihrer Gültigkeit und Wirkung kontrolliert beendet werden oder ggf. aktiv gekündigt werden. Es ist somit innerhalb eines Systems (Vertragsmanagement Abschn. 5.3.3) der Lebenslauf der Verträge zu überwachen und mit dem Desintegrationsprojekt abzustimmen.

Lieferübergang aufsetzen und verwalten Aus der Beschaffungsobjektstrategie kommend, muss nun eine operative Umsetzung der Betriebsmittel in der Form erfolgen, dass die neue Bezugsquelle (oder die neuen) anstelle der alten das Volumen übernimmt, so dass es nicht zu Versorgungsengpässen kommt. Einhergehend mit der Bemusterung von Teilen, muss ggf. auch ein Lageraufbau erfolgen (Sicherheitsbestandanpassung) oder Neuwerkzeug beschafft werden, um dies zu ermöglichen. Abhängig von der Strategie der Substitution kann ein langsamer Hochlauf der neuen Bezugsquelle zu verwalten sein oder aber auch eine zeitpunktbezogene Umstellung erfolgen. Ein System zur Lieferantendesintegration muss auf dieser Detailebene eine vollständige Übersicht aller relevanten Faktoren bereitstellen, um den Gesamtfortschritt des Projektes beurteilen zu können. Es ist erforderlich, dass die Verantwortungen des Transfers gemäß der definierten Projektrollen klar zugewiesen sind. Dies betrifft insbesondere die Rolle des strategischen Einkaufs, der Lieferantenentwicklung sowie der operativen Beschaffung.

Schadensausgleichszahlungen freigeben Ist die Lieferantendesintegration mit einer Schadensausgleichszahlung verbunden, muss die final verhandelte und freigegebene Summe nach erfolgter Desintegration ausgeglichen werden. Dieser Meilenstein muss systemseitig dokumentiert werden.

Systemtechnische Desintegration umsetzen Nach Lösung der vertraglichen und beschaffungsbezogenen Abhängigkeit vom bisherigen Lieferanten, sind die systemtechnischen Desintegrationsschritte durchzuführen. Neben dem Sperren von Usern bspw. für ein Lieferanten-Portal, sind auch Neubestellungen zu unterbinden und der Lieferant mit Bestellsperren zu versehen. Konsequenterweise erfolgt auch innerhalb der Lieferantenbewertung und -kategorisierung eine Neueinordnung (Abschn. 5.2.4).

Desintegrationsüberprüfung und -freigabe Nach Abarbeitung aller notwendigen Projektschritte sollte final eine Analyse der Desintegration erfolgen, um zu prüfen, ob alle Teilaspekte umgesetzt wurden. Anschließend ist die Freigabe der Desintegration durchzuführen, d. h. der operative Transfer ist abgeschlossen.

Desintegrationsevaluation
Durch die größere Projektdauer von Desintegrationsprojekten ist es erforderlich, nach Abschluss des Lieferübergangs sowie der Betriebsmittel auf eine neue oder weitere Bezugsquelle eine Stabilisierungsphase einzuplanen, in der mit größerem Fokus auf die Geschäftsbeziehung geblickt wird. Erst nach Abschluss einer Evaluationsphase sollte das Projekt beendet werden.

Desintegrationsberichtswesen Sowohl auf Projekteinzelebene als auch auf Multiprojektebene muss detailliert zu den Desintegrationsprojekten berichtet werden können. Dafür ist es notwendig, systemseitig ein solches Berichtswesen vorzusehen, welches aus den gespeicherten Daten eine übersichtliche Gesamtentwicklung veranschaulichen kann. Hierzu gehören auch eine klare Aufgabensteuerung sowie Aufgabennachverfolgung.

Desintegrationsüberwachung Nach erfolgtem Übertrag des Lieferumfangs sowie der notwendigen Betriebsmittel sollte innerhalb der Evaluationsphase die Stabilisierung der Bezugsquellen verfolgt und systematisch auch durch Lieferantenentwicklungsmaßnahmen begleitet werden, sollten die entsprechenden Kennzahlen ein Eingreifen indizieren. Dafür sind Zielwerte bezüglich der operativen Indikatoren zu formulieren, welche eine Überführung in den operativen Betrieb erlauben. Die Ist-Werte sind diesen Zielwerten innerhalb der Desintegrationsprojekte gegenüberzustellen.

Projektabschluss freigeben Nach einer Stabilisierungsphase und Erfüllen der gesetzten Projektziele kann das Projekt in eine digitale Akte als abgeschlossen übertragen werden. Dafür ist von einem Steuerungsorgan die Zustimmung erforderlich und sollte innerhalb eines Systems dokumentiert werden.

5.3 Management der Unternehmensbedarfe durch den strategischen Einkauf

Im folgenden Abschnitt soll auf spezifische Prozesse des strategischen und operativen Einkaufs eingegangen werden. Diese Prozessgruppe zeichnet sich dadurch aus, dass ein Schwerpunkt auf der Umwandlung der beisteuernden und vorgelagerten Prozessergebnisse in Einsparungsprojekte, Bezugsquellenuntersuchungen und -vergaben sowie Vertragsaktivitäten liegt. Diese Gruppe von Prozessen ist für die Interaktion mit den internen Wertschöpfungspartnern am sichtbarsten und integriert sich somit auch direkt in deren Wertschöpfungsprozesse; sei es bei der Abwicklung von Neuheitenprojekten oder auch bei der Abwicklung von Beschaffungsprojekten indirekter Bedarfe.

5.3.1 Wirkungsmanagement Planung und Umsetzung

Innerhalb des Einkaufs ist das Ziel einer möglichst optimierten Wirkungsentfaltung (Abschn. 4.7) kontinuierlich zu validieren. Hierzu bietet es sich an, eine integrierte Lösung zum Wirkungsmanagement anzustreben, um die Planung sowie den Fortschritt von Kostenoptimierungsmaßnahmen, Lieferantenentwicklungsprojekten, Produktverlagerungen und weiteren komplexen Tätigkeiten im Einkauf sichtbar zu machen. Im Kern handelt es sich dabei um eine integrierte Projektmanagementlösung für Tätigkeiten im Einkauf, welche aber auch in vielen Fällen andere Parteien (F&E, Supply Chain etc.) für eine erfolgreiche Implementierung einbeziehen sollte, bspw. bei Design-Änderungen an einem Produkt oder einer Lieferkette.

Ein Großteil der Maßnahmen stammen aus einer soliden Category-Strategie, welche konkrete Umsetzungsprojekte generiert (Abschn. 5.1.2), die hier in standardisierte Projektpläne und Aktivitäten münden. Das Ziel ist es, eine sehr generische Betrachtung von Projektanfang und -ende mit konkretem Umsetzungstracking zu ergänzen, um die Organisation möglichst effizient anhand von Wirkungsdaten zu steuern. So sind in der Praxis vor allem im direkten Material Einsparungsprojekte in Form der Erschließung neuer Bezugsquellen nicht rein an kaufmännische Kriterien geknüpft, sondern ebenso stark von den Prozessen der Teilequalifikation (Abschn. 5.4.9) abhängig. Ein Einsparungsprojekt muss also auch diese Perspektive in eine realistische Planung aufnehmen, um deren Verlässlichkeit zu erhöhen. Dabei verfolgt der Prozess folgende Hauptziele:

1. Schaffung von planerischer Sicherheit bezogen auf Kosteneinsparungsprojekte und weitere Aspekte zur Zielerreichung
2. Definition von integrierten Projekt- und Maßnahmenplänen zur klaren Aktivitätssteuerung innerhalb von (globalen) Einkaufsprojekten in einem Projektportfolio
3. Transparente Darstellung und Vernetzung der Tätigkeiten des Einkaufs mit anderen Unternehmensbereichen
4. Schaffung von Korrekturindikatoren für relevante Projekte, um eine organisatorische Priorisierung zu ermöglichen

Abb. 5.7 gibt einen Überblick zu den wesentlichen Punkten.

Prozessvorbereitung
Innerhalb der Prozessvorbereitung geht es um den Aufbau der spezifischen Projektpläne innerhalb des Einkaufs. Dafür müssen digitale Formulare erstellt und verwaltet werden und auch spezifische Abarbeitungspläne je nach Projekttyp unterschieden werden können.

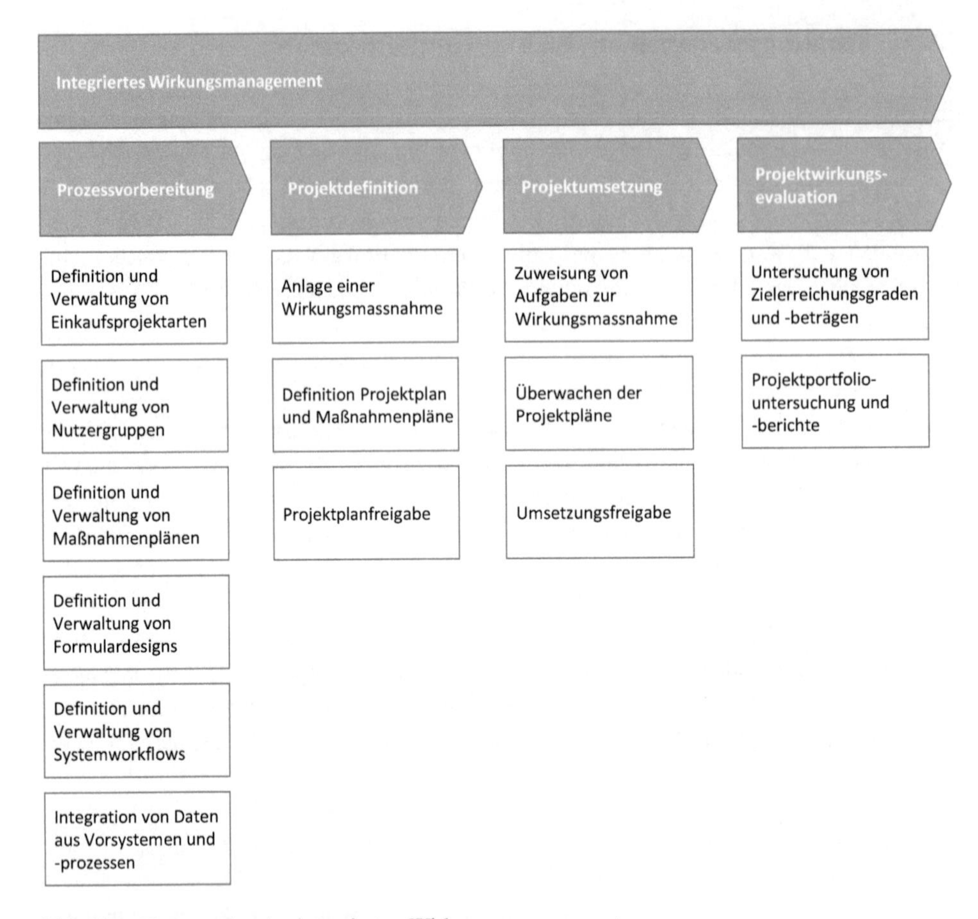

Abb. 5.7 Kernaspekte des integrierten Wirkungsmanagements

Definition und Verwaltung von Einkaufsprojektarten Die Definition von Einkaufsprojekten wird benötigt, um standardisierte Vorgehensmodelle zu entwickeln. Als Hauptprojekte sind vor allem folgende zu benennen:

- Einsparungsprojekte[13] direktes Material
- Einsparungsprojekte indirektes Material
- Lieferantenentwicklungsprojekte
- Lieferantenauditprojekte
- Teilequalifikationsprojekte
- Produktverlagerungsprojekte
- …

[13] Ebenfalls nutzbar bei Preiserhöhungsforderungen.

Definition und Verwaltung von Nutzergruppen Für die Abarbeitung von Projekten innerhalb des Unternehmens bzw. ggf. auch mit Lieferanten sind die Nutzeranlage und die jeweiligen Berechtigungen zu definieren. Neben der Rolle der Administration, welche die Systemdefinition und -integration verantwortet, ist den Maßnahmeneignern eine andere Berechtigung zuzuweisen als Teammitgliedern, die bspw. eine reine Leseberechtigung für ihre Tätigkeiten benötigen. Ebenso nutzen die Systemworkflows in der Zuweisung von Aufgaben und Freigaben spezifische Rolleninformationen, welche den Nutzern zugeteilt werden. Folgende Rollen sind zumindest zu unterscheiden (Abschn. 4.1):

- Strategischer Einkauf PM
- Strategischer Einkauf NPM
- Lieferantenentwicklung SQE
- Supply-Chain-Verantwortung
- Lieferant
- Entscheidungskreis Management

Definition und Verwaltung von Maßnahmenplänen Für jeden Projekttyp können ein oder mehrere Meilensteinpläne verwaltet werden, welche den Abarbeitungsrahmen sowie die zeitliche Planung vorgeben. Innerhalb von Einsparungsprojekten sind bspw. die Maßnahmenpläne einer Preisveränderungsmaßnahme mit und ohne Qualifikationsprozess zu unterscheiden und sollten vom Endanwender adäquat selektiert werden können.

Definition und Verwaltung von Formulardesigns Die Abarbeitung der jeweiligen Projekte sollte mittels digitaler Formulare gesteuert werden, um zu verhindern, dass wichtige Tätigkeiten außerhalb des Systems vollzogen werden, die zu einem späteren Zeitpunkt etwa unauffindbar sind oder zu einem separaten Anhang an das Formular führen, welches anschließend nicht digital auswertbar ist. Somit sollen zu einem frühen Zeitpunkt möglichst alle Daten der Formulare für eine detaillierte Auswertbarkeit verfügbar gemacht werden.

Die Formulare haben dabei unterschiedliche Funktionen. Die folgende Auflistung soll diese Vorstellung mit Beispielen konkretisieren:

- Primäre Datenerfassung zum Projekt
  a) Projekttitel
  b) Projektstatus
  c) Projektherkunft: Category-Strategie, Preiserhöhungsforderung, …
  d) Workflowtyp-Selektion
  e) Terminplanung: Beginn, Ende, Meilensteine
  f) Übergeordnetes Programm
  g) Preisveränderungsgrund
  h) Zuständige Einkaufseinheit

   i) Betroffene Werke und Gesellschaften
   j) Umsetzungsteam
- Formular zur Erfassung einsparungsrelevanter Daten
   a) Betroffene Produkte und Teilenummern
   b) Preisveränderungstyp: Vermeidung und Einsparungen
   c) Betroffene Warengruppen
   d) Betroffene Bezugsquellen
   e) Betroffene Geschäftseinheiten
   f) Umsetzungskosten
   g) Wirkungsperiode
   h) Währungen
   i) ...
- Formular zur Dokumentation der Teilequalifikationsaktivitäten
   a) Lieferantenentwicklungsprojektnummer (automatisiert)
   b) Fokus des Lieferantenentwicklungsprojektes
   c) Betroffene Teilenummern
   d) Teile- und Funktionsklärung mit Lieferant Ergebnis
   e) Machbarkeitsbestätigung
   f) Bemusterungsplanung
   g) ...
- Formular zur Beurteilung werkzeugkostenspezifischer Aktivitäten
- Freigabeformular Projektantrag
- Formular zu Wirkungsevaluation
- Formular zur automatisierten Integration von Projektergebnissen
- ...

Definition und Verwaltung von Systemworkflows Je nach Projekttyp und Maßnahmenplan sollte das System über Benachrichtigungsfunktionen verfügen, um die betroffenen Teammitglieder in die Projektaktivitäten einzubinden und die Abarbeitung der Formulare zu ermöglichen.

Hierzu sollten die Einzelaktivitäten der Projektpläne ausdefiniert und gemäß der definierten Rollen somit automatisiert im Projektverlauf zugeteilt werden. Abhängig von einer sequenziellen oder parallelen Abarbeitung von Teilaufgaben erfolgt so der Fortschritt zu den einzelnen Entscheidungspunkten der Meilensteinpläne.

Integration von Daten aus Vorsystemen und -prozessen Für das integrierte Wirkungsmanagement ist es zwingend erforderlich, zu relevanten Daten eine Integration zu steuern und aufbauen zu können. Neben den benötigten Umsatz-, Preis- und Produktdaten für die Planung von Einsparungsaktivitäten sind ebenso die Daten aus der Category-Strategie einzubeziehen: die Umsetzung der Strategie erfährt hier eine Konkretisierung.

Relevante Daten zur Integration:

- Daten aus den ERP-Systemen:
- Produktdaten und Spezifikation
- Preisinformationen
- Mengeninformationen
- Interne Organisationsdaten: Werke, Bereiche, Einkaufsorganisationen

Prozessdaten:

- Maßnahmenpläne der Category-Strategie
- Lieferantenentwicklungsprojekte
- Lieferantenqualifikationsprojekte
- Verträge zu Lieferanten
- …

Projektdefinition
Basierend auf den vorgegebenen Projektdefinitionen erfolgt nun die maßnahmenspezifische Anpassung mit den relevanten Daten. Dazu gehören die Anlage einer Maßnahme, die Auswahl und Anpassung der Projektarbeitspläne sowie die Freigabe der Definition.

Anlage einer Wirkungsmaßnahme Ein berechtigter Nutzer generiert eine Maßnahme gemäß einer Projektvorlage. Es erfolgt die Definition der Daten gemäß der in der Projektvorlage spezifizierten Muss- und Kannfelder. Das System vergibt eine eindeutige Nummerierung zur Differenzierung der einzelnen Aktivitäten.

Definition Projektplan und Maßnahmenpläne Nach Auswahl des Projekttyps sowie des adäquaten Meilensteinplanes generiert das System ausgehend vom aktuellen Datum einen möglichen Umsetzungsterminplan. Dieser Terminplan kann eine spezifische Anpassung erfahren und angepasst werden. Das kann erforderlich sein, um etwaige Termine in eine realistische Ausgangssituation zu bringen. Ebenso kann es sinnvoll sein, spezifische Sonderaufgaben zu definieren, die zum Erfolg des Projektes beitragen, aber nicht in den standardisierten Umsetzungsplänen auffindbar sind.

Projektplanfreigabe Die abgestimmte Planung des Umsetzungsprojektes wird in eine Freigabe weitergleitet und systemseitig dokumentiert. Dadurch wird der Projektstatus geändert und der Projektterminplan fixiert. Das Projekt wird in die Umsetzung überführt. Hier ist es wichtig, dass Terminänderungen nicht ohne erneute Freigaben erfolgen können, denn die Projekte sind nach Überschreiten der Konzeptionsphase der Projektdefinition als Teil der Ergebnisplanung zu sehen. Das heißt, wenn auch der Härtegrad des Projektes noch ein geringer sein mag (bspw. Härtegrad = Potential identifiziert), so geht mit der Projektfreigabe auch die Erwartung einher, dass die Planung substanziell so umgesetzt werden kann.

Projektumsetzung
Innerhalb der Projektumsetzung erfolgen alle Dateneingaben, die zur Projekterfüllung erforderlich sind und zu einer positiven Evaluation führen.

Zuweisung von Aufgaben zur Wirkungsmaßnahme Die Arbeitspakete der Maßnahmenpläne, wie in der Definition beschrieben, müssen den Teammitgliedern zugewiesen werden. Dadurch starten jeweils die arbeitspaketspezifische Terminüberwachung und Freigabe.

Überwachen der Projektpläne Der gesamte Projektplan wird nach inhaltlichem sowie terminlichem Fortschritt permanent evaluiert. Dies bedeutet, dass bspw. sowohl der Zeitverzug in der Umsetzung vermerkt wird als auch eine etwaige planerische Minderleistung einer Wirkungsmaßnahmen. Dies kann sein, wenn bspw. eine Preisverhandlung nicht die erwünschten Ergebnisse liefert und somit die Initialplanung reduziert werden muss.

Umsetzungsfreigabe Die einzelnen Schritte der Umsetzung – das heißt die Arbeitspakete – können spezifische Freigaben durchlaufen. Die gesamte Wirkungsmaßnahme muss nach Abschluss der Implementierungsphase in eine Validierung einfließen, welche üblicherweise durch das Controlling wahrgenommen wird. Das heißt bei Einsparungen wird das real erzielte Ergebnis validiert. Als Teil der Freigabe kann abhängig vom Projekttyp eine Aktualisierung der Preisinformationen in den ERP-Systemen sowie in den Verträgen angestoßen werden.

Projektwirkungsevaluation
Das gesamte Projektportfolio des Einkaufs sollte kontinuierlich analysiert und priorisiert werden. Dazu ist es notwendig, grundlegende analytische Instrumente vorzuhalten.

Untersuchung von Zielerreichungsgraden und -beträgen Die einzelnen Projekte – Einsparungsprojekte, Produktverlagerungen etc. – werden nach ihrer Planungsgenauigkeit hin untersucht, um systematische Abweichungen zu identifizieren. Es wird angestrebt, die Planung möglichst zielgenau in Ergebnisse zu überführen. Wird bspw. eine systematische Unterschätzung der Dauer eines Arbeitspaketes nachgewiesen, kann dies zum Anlass genommen werden, den Vorgang zu optimieren oder aber die Terminierung an die Realität anzupassen. Dies kann ebenso die kaufmännische Wirkung von Einsparungsprojekten betreffen.

Projektportfoliountersuchung und -berichte Das gesamte Projektportfolio des Einkaufs sollte visualisiert werden und für verschiedene Nutzergruppen zugänglich sein. Hier bietet es sich an, die Informationen aus dem Wirkungsmanagement mit den Analysesystemen zu kombinieren (Abschn. 5.4.2).

5.3.2 Strategische Bezugsquellendefinition und Verhandlung

Innerhalb der strategischen Bezugsquellendefinition und Verhandlung geht es darum, die Bedarfe des Unternehmens unter einem Bedingungsoptimum an das externe Wertschöpfungsnetzwerk zu vergeben. Neben den Preisen sind auch qualitative Aspekte und Elemente der Liefersicherheit von Bedeutung bei der Vergabe.

Um diese Entscheidung transparent zu treffen, werden eine Vielzahl an Informationen benötigt, um möglichst innerhalb einer Situation transparenter Marktkenntnis ein bestmögliches Ergebnis zu erzielen. Dazu gehören unbedingt ein sehr sorgfältiges Ausschreibungsdesign und ein klares Verständnis der Ausschreibungsinhalte. Der Prozess greift in Form von möglichen Bezugsquellen sehr stark auf Ergebnisse eines möglichst erfolgreichen Lieferantenmanagements zurück. Ein bestmögliches und wettbewerbsfähiges Lieferantenportfolio führt zu einer Erfüllung der Vergabeziele.

Der Prozess muss dabei die Besonderheiten der einzelnen Beschaffungsprojekte berücksichtigen und vor allem im Bereich der Vorbereitung einer Ausschreibung eine kooperative Arbeit im Unternehmen unterstützen.

Folgende Hauptziele werden mit dem Prozess verfolgt:

1. Transparente und effiziente Vergabe aller Beschaffungsvolumina im Optimum aus Kosten, Qualität, Lieferfähigkeit und Nachhaltigkeit
2. Vollständiges, dokumentiertes Verständnis der Beschaffungsumfänge sowie der zeitlichen Abfolge
3. Erzielung von optimalen Verhandlungsergebnissen durch systemunterstützende Empfehlungen
4. Definition einer klaren Verhandlungsstrategie und eindeutiger Verhandlungsziele
5. Integration von Automatisierungslösungen als Folgeprozesse der Vergabe

Die folgenden Elemente sollten in einem Prozess der strategischen Bezugsquellendefinition und Verhandlung berücksichtigt werden (Abb. 5.8):

Ausschreibungsdesign
Innerhalb des Ausschreibungsdesigns ist der Fokus darauf zu richten, die Entwürfe der Ausschreibungsform sowie der -instrumente in einem System zu definieren und auch die benötigten Datengrundlagen zugänglich zu machen.

Ausschreibungsdesign definieren und verwalten Das Ausschreibungsdesign hat zum Ziel, dem Ausschreibungssachverhalt eine möglichst angemessene Form zu geben. Hierfür ist es erforderlich, sachgebietsspezifische Inhalte, die aus Informationen einer

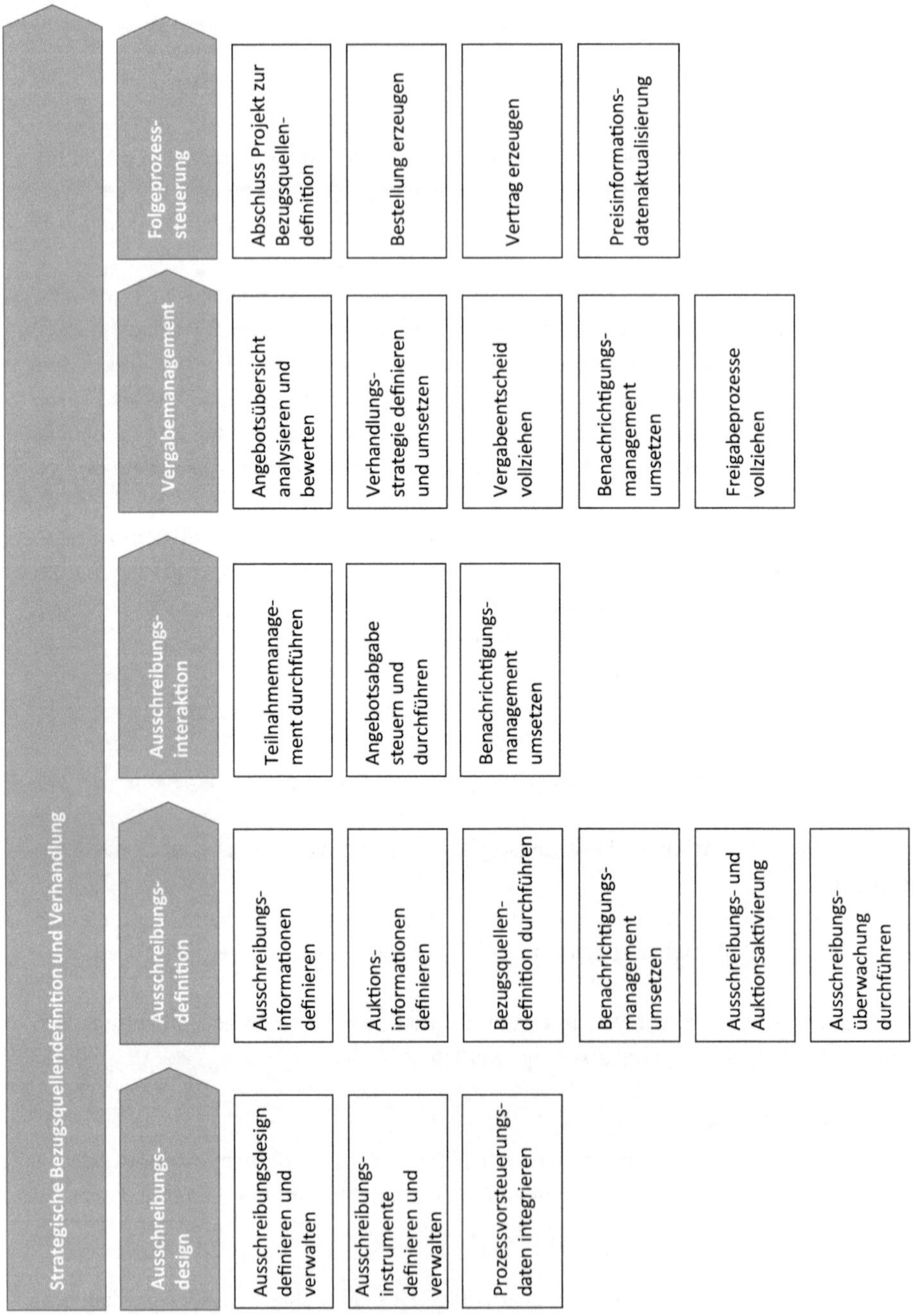

Strategische Bezugsquellendefinition und Verhandlung

Ausschreibungs-design	Ausschreibungs-definition	Ausschreibungs-interaktion	Vergabemanagement	Folgeprozess-steuerung
Ausschreibungsdesign definieren und verwalten	Ausschreibungs-informationen definieren	Teilnahmemanage-ment durchführen	Angebotsübersicht analysieren und bewerten	Abschluss Projekt zur Bezugsquellen-definition
Ausschreibungs-instrumente definieren und verwalten	Auktions-informationen definieren	Angebotsabgabe steuern und durchführen	Verhandlungs-strategie definieren und umsetzen	Bestellung erzeugen
Prozessvorsteuerungs-daten integrieren	Bezugsquellen-definition durchführen	Benachrichtigungs-management umsetzen	Vergabeentscheid vollziehen	Vertrag erzeugen
	Benachrichtigungs-management umsetzen		Benachrichtigungs-management umsetzen	Preisinformations-datenaktualisierung
	Ausschreibungs- und Auktionsaktivierung		Freigabeprozesse vollziehen	
	Ausschreibungs-überwachung durchführen			

Abb. 5.8 Aspekte der strategischen Bezugsquellendefinition und Verhandlung

Warengruppe resultieren können, mit generellen Anforderungen an die Form der Ausschreibung zu verbinden. Diese sind u. a.:

- Eine gesonderte Form der Leistungsverzeichnisstruktur
- Mindestanforderungen an Bieter
- Aufbau der Preissegmente mit oder ohne Zielpreisbestimmung
- Definition der Kalkulationsgrundlage
- Vertragliche Vorbedingungen
- Ein definierter Satz von Vergabekriterien

Ein System sollte es ermöglichen, diese Definitionen versionsspezifisch zu verwalten und sicherzustellen, damit sie bei der Erstellung von Ausschreibungsprozessen genutzt werden können.

Ausschreibungsinstrumente definieren und verwalten Für die Erstellung von Ausschreibungen müssen die zu verwendenden Instrumente definiert werden. Es ist sinnvoll, zumindest die folgenden Instrumente systemtechnisch auszuprägen:

1. Individuelle Erstellung von Anfrageinstrumenten
   Request-for-Proposal, Request-for-Information und Request-for-Quotation sowie Auktionen sind Instrumente zur Bezugsquellenfindung, welche systemseitig definiert werden sollten. In einer Entwurfsansicht eines Systems zur Bezugsquellenfindung sollte es möglich sein, die Inhalte frei zu definieren und anschließend zu validieren.
2. Erstellung von Anfrageinstrumenten aus einer definierten Vorlage
   Neben der freien Erstellung von Anfrageinstrumenten kann die Erstellung beschleunigt werden, indem auf bereits vordefinierte Vorlagen zurückgegriffen wird, die eine Teilstandardisierung vorgeben.
3. Kopie von Anfrageinstrumenten aus vorheriger Anfrage oder Auktion
   Neben der Erstellung aus einer generischen Vorlage kann auch auf eine bereits durchgeführte Anfrage oder Auktion zugegriffen werden und diese mittels Kopie in eine neue Anfrage überführt werden.
4. Erstellung von Anfrageinstrumenten aus einem Vertrag
   Elektronische Verträge können als Informationsgrundlage für Folgeausschreibungen dienen. Dazu können bspw. bestehende Teilelisten und historische Preise sowie relevante Kopfdaten des Vertrages die Bezugsquellenfindung beschleunigen.
5. Erstellung von Anfrageinstrumenten aus einem operativen Beschaffungsvorgang
   Aus einem bestehenden Objekt zur Beschaffung, bspw. einer Bedarfsanforderung, kann in eine Ausschreibung übergeleitet und anschließend das Verhandlungsergebnis in den jeweiligen Beschaffungsvorgang zurückübertragen werden.

Prozessvorsteuerungsdaten integrieren Für die Durchführung von effizienten Verfahren zur Bezugsquellendefinition ist es erforderlich, dass Steuerungsdaten in eine Systemlösung integriert werden können. Es geht vor allem um die folgenden Informationen:
Strategische Begleitinformationen von Bezugsquellen:

- Zugriff auf die Category-Strategie-Informationen, wie bspw. Vorzugslieferanten oder Abbaulieferanten
- Zugriff auf Lieferantenstammdaten
- Zugriff auf den Bewertungsstatus sowie die Kategorisierung der Lieferanten
- Informationen zur aktuellen Risikobewertung des Lieferanten sowie der Lieferketten

Informationen zur Vertragslage der Bezugsquelle sowie Vergaberichtlinien:

- Qualifizierungsstatus der Bezugsquelle, es muss ggf. der Status zu Geheimhaltungsvereinbarungen geprüft werden
- Audit- und Zertifikatsinformationen zum Lieferanten bzgl. seiner Verwendbarkeit
- Daten zu Quotierungsvereinbarung laufender Verträge oder langfristiger Abnahmeverpflichtungen
- Unternehmensspezifische Vorgaben, wie Anzahl von Anfragepartnern nach Beschaffungsvolumen

Informationen zu den Bedarfen:

- Integration von vollständigen Materialstamminformationen
- Integration von Baugruppen sowie Stücklisten zu Produkten
- Integration von geltenden Normen und Vorgaben
- Integration von Informationen bezüglich der Bedarfe sowie historischer Preisentwicklungen
- Integration von Informationen zur Zielpreisdefinition

Ausschreibungsdefinition
Im Rahmen der Ausschreibungsdefinition werden die konkreten inhaltlichen Ausgestaltungen der Bezugsquellenfindung vollzogen. Nach Publikation der Ausschreibung wird die Angebotsphase überwacht.

Ausschreibungsinformation definieren Eine Ausschreibung muss die rechtlichen und unternehmensinternen Mindestanforderungen erfüllen und in Bezug auf ihren Informationsbedarf möglichst konkret und eindeutig sein. Auch bei der Nutzung von elektronischen Systemen zur Bezugsquellendefinition ist der Anspruch, diverse Anhänge und Links zu wichtigen Dokumenten in der Ausschreibung bereitzustellen. Zusätzlich sollten entsprechend der Art der Ausschreibung – welche häufig über die Warengruppe charakterisierbar ist – spezifische Komponenten enthalten sein.

Besondere Anforderungen an Ausschreibungsinformationen sind dabei:

- Integration von Materialstämmen
- Verwendung von Projektnummern
- Verlinkung auf Zeichnungen, gültigen Normen oder anderen Dokumenten
- Integration von Stücklisten
- Excel-Upload von auszuschreibenden Teilen
- Preisstaffeln
- Rabatte
- Berücksichtigung von Lieferkonditionen

Die (elektronische) Ausschreibung sollte folgende inhaltliche Bereiche aufweisen:

A) Einführungsinformationen
   - Kontaktdaten bei Rückfragen
   - Vorbedingungen der Teilnahme
B) Kommerzielle Bedingungen
   - Einkaufsbedingungen
   - Zahlungsbedingungen
   - Incoterms
C) Preissegment
   - Anzufragendes Teilespektrum mit Angaben zu Mengen und Laufzeit
   - Optional: Fixkostenkomponenten für bspw. Werkzeuge
   - Technische Details
   - Zeichnungen
   - Weitere Details zum technischen Verständnis
D) Lieferanteninformationen
   - Vom Lieferanten bereitgestellte Information

Im Falle elektronischer Anfragen ist es wichtig, die Anforderungen an ein Angebot klar zu definieren, d. h. festzulegen, welche Mindestmenge an Informationen ein Lieferant bereitstellen muss, um in den Angebotsvergleich zugelassen zu werden. Dies gelingt häufig über eine klare Definition der Muss-Felder.

Auktionsinformation definieren Auch für die Verwendung elektronischer Auktionen müssen die Inhalte und Struktur definiert werden. Ein System zur Bezugsquellenfindung sollte die Standard-Auktionstypen und Mischformen daraus unterstützen, mindestens aber: Best-Preis, Rang, Ampel [„English"], Japanische und Holländische Auktionstypen. In Ergänzung zu Ausschreibungsinformationen ist es bei Auktionen von Bedeutung, eine strategische Einteilung der Vergabepakete vorzunehmen, d. h. ist das Ziel, alle Teile innerhalb eines Paketes zu vergeben oder soll eine Auktion in Vergabepakte unterteilt werden.

Für die Definition einer Auktion sind darüber hinaus folgende Informationen systemseitig zu hinterlegen:

A) Informationsblatt eAuctions mit folgenden Informationen:
   - Einladung
   - Datum und zeitlicher Ablaufplan
   - Hinweis zu Bietschritten und Startpreis
   - Schulungshinweis
   - Kurzbeschreibung Auktionstyp
   - Auktionsablauf
   - Hinweis Unterstützung durch möglichen Service-Provider
   - Servicekontakt
   - Vergabebedingungen
B) Startpreis der Auktion für die Lieferanten
C) Maximalpreis, welcher dem Startpreis entspricht
D) Bietschritt, um welchen sich Gebote verringern müssen
E) Definition zur Anzeige des Bestgebots
F) Hinterlegen des Zielpreises, ab dem das Einkaufsziel erreicht ist
G) Auktionsdauer in Minuten
H) Verlängerung der Auktion nach Dauer und Häufigkeit
I) Veröffentlichungsdatum der Auktion mit ausreichendem Vorlauf
J) Definition eines Bonus/Malus für bestimmte Lieferanten

Bezugsquellendefinition durchführen Um für die Ausschreibung die richtigen potenziellen Bezugsquellen zu selektieren, ist es wünschenswert, von einem System die aus der Category-Strategie empfohlenen, ggf. präferierten Lieferanten vorgeschlagen zu bekommen. Darüber hinaus sollte es möglich sein, aus dem Bestand an potenziellen und bestehenden Lieferanten mittels einer Suche ein möglichst breites Wettbewerbsumfeld zu schaffen.

Die selektierten Teilnehmer an der Ausschreibung müssen mit sämtlichen Stammdaten hinterlegt sein, um an der Ausschreibung teilnehmen zu können.

Benachrichtigungsmanagement umsetzen Systemseitig ist zu hinterlegen, in welcher Form die Kommunikation zwischen Unternehmen und Lieferant im Rahmen der Ausschreibung erfolgt. Es können einseitig Informationen in Form vordefinierter Vorlagen bspw. als Einladungsemails versandt werden oder auch spezifisch und individuell die verschiedenen Lieferanten zur Ausschreibung eingeladen werden.

Es ist ebenso zu definieren, ob die gesamte Kommunikation im Vorfeld und zur Konkretisierung von Fragen des Lieferanten systemseitig zentral mit der Ausschreibung gespeichert werden soll oder muss. Hierzu ist es empfehlenswert, die Art der Fragen spezifischen Ansprechpartnern zuzuordnen und auch eine Form und Frist für Rückantworten vorzugeben.

Es sollte ebenfalls eine Chat-Funktion mit den Lieferanten über das System durchgeführt werden können.

Ferner ist zu hinterlegen, ob ein automatisiertes Benachrichtigungsmanagement bei Eingang von Angeboten erfolgen soll.

Ausschreibungs- und Auktionsaktivierung Sind sämtliche Inhalte definiert, sollte ein manueller Schritt im System die Ausschreibung oder Auktion aktivieren und gemäß der Laufzeit überwachen. Ist die Ausschreibung aktiviert und soll geändert werden, ist es wichtig, sämtliche Änderungen ebenfalls an alle Beteiligten zu kommunizieren, um einen möglichst fairen Wettbewerb zu erhalten. Hierzu sollte ein System verschiedene Funktionen vorsehen, die es erlauben, Ausschreibungen auch zu pausieren, zu editieren und erneut zu veröffentlichen.

Ausschreibungsüberwachung durchführen Mit der Aktivierung der Ausschreibung beginnt die systemseitige Überwachung der Ausschreibung. Hierbei sind die Benachrichtigungen zwischen Unternehmen und Lieferanten zu koordinieren.

Ausschreibungsinteraktion

Während der Ausschreibung ist die Interaktion mit den potenziellen Lieferanten sicherzustellen. Dazu gehört es, die richtigen Teilnehmer zu steuern, um ein möglichst dem Ausschreibungsziel entsprechendes Angebot zu erhalten.

Teilnahmemanagement durchführen Zu den in der Ausschreibung definierten Bezugsquellen sollten systemseitig aus vorhanden Stammdaten die richtigen Ansprechpartner mit ihren jeweiligen Rollen vordefiniert sein, welche als Adressat der Ausschreibung geeignet sind. Diese Personen müssen ebenfalls über die Mittel verfügen, um an der elektronischen Ausschreibung teilnehmen zu können; dies betrifft vor allem die Zugangsinformationen zur verwendeten Plattform (Abschn. 5.4.5).

Es ist relevant, im Vorfeld der Ausschreibung bereits über die Absicht der elektronischen Ausschreibung zu informieren, um ungünstige Überraschungseffekte seitens der möglichen Bezugsquellen zu verhindern. Es ist hierbei im Interesse des eigenen Unternehmens, eine möglichst breite Informationsbasis zu erhalten. Die Kontaktaufnahme mit den möglichen Lieferanten kann auch zentral über ein Dienstleistungszentrum erfolgen.

Es ist gute Praxis, einen „Briefing-Call" zu den Ausschreibungsinhalten mit den Lieferanten durchzuführen.

Wird der Ansprechpartner im Einkauf (oder ggf. weitere Fachfunktionen) in der Ausschreibung als Kontaktperson definiert, ist es wichtig, dass sämtliche Fragen der Lieferanten während der Angebotserstellung über diese Person gebündelt werden.

Angebotsabgabe steuern und durchführen Mit der Veröffentlichung der Ausschreibung beginnt der Zeitraum in dem ein Angebot durch potenzielle Bezugsquellen übermittelt werden kann. Durch die Definition der Ausschreibung ist die Abgabeform vordefiniert, d. h. die Lieferanten sind dazu gezwungen, die gewählte Anfrageform zu nutzen. Aus Sicht der Lieferanten ist es deshalb relevant, über einen möglichst klaren systemseitig geführten Prozess zur Eingabe ihrer relevanten Informationen zu gelangen. Innerhalb dieser Phase ist es ratsam, einen technischen Support zu gewährleisten, um bei Rückfragen die Lieferanten zu unterstützen.

Hat der Lieferant die geforderten Daten eingegeben, erfolgt die Einreichung des Angebots und somit eine erste Datenübermittlung an das anfragende Unternehmen. Während des Anfragezeitraumes können weitere Änderungen am Angebot vorgenommen werden.

Benachrichtigungsmanagement umsetzen Die Phase der Angebotserstellung ist geprägt durch häufige Interaktion und gegebenenfalls Rückfragen zur Konkretisierung. Auch in dieser Phase sollte deshalb die Kommunikation durch ein System unterstützt werden, sodass der Informationsaustausch protokolliert und Belange, die allen Anbietern kommuniziert werden sollten, über das System erfolgen können.

Das System sollte darüber hinaus die Abgabezeiträume überwachen, Erinnerungen durchführen und intern den Eingang von Angeboten signalisieren.

Vergabemanagement

Innerhalb des Vergabemanagements werden die eingegangenen Angebote verglichen und letztlich die Zuteilung des Auftrages vollzogen, nachdem eine optimale Verhandlungsstrategie gewählt wurde.

Angebotsübersicht analysieren und bewerten Als eine der Kernfunktionen elektronischer Ausschreibungen sollte es gelingen, die elektronisch übermittelten Daten der verschiedenen Angebotsparteien so gegenüberzustellen, dass eine klare Vergleichbarkeit gewährleistet ist. Hierzu sollte ein System mehrere Optimierungsverfahren bereitstellen, welche, basierend auf Preisen und auch qualitativen Aspekten, eine Handlungsempfehlung zu diesem Zeitpunkt vorsehen. Je nach Anfragestruktur kann ein Vergleich somit nach Faktoren „best-price" oder bspw. auch „best-value" herbeigeführt werden (Bräkling und Oidtmann 2019).

In einem System sollte es deshalb möglich sein, während der Phase der Angebotsbewertung die Kriterien zum Vergleich zu editieren und unternehmensinterne Bewertungsschemata hinzuzufügen. Das kann konkret eine skalierte und gewichtete Punktevergabe für einzelne Elemente sein, insofern diese nicht schon zum Zeitpunkt der Ausschreibung vordefiniert wurde. Ein System muss somit den unternehmensinternen Bewertungsdiskurs im Entscheidungs- und Vergabeteam unterstützen, um zu verhindern, dass unnötigerweise die Information in Folgewerkzeugen weiterbearbeitet wird.

Verhandlungsstrategie definieren und umsetzen Abhängig von der Angebotssituation und -lage können unterschiedliche Verhandlungsstrategien nutzbar und empfehlenswert sein. Hierbei bedarf es einer systemseitigen Unterstützung und ggf. Empfehlung zur Verhandlungsstrategie, welche unter den gegebenen Prämissen ein Optimum verspricht. Es ist wünschenswert, dass ein System neben des Angebotsvergleichs auch über technologische Elemente verfügt, welche die Verhandlung an sich durchführen können. Hier ist bspw. die Nutzung von AI-basierten Verhandlungen zu nennen, welche in den richtigen Situationen ein effizientes Vorgehen darstellen können. Darüber hinaus sollte auch die Übertragung in elektronische Auktionen möglich sein.

Neben der Wahl des Verhandlungsinstrumentes sollte innerhalb der Verhandlungsstrategie auch die Verhandlungsvorbereitung durchgeführt werden. Es gilt, die Ziele der Verhandlung zu definieren und gezielt zu priorisieren. Die Vergabekriterien aus den Leistungsverzeichnissen sowie deren Ziele, bezogen auf Kosten, Qualität, Leistungszeit und weitere Inhalte, sind hier ausschlaggebend. Es kann weiterhin sinnvoll sein, dass ein System für die Verhandlungsstrategie einem Freigabeprozess folgt, indem die Verhandlungsziele mit den jeweiligen potenziellen Lieferanten freigegeben werden müssen. Die kommerzielle Verhandlungsführung erfolgt durch einen Vertreter des Einkaufs mit einem möglichst kleinen technischen Team des Fachbereichs (Bräkling und Oidtmann 2019).

Die verabschiedete Verhandlungsstrategie sowie die Verhandlungsziele werden innerhalb des Systems dokumentiert. Sie bilden die Basis für den Erfolgsausweis.

Vergabeentscheid vollziehen Nach Beendigung der Verhandlung erfolgt die Vergabe des Auftrages an die gewünschte Bezugsquelle. Die Zuteilung kann dabei ebenfalls direkt von einem System vorgenommen werden. Es ist ebenso sinnvoll, die Antwort des Lieferanten zurückzuintegrieren.

Freigabeprozesse vollziehen Die Zuteilung des Auftrages kann weiteren unternehmensinternen Freigabeprozessen unterliegen. Diese können der Übermittlung des Auftrages an die Lieferanten (Bestellung, Vertrag) vorgeschaltet sein.

Benachrichtigungsmanagement umsetzen Während der Vergabe steuert das System den internen Freigabeprozess und nutzt ggf. Vorlagen zur Auftragserteilung.

Folgeprozesssteuerung

Die Zuteilung eines Auftrages an eine bestimmte Bezugsquelle setzt eine Reihe von Folgeprozessen in Gang, die ebenfalls systemseitig unterstützt werden sollen.

Abschluss Projekt zur Bezugsquellendefinition Nach Abschluss der Vergabe an eine gewählte Bezugsquelle sollte das jeweilige Projekt geordnet geschlossen werden. Zumindest der Status des Projektes muss dazu auf „geschlossen“ gestellt werden.

Bestellungen erzeugen Als Folge des Verhandlungsergebnisses wird eine Bedarfsanforderung im Fachbereich angestoßen und freigeben, anschließend eine Bestellung an den Lieferanten übermittelt.

Vertrag erzeugen Zum verhandelten Ergebnis können Verträge erzeugt werden, welche der gegenseitigen Unterzeichnung unterliegen.

Preisinformationsdatenaktualisierung Vorhandene Preisinformationen in den relevanten Systemen müssen mit den Verhandlungsergebnissen aktualisiert werden, um ab dem Gültigkeitszeitraum die neuen Konditionen zu nutzen. Dies sollte automatisiert erfolgen.

5.3.3 Vertragsmanagement

Vergebene Aufträge und Beurkundungen der Zusammenarbeit werden zum Großteil in rechtssicheren Verträgen abgebildet. Mittels des Vertragsmanagements soll dieser Prozess strukturell begleitet und geführt werden, um eine effiziente Erstellung und Sicherung zu gewährleisten sowie die anschließende Erfüllung zu überwachen (Bräkling und Oidtmann 2019, S. 367) (Wannenwetsch 2021, S. 323).

Der Prozess hat somit folgende Hauptziele:

1. Sicherstellen einer transparenten Erstellung von Verträgen mit Lieferanten gemäß zulässiger Vorlagen
2. Überwachen der Vertragserfüllung sowie der Laufzeit
3. Verständnis über die sachgerechte Verwendung von Verträgen im Einkauf
4. Sicherstellen einer zentralen Ablage und Sicherung von Verträgen
5. Analyse von Vertragsdokumenten

Folgende Kernanforderungen sollten bei der Digitalisierung von Vertragsmanagementprozessen Beachtung finden (Abb. 5.9):

Vertragsdesign

Das Vertragsdesign dient dazu, alle systemischen Grundlagen vorzudefinieren, um eine möglichst effiziente Nutzung des Vertragsmanagementprozesses in den Folgeschritten zu gewährleisten. Neben den Basistätigkeiten des Systemaufbaus, wie der Stammdatenbereitstellung, geht es um die Erstellung von Vertragsvorlagen, die den spezifischen organisatorischen und regionalen Anforderungen gerecht werden.

Vertragsvorlagen definieren und verwalten Innerhalb des Vertragsmanagements im Einkauf gibt es eine Vielzahl von Vertragstypen, die unterschiedlichen Fokus aufweisen. Für diese Varianten sollte in einem System die Hinterlegung der jeweils aktuellen Vorlage für die spezifische Rechtsprechung und Sprache möglich sein. Zu diesen Vertragstypen zählen bspw.:

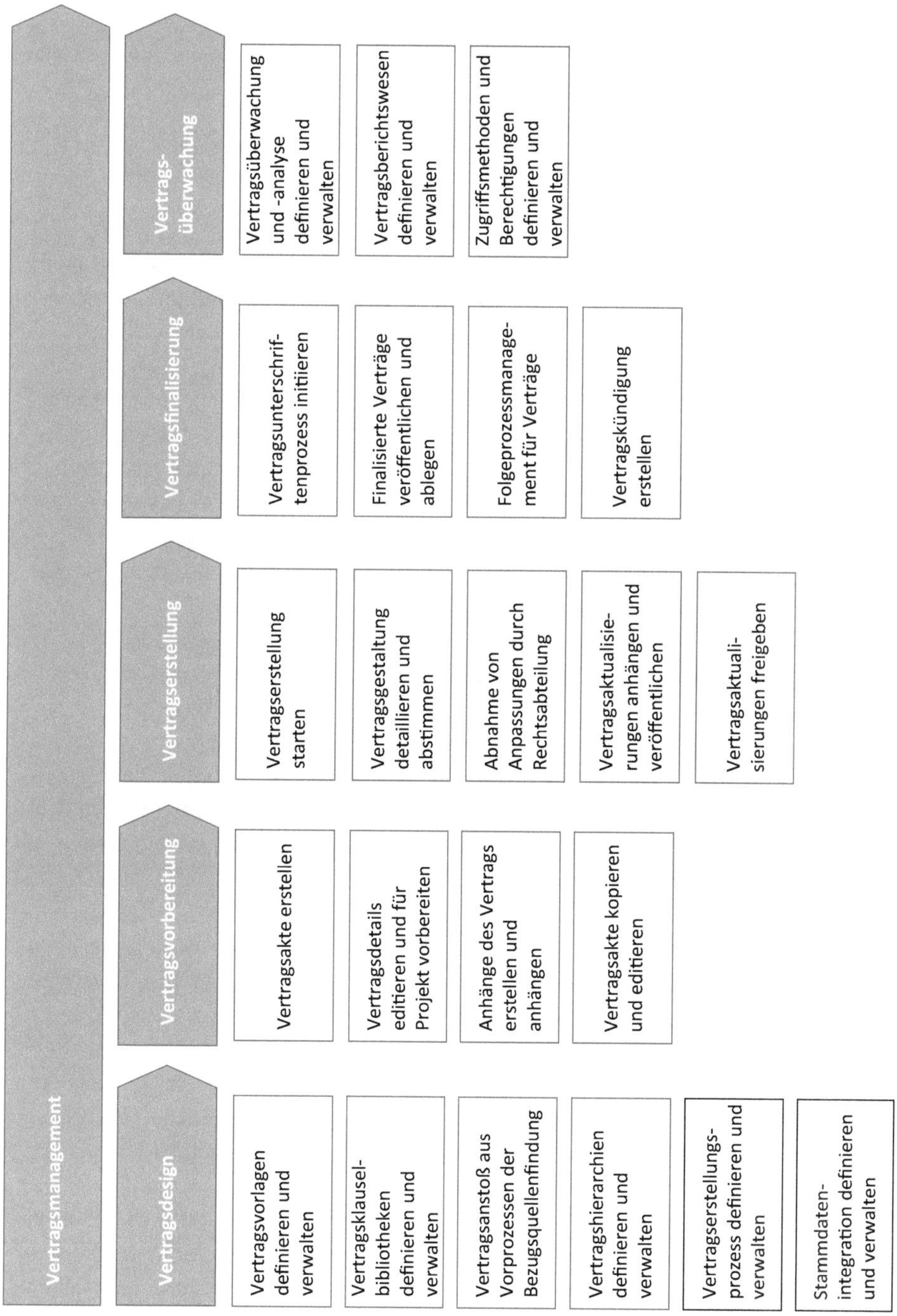

Vertragsmanagement

Vertragsdesign	Vertragsvorbereitung	Vertragserstellung	Vertragsfinalisierung	Vertrags-überwachung
Vertragsvorlagen definieren und verwalten	Vertragsakte erstellen	Vertragserstellung starten	Vertragsunterschrif-tenprozess initiieren	Vertragsüberwachung und -analyse definieren und verwalten
Vertragsklausel-bibliotheken definieren und verwalten	Vertragsdetails editieren und für Projekt vorbereiten	Vertragsgestaltung detaillieren und abstimmen	Finalisierte Verträge veröffentlichen und ablegen	Vertragsberichtswesen definieren und verwalten
Vertragsanstoß aus Vorprozessen der Bezugsquellenfindung	Anhänge des Vertrags erstellen und anhängen	Abnahme von Anpassungen durch Rechtsabteilung	Folgeprozessmanage-ment für Verträge	Zugriffsmethoden und Berechtigungen definieren und verwalten
Vertragshierarchien definieren und verwalten	Vertragsakte kopieren und editieren	Vertragsaktualisie-rungen anhängen und veröffentlichen	Vertragskündigung erstellen	
Vertragserstellungs-prozess definieren und verwalten		Vertragsaktuali-sierungen freigeben		
Stammdaten-integration definieren und verwalten				

Abb. 5.9 Kernanforderungen an Prozesse des Vertragsmanagements

- Einkaufsbedingungen
- Konzerneinkaufsverträge
- Rahmeneinkaufsverträge
- Geheimhaltungsvereinbarungen
- Betriebsmittelvereinbarungen
- Dispositions- und Liefervereinbarungen
- Qualitätssicherheitsvereinbarungen
- Nutzungsunterlassungen

Hierzu ist es zunächst erforderlich, die einzelnen Vorlagen zu definieren und diese einer Versionskontrolle zu unterstellen. Dazu muss ein System geeignete Funktionen bereitstellen.

Vertragsklauselbibliotheken definieren und verwalten Verträge werden durch Hinzufügen von einzelnen Klauseln und Textbausteinen generiert. Hierzu sollte ein System einen zentralen Speicherort für diese einzelnen Klauseln und Textbausteine bereitstellen. Die einzelnen Klauseln sollten verschiedene Status haben, damit dem Anwender bei der Generierung des Vertragsdokuments nur genehmigte Klauseln zur Verfügung stehen.

Klauseln sollen nur von einem bestimmten Userkreis (meist der Rechtsabteilung) eingestellt, geändert oder gelöscht werden können.

Vertragsanstoß aus Vorprozessen der Bezugsquellenfindung Verträge können das Resultat oder ein Zwischenprodukt von vorhergehenden Prozessen sein. Es kann bspw. innerhalb eines Ausschreibungsprojektes eine Vertraulichkeitserklärung unterzeichnet werden oder als Folgeprozess zu einer Ausschreibung ein Vertrag generiert werden. Dieses Vorgehen ist für jedes angenommene Angebot zur betreffenden Ausschreibung möglich. Die benötigten Eingabefelder der Ausschreibung sollten demnach möglichst automatisch in die entsprechende Struktur im Vertrag übertragen werden.

Vertragshierarchien definieren und verwalten Ein System zum Vertragsmanagement sollte eine Abbildung von zusammenhängenden Verträgen darstellen können. Dies wird beispielsweise bei großen Rahmenverträgen mit untergeordneten Verträgen benötigt.

Vertragserstellungsprozess definieren und verwalten Alle Personen, die im Rahmen der Vertragsgestaltung eingebunden sind, sollten zentral im System zusammenarbeiten können. Abhängig von der Person bzw. Organisationseinheit sollte die Sichtbarkeit auf die Vertragsattribute eingeschränkt werden können.

Bevor der fertige Vertrag zur Unterzeichnung versendet wird, sollte dieser nach einem definierten Workflow überprüft und genehmigt werden. Daher sollte das System die Funktionalität besitzen, einen Genehmigungsworkflow zu definieren, zu verwalten und vertragsspezifisch zu hinterlegen. Dies gilt auch bei einer Änderung eines Vertragsdokumentes.

Alle relevanten Benutzer sollen bei einer Genehmigung per Mail benachrichtigt werden.

Stammdaten Integration definieren und verwalten Für die Erstellung von Verträgen mit Lieferanten ist es erforderlich, deren Stammdaten im Vertragsmanagementprozess zu nutzen. Insbesondere Informationen bezogen auf die Anschrift, die Ansprechpartner sowie organisatorische Steuerungsdaten, wie die Lieferantennummer, sollten nicht redundant vorgehalten werden. Hierzu ist es erforderlich, systemtechnische Integrationsverfahren zu definieren und auch die Datenelemente zu definieren, die zu einer ordnungsgemäßen Erstellung der Vertragsinhalte führen.

Zur Integration gehören auch Funktionen zur Migration potenzieller Altverträge in der Form, dass die Funktionalität nach erfolgter Migration voll zu Verfügung steht. Bereits in elektronischer Form existierende Verträge aus einem Altsystem oder manueller Ablagestruktur sind über einen Massenupload in das neue Tool zu migrieren. Die Vertragsinhalte sollten elektronisch analysiert werden können.

Vertragsvorbereitung

Innerhalb der Vertragsvorbereitung geht es darum, den konkreten Anwendungsfall einer Vertragserstellung vorzubereiten, sodass der Erstellungsprozess möglichst effizient vollzogen werden kann.

Vertragsakte erstellen Zu Beginn des Prozesses muss ein berechtigter Anwender einen neuen Vertrag erzeugen können. Dabei wählt der Anwender die richtige Vorlage und prägt den Inhalt der Vertragsakte manuell aus. Ein System stellt dafür eine digitale Vertragsakte als Arbeitsmedium zur Verfügung, in welcher die notwendigen Kopfdaten des Vertrages definiert werden, die wiederum die Folgeprozessierung im Erstellungsteam ermöglichen.

Vertragsdetails editieren und für Projekt vorbereiten Die Generierung eines Vertrags und seiner notwendigen Details sollte durch ein System erfolgen können. Der Vertragsersteller sollte für die Erstellung von Verträgen eine Klauselbibliothek nutzen können. Dabei markiert der Ersteller einzelne Klauseln, die im Vertragsdokument verwendet werden sollen, müssen oder dürfen. Die Position der einzelnen Klauseln im Vertragsdokument sollte jederzeit anpassbar sein. Das System sollte dafür eine Schnittstelle zu Microsoft-Produkten besitzen. Beim Öffnen des Vertragsdokumentes sollte der generierte Vertrag in Microsoft Word geöffnet werden und zur Bearbeitung zur Verfügung stehen. Änderungen, die in Microsoft-Word durchgeführt wurden, sollten im Tool abgeglichen und übernommen werden. Vertragsdokumente sollen in mehreren Sprachen erstellt und editiert werden können. Die erstellten Vertragsdokumente müssen entsprechend der unternehmensspezifischen Corporate-Design-Vorgaben erstellt werden.

Jegliche Änderungen an Klauseln sollen versioniert und getrackt werden. Es sollte möglich sein, nachzuverfolgen, wann welche Änderung von wem durchgeführt wurde. In den Klauseln editierbare Bereiche, wie bspw. die individuelle Lieferzeit oder der Ort des Gefahrenüberganges, müssen durch den Anwender möglichst mit vordefinierten Inhalten befüllbar sein (bspw. Dropdown) oder mit Hilfetexten versehen werden, um Fehleingaben zu verhindern, welche möglicherweise zu Integrationsproblemen führen.

Besteht eine Änderung eines Vertrages, dann sollten alle definierten Beteiligten per Mail informiert werden. Bei Änderungen, die sich auf laufende Verträge auswirken, muss eine Warnung erfolgen.

Mindestens folgende Informationen sollten im Vertrag zugeordnet werden können und auch berichtbar sein:

- Vertragsart
- Vertragskoordinator/Vertragsorganisator
- Status
- Organisationseinheit bspw. Einkaufsorganisation
- Vertragspartner bzw. Lieferantenname
- Kreditorennummer
- Kreditorenadresse
- Gültig ab
- Gültig bis
- Kündigungsfrist
- Vertragsinhalt
- Vertragsgültigkeit (Standorte)
- Materialnummern
- Warengruppe
- Erinnerungsdatum
- Eindeutige Vertrags-ID
- Vertragstitel (setzt sich aus Vertragsart und Vertragspartner zusammen)
- …

Anhänge des Vertrags erstellen und anhängen Sind für die Erstellung von Verträgen spezifische Anhänge relevant, sollte das System eine Funktion bereitstellen, um verschiedene Dokumententypen in geeigneter Größe im System zu speichern oder zumindest auf einen externen Speicherort zu verweisen, auf den per Link zugegriffen werden kann. Dies könnten bestimmte Zeichnungsstände oder Notizen sein, aber auch anderweitige Absprachen enthalten, die in den Verträgen als Anhänge benannt sind. Ein weiteres Beispiel ist ein spezifischer Projektimplementierungsplan.

Vertragsakte kopieren und editieren Das System sollte die Option bieten, einen bestehenden Vertrag zu kopieren. Dabei sollen alle relevanten Informationen (inkl. Anlagen) in den neuen Vertrag übernommen werden. Basierend darauf kann der Anwender die neue Vertragsakte anpassen.

Vertragserstellung
Der Prozess der Vertragserstellung führt durch den bilateralen Prozess der Vertragsabstimmung aller relevanten Parteien in strukturierter Form.

Vertragserstellung starten Nach Anlage der Vertragsakte, der dafür erforderlichen Kopfdaten sowie der inhaltlichen Erstversionen sollte ein System die Möglichkeit vorsehen, den Abstimmungsprozess aktiv zu initiieren und den Status der Vertragserstellung von einem Entwurf in den Erstellungsprozess zu überführen.

Vertragsgestaltung detaillieren und abstimmen Durch Versand der Initialversion an den Vertragspartner beginnt ein Prüf- und Änderungsprozess an den Inhalten des Vertrages. Es sollte daher möglich sein, weitere Felder und Details und ggf. auch textuelle Anpassungen aufzunehmen. Relevant ist, dass insbesondere textuelle Anpassungen an den Klauseln nur durch geeignete Personengruppen erstellt und aufgenommen werden können.

Der komplette Kommunikationsprozess der Vertragserstellung, einschließlich aller Entwurfsstände, sollte in einem System chronologisch nachvollzogen werden können.

Abnahme von Anpassungen durch Rechtsabteilung Alle Änderungen an den vordefinierten Klauseln bedürfen einer Freigabe durch die Rechtsabteilung. Ist die Freigabe gegeben, kann der Text als Bestandteil des Vertrages aufgenommen werden.

Vertragsaktualisierungen anhängen und veröffentlichen Sind für alle Vertragsbestandteile die erforderlichen Dokumente und textuellen Anmerkungen vollständig und in abgestimmter Version vorhanden, sollte sichergestellt werden, dass alle aktuellen Dokumente in der Vertragsakte verfügbar sind. Daraufhin kann der Veröffentlichungsprozess gestartet werden. Ein System sollte dazu ebenfalls den Vertragserstellungsstatus verändern, sodass keine weiteren Versionen erstellt werden können.

Vertragsaktualisierungen freigeben Ein System sollte gemäß dem internen Freigabeprozess die Freigabe des letzten Versionsstandes und aller Anhänge durchführen, bevor der Unterschriftenprozess mit dem Vertragspartner gestartet wird.

Vertragsfinalisierung
Die Vertragsfinalisierung betrifft, neben der Unterzeichnung der Verträge und deren Ablage, auch die mögliche Verarbeitung der Vertragsinhalte in Folgeprozessen.

Vertragsunterschriftenprozess initiieren Das System sollte die Funktion besitzen, einen Vertrag auf elektronischem Wege vom Vertragspartner und internen Berechtigten unterzeichnen zu lassen.

Des Weiteren muss es für den Anwender leicht erkennbar sein, welche Vertragsdokumente zur Unterzeichnung vorliegen. Der aktuelle Status der Unterschrift sollte im System dokumentiert werden.

Finalisierte Verträge veröffentlichen und ablegen Die final unterzeichneten Verträge sind in der Vertragsakte zu publizieren und dort abzulegen. Änderungen an den freigegebenen Versionen sollten nicht mehr möglich sein.

Folgeprozessmanagement für Verträge Das System sollte darauf ausgelegt sein, einen Vertrag in das angebundene ERP-System zu verteilen. Die Verteilung sollte abhängig von der Vertragsart oder auf Positionsebene erfolgen können.

Dies kann bspw. die Nutzung eines Rahmenvertrages als Abrufinstrument sein oder auch die Dokumentation von verhandelten Preisen im Rahmen von Preisinformationen zu dieser Bezugsquelle im ERP-System.

Gegen einen freigegebenen, gültigen und verteilten Vertrag sollten Abrufe getätigt werden können. Die Abrufmenge und der Abrufwert sollen in der Vertragsakte ersichtlich sein.

Vertragskündigung erstellen Neben der Erstellung von Verträgen sollte ein System ebenfalls den Kündigungsprozess zu Verträgen koordinieren können. Durch Überwachung der Fristen sowie der in den Verträgen hinterlegten Kündigungsform und -art kann dieser Prozess koordiniert erfolgen und alle betroffenen Parteien integrieren.

Vertragsüberwachung

Die Vertragsüberwachung verbindet alle Funktionen zur Analyse der bestehenden Vertragssituation mit externen Wertschöpfungspartnern. Dies betrifft ein definiertes Berichtswesen sowie die Definition von Zugriffsberechtigungen auf bestimmte Inhalte.

Vertragsüberwachung und -analyse definieren und verwalten Ein großer Nutzen sollte durch eine Benachrichtigungsfunktion für kritische Daten erzielt werden. So sollen bspw. die Anwender informiert werden, wenn ein Vertrag ausläuft und sich somit die Kündigungsfrist eines Vertrages nähert. Das System sollte die Benutzer hierbei im gesamten Vertragslebenszyklus unterstützen. Die verschiedenen Überwachungspunkte müssen dafür im System definiert werden und auch dort verwaltet werden können. Dazu gehört bspw., dass das System den Vertragsersteller bei bestimmten Aktionen per E-Mail warnen können sollte, um rechtzeitiges Handeln zu ermöglichen. Benachrichtigungen könnten beispielsweise sein:

- Warnung zu Ablaufdatum und Kündigungsfrist (je Vertragsart voreingestellter Notifikationszeitraum). Diese Daten sollen automatisch berechnet werden.
- Hinweis zu (Vertrags-)Verlängerung
- Hinweis, wenn Dokumente hinzugefügt, gelöscht oder geändert wurden

- Alert-Funktion auf Vertrags- und Anlagenebene
- Hinweisfunktion, wenn operativ abweichend von vereinbarten Vertragsdaten bestellt oder geliefert wird

Vertragsberichtswesen definieren und verwalten Das System sollte ein integriertes Berichtswesen enthalten, sodass eine Suchfunktion über alle Vertragsattribute ermöglicht wird (z. B. Materialnummer, Vertrags ID, Lieferant, Dokumenteninhalt). Es ist sinnvoll, Filter miteinander zu kombinieren, um dadurch die Suche verfeinern zu können. Der Zugriff auf die Verträge muss einschränkbar sein, sodass nicht jeder Benutzer Zugriff auf alle Verträge besitzt. Sind Berichte zentral definiert worden, kann eine automatisierte Benachrichtigungsfunktion dabei unterstützen, einen definierten Adressatenkreis zu informieren.

Die Anwender sollten die Möglichkeit besitzen, nach Bedarf einen Bericht zu erstellen oder dessen Erstellung anzufordern. Hierzu müssen alle Vertragsattribute genutzt werden können. Beispielhafte Berichte im Einkauf sind:

- Verträge nach Ablaufdatum
- Vertragsvolumen auf Materialgruppen
- Verträge eines Lieferanten in welchen Einkäuferorganisationen
- Alle Verträge eines Lieferanten
- Alle Verträge einer Organisationseinheit
- Abdeckung des Einkaufsvolumens mit bestehenden Verträgen

Zugriffsmethoden und Berechtigungen definieren und verwalten Im System müssen Funktionen definiert sein, die es ermöglichen, spezifische Rollen und Berechtigungen festzulegen, um den Zugriff auf unterschiedliche Ebenen der Information zu beschränkten. Die Berechtigungsverwaltung sollte auch durch ein externes System zur Berechtigungsvergabe des Unternehmens möglich sein. Die definierten Nutzer sowie deren Genehmigungsstrukturen sind ebenfalls von zentralen Systemen des Unternehmens bereitzustellen, um eine redundante Datenpflege bspw. der Organisationshierarchien zu vermeiden oder bei Personenwechseln nicht definierte Vertragseignerschaften zu verhindern.

5.3.4 Strategischer Einkauf von technischen Projekten im Produktlebenszyklus

Der strategische Serieneinkauf für Neuheiten- und Änderungsprojekte ist für die externen Wertschöpfungsanteile innerhalb der übergeordneten Produktentwicklungsprojekte zuständig. Die auch häufig als Projekteinkauf bezeichnete Funktion nimmt dabei im Gegensatz zur Perspektive der Warengruppen und Categories eine Produktsicht ein und betreut alle Technologiegruppen innerhalb des Produktentwicklungsprojektes als Vertretungsinstanz des Einkaufs.

Ausgehend von dem Projektfokus kann die Aufgabe primär auf die Erstellung lagerhaltiger Endprodukte im Sinne von Katalogartikeln konzentriert oder auch in vielen Fällen in Form projektspezifischer Produkterstellung (Make-to-Project) ausgeprägt sein. Innerhalb des Neuheitenprozesses bedarf es einer engen Zusammenarbeit zwischen der Projekteinkaufsfunktion sowie der Lieferantenqualitätsfunktion. Innerhalb des Projektlebenszyklus lassen sich ferner mehrere Projektarten unterscheiden, welche eine unterschiedliche Projektausprägung im Entwicklungsprozess erfahren können. Zu unterscheiden sind hier vor allem komplette Neuentwicklungen von technischen Optimierungen nach der Serienfreigabe.

Es ist somit entscheidend, dass die notwendigen Handlungsfelder des Einkaufs und der Lieferantenqualität bestmöglich und klar in den jeweiligen Produktentwicklungsprozessen integriert werden. Dies betrifft insbesondere die Aspekte der frühen Einbindung in den Designprozess (sog. „forward sourcing"), um langwirkende Herstellungskosten der Produkte sowie deren Gesamtkosten frühzeitig beeinflussen zu können, aber auch Erfahrungswerte der Lieferanten bezüglich konstruktiver Optimierungen und Herstellbarkeit zu ermöglichen. Weiterhin müssen insbesondere nicht genormte Stücklistenkomponenten, welche einer Fremdbeschaffung unterliegen, terminlich sauber mit dem Gesamtentwicklungsprozess synchronisiert werden.

Im Folgenden soll nicht der gesamte Produktentwicklungsprozess aufgezeigt werden, der meist durch die unternehmensspezifischen Forschungs- und Entwicklungsabteilungen mandatiert wird, sondern vor allem auf die Aspekte eingegangen werden, welche aus einkäuferischer Sicht funktional integriert sein sollten und eine Systemunterstützung erfordern. Abb. 5.10 veranschaulicht den Gesamtprozess.

Projektdaten

Für eine systemgestützte Arbeit an Produktentwicklungs- und Veränderungsprojekten ist es erforderlich, dass auf relevante technische und kaufmännische Projektdaten zugegriffen werden kann bzw. dass diese im Verlauf des Entwicklungsprozesses generiert und gespeichert werden.

Designkonzept und Spezifikationen Bereits bevor eine finale Beschreibung der technischen Änderung oder des gesamten Produktes in vollständiger Form vorliegt, werden üblicherweise Vorstudien vollzogen, welche das Konzept beschreiben. Aus Sicht des Projekteinkaufs ist es erforderlich, dass ein System auf diese Designkonzepte Zugriff erlaubt und es auch ermöglicht, die bereits bestehenden Spezifikationen in digitaler Form zu verarbeiten. Ein System kann dabei zusätzlich unterstützen, wenn Spezifikationsänderungen automatisiert zu Änderungen in den Kosten führen, indem diese simuliert werden, das heißt die Bauteil- und Fertigungskomplexität mit einer Kostenwirkung veranschaulicht werden kann. Darüber hinaus wird so eine sehr schnelle Kalkulation in der frühen Konzeptphase möglich.

Strategischer Einkauf für Produktentwicklungsprojekte

Projektdaten	Konzeptabsicherung	Produktrealisierung	Produktfreigabe	Produktionsfreigabe	Produktionsstart
Designkonzept und Spezifikationen	Anfragen Entwurfszeichnungen und Anfragen verwalten für Preisindikationen	Pflege Materialstammdaten	Serienwerkzeugbestellung anlegen und verwalten	Dispositive Daten für Serienbestand pflegen	Initialbestand beschaffen
Stücklisten verwalten	Rückversorgung Preisindikation in Stückliste	Anfrage mit freigegebenen Zeichnungen und Anfragen verwalten	Kapazitätsabsicherung Lieferant planen und verwalten	Bestellung Pilotserie umsetzen	Beschaffung Initialbestand überwachen
Planvolumina und Standorte verwalten	Dokumentation Konzeptgespräche Lieferanten	APQP starten und Qualitätsinspektion definieren und verwalten	Bemusterungsprozess Produktfreigabe starten und verwalten	Produkt- und Prozessabnahme starten und verwalten	Übergabe an Disposition dokumentieren
Zielkosten pflegen und verwalten	Beschaffung Initialmuster / Prototyp	Dokumentation und Freigabe Teile- und Funktionsklärung Lieferanten	Freigabe Produktrealisierung	Lieferfreigabe anlegen und verwalten	Übergabe an Serieneinkauf dokumentieren
Lieferantenbasis integrieren	Freigabe Konzeptphase	Bemusterung planen und verwalten			
Projektzieldaten Produktionsstart Gesamtprojekt		Werkzeugspezifikation anlegen und verwalten			
Projektzieldaten Produktionsstart für Einkaufsteile		Vergabe Teile an Ziellieferanten			

Abb. 5.10 Strategischer Einkauf von technischen Projekten im Produktlebenszyklus

Stücklisten verwalten Grundlegend für die Arbeit an Entwicklungsprojekten ist die Arbeit an Stücklisten. Diese müssen durch das Entwicklungsprojekt verwaltet werden. Für die Arbeit am System aus Sicht des Projekteinkaufs, ist es erforderlich zu verstehen, welche Komponenten, Baugruppen oder Module im Rahmen eines Fremdbezuges geplant sind und welche einer internen Bezugsquelle entstammen sollen. Dazu muss das System in der Lage sein, auf die Entwicklungsstücklisten zuzugreifen, zu veranschaulichen und auch den Entwicklungsfortschritt klar zu kennzeichnen. Ein System kann hierbei unterstützen, indem Gleichteile aus bestehenden Stammdaten bereits ersichtlich sind bzw. aktiv vorgeschlagen werden. So wird verhindert, dass nicht-notwendige neue Stammdaten erzeugt werden und die Teilevielfalt unnötigerweise steigt. Gleichzeitig kann so eine Erhöhung der Qualitätsleistung gewährt werden.

Planvolumina und Standorte verwalten Für alle Anfragen im Rahmen des Entwicklungsprojektes sollte eine Indikation der Planbedarfe vorliegen sowie auch eine Information verfügbar sein, welche Unternehmensstandorte zu beliefern sind. Über den Primärbedarf einer Vertriebsplanung aus Sicht des Produktmanagements kann über eine Stücklistenauflösung auf der Teilenummernebene zumindest eine erste Prognose veranschaulicht werden. Diese Informationen sind relevant, da die Entscheidung für eine geeignete Bezugsquelle auch auf den späteren Fertigungsstandorten aufbauen sollte.

Zielkosten pflegen und verwalten Für das Produkt, aber auch die relevanten Teile des Produktes, sollten im Vorfeld möglichst Zielkosten kalkuliert und im System hinterlegt werden. Dazu ist es notwendig, dass das System eine entsprechende Kalkulationslogik integriert. Dies ist aus Sicht des Projekteinkaufs besonders relevant, da sich so auch die Anforderungen an das Produkt mit der notwendigen Kostenstruktur der Lieferanten klar ableiten lassen und letztlich die Zielerreichung mit den Ist-Kosten ermöglicht wird. Hierbei ist es auch hilfreich, wenn das System basierend auf vorherigen, ähnlichen Projekten bereits Preisindikationen automatisiert generieren kann, indem es z. B. basierend auf der Warengruppe „O-Ringe" bereits aktive Stücklisten miteinbezieht, in denen diese Teile auch Verwendung finden, oder mittels einer geometrischen Ähnlichkeit eine Teileeingrenzung vollzieht.

Lieferantenbasis integrieren Für die Beschaffung von externen Bezugsquellen ist es notwendig, auf vorhandene und qualifizierte Lieferanten zuzugreifen. Insbesondere aus Sicht des Projekteinkaufs, welcher aus Produktsicht mehrere Warengruppen betreut, ist es hilfreich, eine gemäß der Category Strategy (Abschn. 5.1.2) freigegebene und präferierte Lieferantenbasis zu nutzen. Ein System kann somit aktiv Bezugsquellen gemäß der regionalen, technischen und strategischen Kriterien empfehlen, welche für folgende Anfrageprozesse genutzt werden.

Projektzieldaten Produktionsstart Gesamtprojekt Für das Gesamtprojekt relevante Projektzieldaten, wie bspw. der Produktionsstart oder die Zielkosten, sollten im System hinterlegt werden und ausreichend genau zwischen den verschiedenen Gewerken ausdifferenziert werden.

Projektzieldaten Produktionsstart für Einkaufsteile Sowohl aus Sicht des Projekteinkaufs als auch der Lieferanten-Entwicklung beginnt für alle zu beziehenden Teile des Produktes mit externer Bezugsquelle eine auf den Produktionsstart ausgerichtete Tätigkeit. Im Falle eines klar vordefinierten und kaum verschiebbaren Produktionsstartes bedeutet dies aus Projektmanagementsicht eine Rückwärtsterminierung der Aktivitäten, um diese mit den übergeordneten Tätigkeiten des Gesamtprojektes zu synchronisieren. Somit wird auch transparent, welche Entscheidungen terminlich zu welchen Konsequenzen führen. Ist bspw. eine Anforderung, komplett neue Teile von neuen, nicht qualifizierten Bezugsquellen zu beziehen, hat dies erhebliche Auswirkungen auf den terminlichen Verlauf sowie die damit verbundene Ressourcenbelastung. Ein System sollte daher diese Handlungsalternativen veranschaulichen können und zumindest terminlich darstellen.

Konzeptabsicherung

Innerhalb der Konzeptphase besteht noch ein geringer Reifegrad des Produktes. Diese Phase dient dazu, Kernannahmen des Produktes zu verifizieren und erste Gespräche mit Bezugsquellen zu initiieren, bevor die Entscheidung zu einer Produktrealisierung getroffen wird.

Anfragen mit Entwurfszeichnungen und Anfragen verwalten für Preisindikationen Neben den aus bisherigen Projekten mittels Analogievergleich systematisch gewonnenen Daten sollte der Projekteinkauf mittels der Verfahren zur Bezugsquellenfindung (Abschn. 5.3.2) Anfragen mit Entwurfszeichnungen bei Lieferanten starten.

Rückversorgung Preisindikation in Stückliste Die erhaltenen Preisindikationen sollten in das Gesamtprojekt für diese angefragte Komponenten rückversorgt und die unterschiedlichen Konzepte der angefragten Lieferanten gespeichert werden. Es handelt sich dabei jedoch um einen sehr groben und frühen Preisvergleich basierend auf einer Initialindikation.

Dokumentation Konzeptgespräche Lieferanten Mit den einbezogenen Lieferanten finden Konzeptgespräche statt, welche durch das System unterstützt werden sollten. Es ist notwendig, auf Entwurfszeichnungen zuzugreifen und ggf. mit dem Lieferanten gemeinsam zu editieren, sodass auch dieses Feedback in das Gesamtprojekt zurückadressiert werden kann. Hier kann frühzeitig von den Erfahrungswerten und Empfehlungen des Lieferanten profitiert werden. Die dokumentierten Konzeptgespräche müssen einschließlich ihres Protokolls im System gesichert werden.

Beschaffung Initialmuster/Prototyp Innerhalb der Konzeptabsicherung sollten Initialmuster der benötigten Teile beschafft werden und möglichst von den designierten Bezugsquellen stammen. Diese Teile entstammen in der Regel nicht den Serienwerkzeugen. Ein System sollte daher in der Lage sein, operative Beschaffungsvorgänge ohne Teilenummer umzusetzen bzw. in einem Alternativsystem anzustoßen und kritische Daten rückzuversorgen (Abschn. 5.3.6).

Freigabe Konzeptphase Die Konzeptphase sollte im übergeordneten Gesamtprojekt einem Freigabevorgang unterliegen. Das System muss den entsprechenden Genehmigungsworkflow hierzu unterstützen und dokumentieren.

Produktrealisierung

Die Produktrealisierung dient dazu, alle Schritte zu vollziehen, die zu einem erfolgreichen Serienanlauf führen. Aus Sicht des Einkaufs bedeutet dies, die Festlegung auf eine Bezugsquelle. Aus Sicht der Lieferantenqualität die Sicherstellung von Teilen, welche die Spezifikation erfüllen.

Pflege Materialstammdaten Die aus der Konzeptphase noch grob beschriebene Stückliste wird mit zunehmendem Reifegrad der Teile in Materialstämme überführt. Für die Einkaufsteile erfolgt eine Pflege der relevanten Daten:

- Zuständiger Einkäufer
- Materialgruppe des Teiles
- Dispositive Merkmale der Beschaffung
- Sicherheitsbestände
- Lieferzeiten
- ...

Anfrage mit freigegebenen Zeichnungen und Anfragen verwalten Die Informationen aus den Materialstämmen werden in Kombination mit den freigegebenen Zeichnungen und gültigen, zu beachtenden Normen in Anfragen mit alternativen Bezugsquellen überführt. Hierzu sollten unter anderem folgende Elemente Kern der Anfrage sein:

- Der zu erwartende jährliche Bedarf pro Standort
- Technische Zeichnungen sowie Spezifikationen (bspw. Materialanforderungen, Toleranzen, ...)
- Mindestbestellmengen
- Vorschriften für die logistische Handhabung und Verpackung
- Notwendige Lizenzen und Zertifizierungen
- Kosten für Werkzeuge
- Spezifikationsanforderungen an Werkzeuge (z. B. Kavitäten)

- Bestätigung der Machbarkeit
- Produktionskapazität beim Lieferanten
- Cost-break-down für zu fertigende Teile

APQP starten und Qualitätsinspektion definieren und verwalten Für die Lieferantenentwicklung ist eine systematische Begleitung der Produktqualität essenziell. Ein System für die Entwicklung von Neuheiten muss daher Möglichkeiten vorsehen, eine Qualitätsvorausplanung (Advanced Product Quality Planning) zu unterstützen. Hierfür sind die Verfahren der Produkt- und Prozessentwicklung notwendigerweise abzubilden und auch die dafür vorgesehenen Methoden zu integrieren oder zu den entsprechenden Systemen zu verbinden (bspw. Design- und Prozess-FMEA oder auch die Messsystemanalyse MSA).

Innerhalb des Systems sollte eine detaillierte Planung der Teilequalifikation nutzbar sein, welche den Fortschritt der einzelnen Qualifikationen und Tests dokumentiert und transparent macht. Je nach Teilespezifikation und Unternehmen sind unterschiedliche Absicherungsprozesse zu durchlaufen. Diese können bspw. Materialprüfungen (Zug, Druck, …), thermische und klimatische Prüfungen oder Dauerlauftests inkludieren. Die verschiedenen Testtypen sowie deren Anforderungen müssen dafür im System hinterlegbar sein und unternehmensspezifisch ausgeprägt werden.

Dokumentation und Freigabe Teile- und Funktionsklärung Lieferanten Für die Produktrealisierung ist es erforderlich, dass der Lieferant eine Machbarkeit der Herstellung und Belieferung bestätigt. Dazu ist im System eine entsprechende Dokumentation vorzunehmen, in einen Freigabeprozess zu geben und auch zu sichern. Neben den allgemeinen Daten zu den Ansprechpartnern, Termin und Projekt geht es insbesondere darum, für folgende Elemente ein gemeinsames Verständnis mit den Lieferanten festzuhalten:

- Zeichnungsnummer und Index, welche der Freigabe unterliegen
- Teilebezeichnung
- Funktion und Montage
- Funktion des Bauteils beschrieben und geklärt sowie eventuelle Anmerkungen
- Montagekonzept manuell oder automatisiert
- Greifen und Zentrieren mit Produktion abgestimmt
- Beschreibung geplanter Produktionsablauf
- Zulässige Materialspezifikationen
- Anforderungen bezüglich Farbe, Beschichtung, Oberfläche und Lackierung
- Zulässige Toleranzen sowie deren Prüfung
- Zulässige Messmittel und Messtechnologien
- Zulässige Markierungen auf dem Bauteil
- Verpackungsanforderungen

Bemusterung planen und verwalten Die Teilebemusterung ist für technische Teile ein wichtiger Bestandteil der Qualitätsabsicherung und sollte ebenfalls vom System unterstützt werden. Hierzu muss eine Bemusterungsplanung pro Teilenummer definierbar und verwaltbar sein. Es geht hierbei vor allem darum, eine klare Kommunikation mit den Lieferanten bezüglich der erforderlichen Menge und Herkunft der Teile sowie der terminlichen Anforderungen früh zu kommunizieren und mit dem internen Qualifizierungsprogramm des Gesamtprojektes zu synchronisieren. Innerhalb der Bemusterungsplanung werden zu den verschiedenen Reifegraden des Projektes hinterlegt:

Menge, Lieferdatum, Lieferort sowie Verantwortung für die Bereitstellung von Prototypteilen, Teile aus dem Serienwerkzeug, Probeaufträge, Qualifikationstests, Produkt- und Prozessabnahmen oder Versandfreigabe.

Werkzeugspezifikation anlegen und verwalten Für eine Fertigung von werkzeuggebundenen Teilen (bspw. Spritzguss) ist es erforderlich, eine genaue Spezifikation im System zu den betroffenen Teilen anzulegen und auch zu verwalten. Da die Werkzeuge einen beträchtlichen Kosteneffekt haben, ist die Absicherung der Qualität des Werkzeuges von hoher Bedeutung. Die Bestellung sollte erst ausgelöst werden, wenn die Teile hinsichtlich ihrer Spezifikation einen stabilen Stand erreicht haben und es zu einer Produktrealisierung kommt. Bei der Werkzeugspezifikation geht es um eine klare Absprache mit den Lieferanten – mit besonderem Augenmerk auf die Werkzeugkonstruktion – unter anderem zu folgenden Punkten:

- Außenkanten
- Innenkanten
- Auswerfermarkierungen
- Anspritzpunkte
- Formschrägen
- Fließlinien
- Rohteilnummern
- Nestnummern
- Werkstoffkennzeichnungen
- Logos des Herstellers

Vergabe Teile an Ziellieferanten Nach erfolgter Anfrage sowie Klärung aller technischen und kommerziellen Anforderungen erfolgt die Vergabe des Auftrages an die definierte Bezugsquelle. Diese Information ist in das System zumindest zurückzuführen, sollte der Anfragevorgang nicht im System integriert sein.

Produktfreigabe

Innerhalb der Produktfreigabe erfolgen die notwendigen Schritte, um einen termingerechten Produktionsstart zu gewährleisten. Es sind Werkzeugbestellungen notwendig und auch die Bemusterung der Produkte muss final erfolgen.

Serienwerkzeugbestellung anlegen und verwalten Ein System muss die Erstellung der notwendigen Werkzeuginvestitionen ermöglichen oder diese zumindest initiieren. Gemäß den Angeboten der Lieferanten sowie der vereinbarten Spezifikation wird der Werkzeugbau für die benötigten Teile beauftragt und nachverfolgt. Der Prozess muss im System nachvollziehbar sein.

Kapazitätsabsicherung Lieferant planen und verwalten Für den Start des entwickelten Produktes und damit der Herstellung im Unternehmen ist es erforderlich, dass alle Lieferquellen die entsprechende Kapazität und Lieferfähigkeit im Produktanlauf so vorhalten, wie es die Absatzplanung erfordert und wie es Sicherheitsbestände vorsehen. Hierzu muss seitens der Lieferanten eine Abstimmung zu den Planbedarfen existieren. Die Plankapazität sollte im System sichtbar sein sowie auch der Lagerbestand an „Gut-Teilen".

Bemusterungsprozess Produktfreigabe starten und verwalten Für die Freigabe der Produkte erfolgt ein systemgestütztes Freigabeverfahren, welches gemäß der Bemusterungsplanung den aktuellen Stand aller Teile dokumentiert sowie auch den Status aufzeigt. Sind alle Teile der Eigenfertigung sowie die fremdbeschafften Teile in definierter Qualität verfügbar, kann die technische Freigabe des Produktes erfolgen.

Freigabe Produktrealisierung Das System sollte einen Freigabeprozess im Entscheidungsgremium des Projektes initiieren. Durch erfolgreichen Abschluss der Genehmigung ist die technische Freigabe erteilt und dokumentiert.

Produktionsfreigabe

Neben der technischen Freigabe des Produktes ist es ebenso relevant, das Fertigungskonzept zu berücksichtigen und ebenfalls systemseitig zu begleiten. Eine Pilotserie sollte einen internen Prüfprozess anstoßen, welcher mit einer Lieferfreigabe zu dokumentieren ist.

Dispositive Daten für Serienbestand pflegen Für die zu beschaffenden Teile ist es notwendig, beschaffungsrelevante Informationen im System zu hinterlegen, um die Disposition in der Serie vorzubereiten. Dazu gehören das Anlegen von Preisinformationssätzen sowie der erforderlichen Eintragung der Lieferquellen für das Material. Ebenfalls sind die Bestandshöhen sowie das Dispositionsinstrument initial festzulegen. Es sollten zu diesem Zeitpunkt keine fehlenden Bemusterungsunterlagen vorliegen.

Bestellung Pilotserie umsetzen Gemäß der Planung des Gesamtprojektes kann aus den Serienwerkzeugen eine Pilotserie im System beschafft werden.

Produkt- und Prozessabnahme starten und verwalten Der Fertigungsprozess beim Lieferanten sollte mit einer Prozessabnahme dokumentiert werden. Zu prüfen sind unter anderem die Verfügbarkeit des vereinbarten Kontroll- und Inspektionsplans, der erfolgreichen Bemusterungen sowie der dafür vereinbarten Dokumentationen (Nachverfolgbarkeit und Rückverfolgung). Insbesondere der vereinbarte Zeichnungsstand sollte festgehalten werden. Werden Teile des Fertigungsprozesses an Sublieferanten vergeben, müssen diese auch aufgenommen werden und es muss gesichert sein, dass diese ebenfalls den qualitativen Anforderungen genügen.

Innerhalb der Prozessabnahme sollte der Status eventueller Werkzeuge und der verfügbaren Testausstattung des Lieferanten festgehalten werden; beispielsweise die genutzten Prüf- und Messmittel sowie deren Messgenauigkeit sowie das Wartungskonzept innerhalb der Fertigung.

Zu der Prozessabnahme beim Lieferanten gehört ebenso ein Nachweis, dass das Fertigungspersonal eine adäquate Einweisung zur Fertigung, zur Inspektion sowie zur Verpackung erhalten hat. Üblicherweise wird auch eine Prozessfähigkeit ermittelt (FMEA).

Im Falle von Abweichungen müssen diese im Bericht festgehalten und nachverfolgt werden können, d. h. eine entsprechende Maßnahmenverwaltung sollte ebenfalls systemgestützt zur Verfügung stehen.

Lieferfreigabe anlegen und verwalten Nach erfolgter Freigabe des Produktionsprozesses wird dem Lieferanten die Freigabe zur Belieferung erteilt und systemseitig dokumentiert.

Produktionsstart

Mit dem Produktionsstart beginnt die Serienfertigung des Produktes. Dies markiert gleichwohl das Projektende des Neuheitenprojektes oder der technischen Änderung. Um dies zu erreichen, sind durch den Projekteinkauf einige Maßnahmen notwendig, die den reibungslosen Übergang ermöglichen.

Initialbestand beschaffen Für alle fremdbeschafften Komponenten müssen die definierten Initialbestände beschafft werden. Diese Beschaffung muss vom System überwacht werden. Sind die Zielbestände erreicht, sollte dies ebenfalls im System markiert werden.

Beschaffung Initialbestand überwachen Der Eingang der Initialbestände muss in allen Schritten in engem Austausch mit dem Lieferanten überwacht werden. Über Auftragsbestätigungen und Lieferavis sind systemseitig die relevanten Eckdaten aufzuzeigen.

Übergabe an Disposition dokumentieren Mit der Übergabe der Beschaffungsfunktion in die regulären Dispositionsstrukturen der Werke erfolgt die Sicherstellung der Serienbetreuung. Die Übergaben sollten systemseitig dokumentiert und gesichert werden.

Übergabe an Serieneinkauf dokumentieren Mit dem Ende des Neuheitenprojektes werden die Teile in die Verantwortung der Warengruppen übergeben und im Rahmen der

Category-Strategie betreut. Diese Übergabe sollte ebenfalls im System erfolgen, dokumentiert und gesichert werden.

5.3.5 Strategischer Einkauf für Projekte im indirekten Einkauf

Der strategische Einkauf von Projekten im indirekten Einkauf bildet im Kern einen über mehrere Einzelprozesse verbundenen End-to-End-Prozess. Im Gegensatz zu den Belangen der Produktentwickungsprojekte (Abschn. 5.3.4) liegt die Komplexität nicht in der Erfüllung einer weitestgehend standardisierten endproduktgetriebenen Realisierung, sondern in der Heterogenität der einzelnen Beschaffungsinhalte im indirekten Bereich. Es ist daher erforderlich, dass die warengruppenspezifischen Vorgaben der einzelnen Sachgebiete in den jeweiligen Prozessen berücksichtigt werden und einer systematischen Pflege und Integration unterzogen werden.

So folgt beispielsweise in der Praxis die Beschaffung von Investitionsgütern spezifischen Vorgaben der Investitionsgüterplanung, einer Make-or-Buy-Analyse, der Durchführung von Unternehmensrichtlinien zur Anlageplanung und weiteren Vorgaben. Andererseits können Vorgänge im IT- und Softwarebereich mit Prüfungen der Softwaregüte beaufschlagt sein, der Durchführung von Penetrationstests, einer Überprüfung der IT-Sicherheit der Rechenzentren, der Software-As-A-Service-Anforderungen usw.

Es wird klar, dass eine Transparenz über diese Anforderungen wesentlich ist, wenn ein Beschaffungsprojekt für indirekte Bedarfe die folgenden Hauptprozesse durchläuft:

1. Projektplanungsprozesse und fachliche Spezifikation (Abschn. 5.4.6)
2. Prozesse der Bezugsquellenfindung und Verhandlung (Abschn. 5.3.2)
3. Vertragsmanagement (Abschn. 5.3.3)
4. Beschaffung (Abschn. 5.3.6)
5. Lieferantenbewertung (Abschn. 5.2.4)
6. …

Es ist hilfreich, wenn innerhalb der Einzelprozesse eine warengruppenspezifische automatisierte Erfüllung der Fachvorgaben integriert ist (Tab. 5.5), um zu verhindern, dass nicht aktuelle Dokumente genutzt werden. Dabei kann eine Prozess-Warengruppen-Anforderungsmatrix nützlich sein, die sowohl für Fachbereiche als auch für Einkaufsmitarbeiter die Prozesseinhaltung erleichtert.

5.3.6 Beschaffung von Bedarfen für nicht-lagerhaltiges Material

Obwohl sich dieses Buches auf die strategischen Prozesse des Einkaufs konzentriert und somit die Prozesse der dispositiven Versorgung von lagerhaltigem Material nicht behandelt, spielt dennoch die operative Beschaffung von nicht-lagerhaltigem Material

Tab. 5.5 Beispiel einer Anforderungsmatrix für indirekte Fachgebiete

Warengruppe	Projektplanung und -spezifikation	Lieferantenaus-wahl	Ausschreibung und Vergabe	Vertrags-management
Investitionsgüter (Maschinen & Anlagen)	Projektspezifikation Make-or-Buy-Analyse Vorgaben Instandhaltung ...	Freigegebener Lieferant Invest Liquiditätsprüfung	Lastenheft Projekt mit Abnahmebedingungen	Projektvertrag NDA
IT-Hardware	Anforderungsspezifikation und Fragenkatalog	Freigegebene Lieferanten für IT-Zertifizierungen	Provider Rate-Card Projektnachweise	Implementierungsvertrag
Beratungs-leistungen	...	...	...	...
Logistik				
Bauwesen				
...				

eine bedeutsame Rolle im strategischen Einkauf und sollte auch hier beschrieben werden. Die operative Beschaffung von nicht-lagerhaltigem Material betrifft zum Großteil Umfänge, welche auf Kostenstellen beschafft werden und insbesondere durch ihr Automatisierungspotential interessante Stellhebel zur Optimierung aufweisen. Es ist jedoch nicht so, dass diese Prozesse ausschließlich der Versorgung von indirekten Bedarfen, sogenanntes Nicht-Produktionsmaterial unterstützen sollten. Auch in der Beschaffung von direkten Bedarfen, insbesondere in der Prototypen- und Musterbeschaffung, sind die definierten Prozesse ebenso anwendbar.

Die Hauptziele des Prozesses sind:

- Eine transparente und sichere Beschaffung mittels definierten Bestellverfahren
- Eine hohe Automatisierungsrate im gesamten Bestellablauf
- Ein möglichst durch den Fachbereich initiierter Beschaffungsprozess
- Eine Beschaffung aus vom Einkauf definierten Inhalten mit freigegebenen Bezugsquellen

Abb. 5.11 zeigt die prozessualen Hauptbestandteile der operativen Beschaffung.

Die einzelnen Anforderungen sind in kompakter Form im Folgenden beschrieben.

Bedarfsentstehung

Der Bedarf zur Beschaffung einer Ware oder Dienstleistung erfolgt meist in den Fachbereichen und wird in Form von Spezifikationen erstellt.

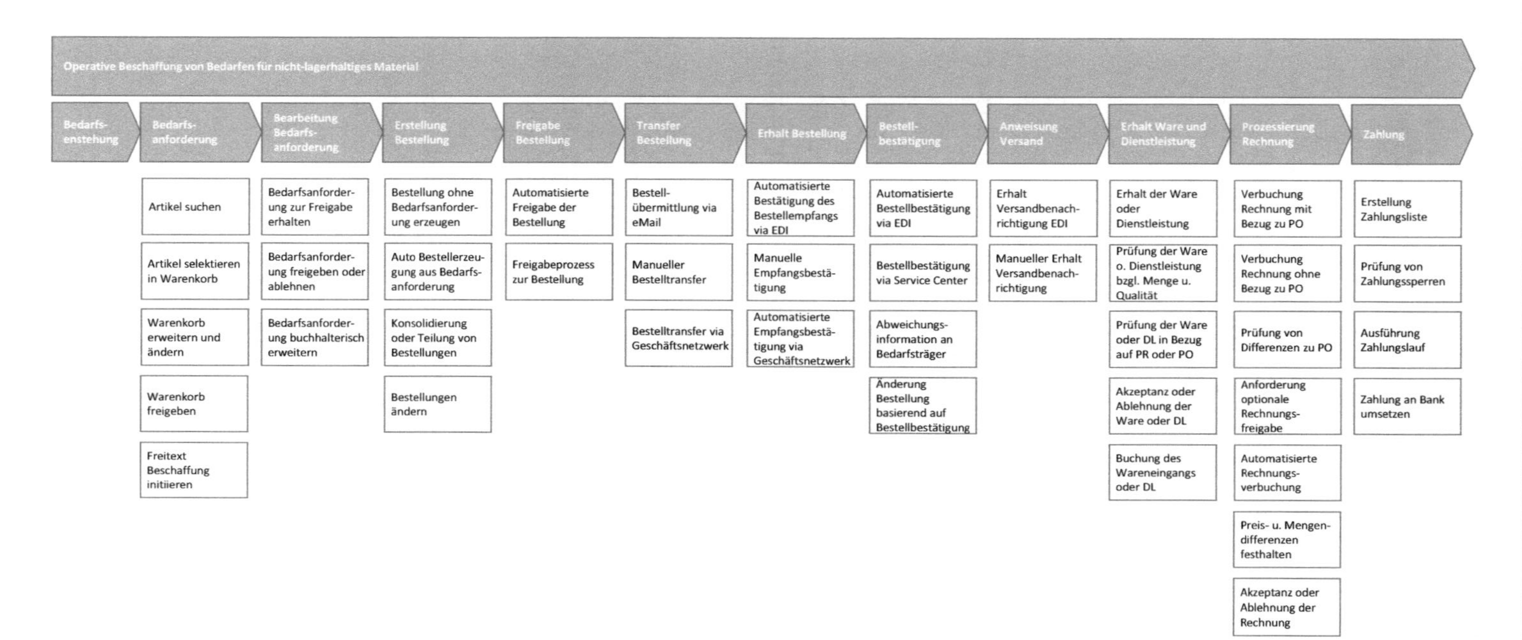

Abb. 5.11 Operative Beschaffung von nicht-lagerhaltigem Material

Bedarfsanforderung
Der Prozess der Bedarfsanforderung (BANF) bildet die Grundlage für den operativen Beschaffungsprozess und mündet in einem Genehmigungsworkflow.

Artikel suchen Der Nutzer des Beschaffungssystems hat bei der Beschaffung von alltäglichen Gütern die Möglichkeit, in elektronischen Katalogen zu suchen und die Suche einzugrenzen, um seinen Bedarf zu decken. Dabei können sowohl eigene unternehmensspezifische Kataloge genutzt als auch sogenannte punch-out-Kataloge (Level 1 oder 2) herangezogen werden.

Artikel selektieren in Warenkorb Nach erfolgter Suche wird der gewünschte Artikel in der erforderlichen Menge in den Warenkorb übertragen.

Warenkorb erweitern und ändern Bei Bedarf kann innerhalb des Warenkorbs eine Veränderung der Waren und der Mengen erfolgen. Der Gesamtbeschaffungspreis aller Güter des Warenkorbes wird automatisiert kalkuliert.

Warenkorb freigeben Der gewünschte Warenkorb wird vom Endnutzer zur Freigabe prozessiert und es erfolgt ein warengruppen- und wertbezogener spezifischer Freigabeprozess. Hierbei stößt das Beschaffungssystem die Genehmigungsverantwortlichen in der definierten Reihenfolge an, bis der Freigabeprozess vollständig durchlaufen ist. Das Ergebnis ist eine genehmigte Bedarfsanforderung mit Katalogartikeln.

Freitext Beschaffung initiieren Außer der Beschaffung von vordefinierten Sortimenten in Form von Katalogbeschaffungen kann auch die Anforderung von Bedarfen ohne Katalog notwendig sein. Diese Freitextbeschaffungen enthalten alle Arten von Dienstleistungen (bspw. Beratungsleistungen) und Waren (Produktionsanlagen), welche nicht über Materialnummern in der Bestandsführung automatisiert beschafft werden.

Bearbeitung Bedarfsanforderung
Die erstellten Bedarfsanforderungen können im Folgeprozess freigegeben oder erweitert werden. Die Bedarfsanforderung bildet das nach innen gerichtete Legitimationsinstrument zur Durchführung von Beschaffungsvorgängen und ist der Bestellung vorangestellt.

Bedarfsanforderung zur Freigabe erhalten Ein Anwender mit Genehmigungsberechtigung wird vom System automatisiert zur Freigabe aufgefordert und sollte diese Freigabe entweder direkt über eine E-Mail-Benachrichtigung oder aber direkt im System vollziehen können. Dadurch muss ein voller Zugriff auf die Beschaffungsdetails möglich sein, um eine Prüfung zu vollziehen.

Der Freigabeprozess durchläuft dabei in der Regel mehrere Funktionen und Stufen, bspw. wie folgt:

1. Freigabe Kostenstellenverantwortung
2. Freigabe Einkauf
3. Freigabe Controlling
4. Freigabe Buchhaltung

Bedarfsanforderung freigeben oder ablehnen Ein Anwender mit Genehmigungsberechtigung hat die Möglichkeit eine Bedarfsanforderung zu genehmigen oder abzulehnen. Eine Kommentarfunktion begründet jeweils die Entscheidung.

Bedarfsanforderung buchhalterisch erweitern Innerhalb des Freigabeprozesses kann die Buchhaltungsfunktion spezifische Daten zur Bedarfsanforderung erweitern, um eine korrekte Kontierung – insbesondere bei Freitextbeschaffungen – zu garantieren. Hierbei kann es sich um Innenauftragsnummern, korrekte Kostenstellen für Projekte und auch Sachkonten handeln, welche zu berücksichtigen sind.

Erstellung Bestellung
Die Bestellung bildet das für das Unternehmen nach außen bindende Geschäftsobjekt zur Beauftragung eines Dienstleisters.

Bestellung ohne Bedarfsanforderung erzeugen Obwohl es in vielen Fällen wünschenswert ist, eine Bedarfsanforderung der Bestellung voranzustellen, kann es in einzelnen Fällen notwendig sein, eine Bestellung direkt zu initiieren. In diesen Fällen muss eine Genehmigung bezogen auf die Bestellung erfolgen, um eine korrekte und sichere Prozessierung nach den Unternehmensvorgaben zu garantieren. Die Bestellung übernimmt in diesen Fällen nicht die Kopf- und Positionsdaten aus einer BANF, sondern die Daten müssen in der Bestellung gesondert eingegeben werden.

Automatische Bestellerzeugung aus Bedarfsanforderung Ist der Bestellung eine freigegebene BANF vorangestellt, kann systemseitig die BANF direkt in eine Bestellung umgesetzt werden. Die jeweiligen Bedingungen dafür müssen im System spezifiziert werden (bspw. nur bei Katalogbeschaffungen, nur bis zu einer bestimmten Wertgrenze, nur in einer bestimmten Region etc.).

Konsolidierung oder Teilung von Bestellungen Es ist innerhalb der BANF möglich, Güter von mehreren Bezugsquellen in verschiedener Inhaltsgüte zu beziehen. So können Freitext und Katalogartikel bspw. kombiniert werden und auch die Bezugsquellen können variieren. Innerhalb der Bestellung ist es deshalb sinnvoll, diese Trennung in der Form zu nutzen, dass gleiche Inhalte bei gleichen Bezugsquellen in verschiedene Bestellungen aufgeteilt werden, denn die Bestellung ist immer auf einen Lieferanten bezogen. Neben der Teilung (split) ist auch die Bündelung möglich, um zu verhindern, dass unnötigerweise kleinwertige Einzelbestellungen zu einem spezifischen Lieferanten gehen.

Bestellungen ändern Es ist möglich, Änderungen an der Bestellung durchzuführen. Jedoch muss gesichert sein, dass diese innerhalb der Freigabegrenzen bleiben. Das heißt bei substanziellen Änderungen muss eine Neugenehmigung der BANF oder der Bestellung angestoßen werden.

Freigabe Bestellung
Die Bestellung kann automatisch oder manuell freigegeben werden.

Automatisierte Freigabe der Bestellung Bei der Beschaffung aus freigebender BANF mit vordefinierten Artikeln kann die BANF automatisiert in eine Bestellung umgesetzt werden und bedarf keiner zusätzlichen Genehmigung.

Freigabeprozess zur Bestellung Ist der Freigabeprozess nicht bereits auf der BANF erfolgt, sollte er auf dem Bestellobjekt erfolgen, um die Nachvollziehbarkeit der Beschaffung zu ermöglichen. Somit ist ein ähnlicher Prozess zur Freigabe wie bei der BANF für die Fälle systemseitig zu garantieren, in denen es kein vorgelagertes Beschaffungsobjekt gibt.

Transfer Bestellung
Der Transfer der Bestellung beinhaltet die digitale Übermittlung des Bestelldokumentes sowie der Inhalte an den richtigen Empfänger auf die richtige Weise.

Bestellübermittlung via E-Mail Die Bestellübermittlung kann an den Lieferanten per E-Mail durchgeführt werden, d. h. eine Kopie (bspw. als pdf-Dokument) der Bestellung wird vom Beschaffungssystem an die hinterlegten Empfangskommunikationsdaten des Lieferanten gesendet.

Manueller Bestelltransfer Es ist möglich, die Bestellung ebenfalls manuell an den Lieferanten zu senden.

Bestelltransfer via Geschäftsnetzwerk In Falle von integrierten Geschäftsnetzwerken kann die Bestellung direkt an das Einkaufsportal übermittelt und so dem Lieferanten zugänglich gemacht werden. Der Vorteil liegt in der weiteren Integration der Bestelldokumente in das lieferantenspezifische Beschaffungssystem sowie der Möglichkeit, Folgedokumente in einem integrierten Prozess weiterzubearbeiten.

Erhalt Bestellung
Der Erhalt der Bestellung kann bei Bedarf gesondert bestätigt werden (Order Response).

Automatisierte Bestätigung des Bestellempfangs via EDI Wird die Bestellung über standardisierte Formate übertragen (bspw. EDI), so kann die Bestätigung ebenfalls auf diesem Wege erfolgen.

Manuelle Empfangsbestätigung Ist eine standardisierte Integration nicht möglich, kann ebenfalls eine manuelle Empfangsbestätigung vollzogen werden.

Automatisierte Empfangsbestätigung via Geschäftsnetzwerk Wurde die Bestellung über ein Geschäftsnetzwerk an den Lieferanten übermittelt, kann der Erhalt direkt dort quittiert und in das eigene System zurücküberführt werden.

Bestellbestätigung
Innerhalb der Bestellbestätigung erfolgt eine Rückantwort des Lieferanten bezogen auf die Menge und Konditionen der Bestellung (Order Confirmation).

Automatisierte Bestellbestätigung via EDI Die Bestellbestätigung kann automatisiert mittels standardisierter Formate erfolgen.

Bestellbestätigung via Service Center Die Bestellbestätigung kann über eine zentrale Stelle im Unternehmen die Auftragsbestätigung der Lieferanten verarbeiten und koordinieren.

Abweichungsinformation an Bedarfsträger Im Fall von Mengen-, Preis- oder Lieferdatumsabweichungen innerhalb der Auftragsbestätigung muss eine Entscheidung zum weiteren Vorgehen getroffen und ggf. mit dem Lieferanten Kontakt aufgenommen werden. Die Entscheidung dazu trifft der Bedarfsträger.

Änderung Bestellung basierend auf Bestellbestätigung Sind die Abweichungen zwischen der Bestellung sowie der Bestellbestätigung unausweichlich, sollten auch die internen Bestelldokumente angepasst werden, um eine spätere Prozessierung zu erleichtern. In diesem Fall sind entweder Korrekturen an der BANF vorzunehmen oder alternativ zusätzliche BANFen zu erstellen, um eine Abweichung zu korrigieren.

Anweisung Versand
Ist die Ware versandfertig, kann diese vom Lieferanten per Benachrichtigung vorangekündigt werden.

Erhalt Versandbenachrichtigung EDI Der Versand kann mittels standardisierter Formate erfolgen und in das eigene System integriert werden.

Manueller Erhalt Versandbenachrichtigung Die Versandbestätigung kann auch per E-Mail kommuniziert werden.

Erhalt Ware und Dienstleistung
Der Erhalt der Ware oder der Dienstleistung (DL) muss bestätigt werden, um in den Folgeprozessen eine weitere Verarbeitung zu erlauben.

Erhalt der Ware oder Dienstleistung Der Wareneingang kann physisch auf einen Lagerort erfolgen, persönlich an den Besteller zugestellt werden oder in Form einer Dienstleistung als immaterielles Gut bereitgestellt werden.

Prüfung der Ware oder Dienstleistung bzgl. Menge und Qualität Seitens des Warenempfängers ist eine Prüfung nach Menge und Qualität zu vollziehen.

Prüfung der Ware oder DL in Bezug auf PR oder PO Die Warenprüfung muss mit den Daten der BANF und der Bestellung abgeglichen werden.

Akzeptanz oder Ablehnung der Ware oder DL Es erfolgt schließlich eine Akzeptanz oder Ablehnung der Ware oder Dienstleistung.

Buchung des Wareneingangs oder DL Ist die Ware oder Dienstleistung erfolgreich in der gewünschten Menge und Qualität vereinnahmt, kann der Wareneingang gebucht werden. In diesem Fall wird die korrekte Leistungserbringung bestätigt.

Prozessierung Rechnung
Auf die erfolgreiche Vereinnahmung der Ware folgt die Rechnungserstellung und die Prozessierung derselben.

Verbuchung Rechnung mit Bezug zu Bestellung Ist die Rechnung mit einem Bezug zu einer Bestellung, kann die Verbuchung mit Referenz zu dieser erfolgen und auch die Prüfung weitestgehend automatisiert werden.

Verbuchung Rechnung ohne Bezug zu Bestellung Erhält das Unternehmen eine Rechnung ohne Bestellbezug, ist jeweils eine individuelle Prüfung notwendig, um zu verifizieren, weshalb kein Bestelldokument vorliegt und ob ggf. die Leistung korrekt erbracht wurde. Die Verbuchung erfolgt ohne Bestellbezug.

Prüfung von Differenzen zu Bestellung Kommt es zu Differenzen zwischen der Bestellung und der Rechnung und ist die Höhe nicht innerhalb spezifisch definierter Toleranzen, muss ebenfalls eine Klärung mit dem Lieferanten erfolgen.

Anforderung optionale Rechnungsfreigabe Sind die Differenzen zwischen Bestellung und Rechnung oberhalb der Systemtoleranzen muss eine gesonderte Freigabe angefordert werden.

Automatisierte Rechnungsverbuchung Stimmt die Rechnung mit der Bestellung und dem Wareneingang überein, kann diese automatisiert prozessiert werden.

Preis- und Mengendifferenzen festhalten Im Falle von Abweichungen müssen die Preis- und Mengendifferenzen notiert und bei der Zahlung berücksichtigt werden.

Akzeptanz oder Ablehnung der Rechnung Die erhaltene Rechnung muss schließlich akzeptiert oder abgewiesen werden.

Zahlung
Für den Ausgleich der Forderungen sind Zahlungsläufe im System vorgesehen. Es ist der finale Schritt im Purchase-to-Pay-Prozess.

Erstellung Zahlungsliste Gemäß der offenen Posten wird im System eine Zahlliste aufbereitet.

Prüfung von Zahlungssperren Bevor eine Zahlung erfolgt, werden etwaige Zahlungssperren berücksichtigt.

Ausführung Zahlungslauf Das System führt den Zahlungslauf durch.

Zahlung an Bank umsetzen Final erfolgt eine Bezahlung der Rechnungen mittels Banktransfers.

5.4 Management von beisteuernden Prozessen des strategischen Einkaufs

Die Gruppe der beisteuernden Prozesse bildet ein wesentliches Fundament der Digitalisierung sowie des effizienten Managements der Einkaufsprozesse. Diese Fundamente sollten kontinuierlich weiterentwickelt werden und in der Lage sein, neue Technologien und Ansätze gezielt zur Optimierung der Kernprozesse einzusetzen. Sie reichen daher von Überlegungen zum Datenmanagement, der Analysefähigkeit, den Prozessen zum Management der Geschäftsnetzwerke bis hin zu den Themen der Teilequalifikation. Es ist dabei wesentlich zu verstehen, welche Optimierungswirkung unterstützende Prozesse auf Kernprozesse haben. Es empfiehlt sich daher, die Verantwortlichkeiten bspw. Prozesseigner in enge Abstimmungs- und Kommunikationsverfahren zu integrieren.

5.4.1 Datenmanagement und Daten Governance im strategischen Einkauf

Die Beherrschung der Daten von Relevanz für die eigene Entscheidungsfähigkeit im Einkauf gehört zu einem zentralen Anliegen und bildet die Basis für alle Digitalisierungsbemühungen im strategischen Einkauf. Dieses Kapitel strebt an, eine fokussierte Betrachtung von Datenmanagement und Governance zum Zielbild der Entwicklung einer Einkaufsorganisation hinzuzufügen und auch die Schaffung des Bewusstseins für die Relevanz einer strukturierten und definierten Datenstrategie im Einkaufsverbund und in Zusammenarbeit mit meist zentral geführten und übergeordneten Datenmanagement-Organisationen der Unternehmen[14] anzuregen. Neben dem Management der unternehmensinternen Datenquellen und -bestände geht es zunehmend auch um die Integration externer Daten in die eigenen Einkaufsprozesse. Diese Tatsache sollte im Rahmen eines Datenmanagements[15] im Einkauf ebenfalls betrachtet werden.

Die Themenfelder Data Governance und Data Management sollten begrifflich differenziert werden. Data Management bezeichnet alle Aktionen, die mit der operativen Verwaltung der Daten einhergehen. Das sind im Wesentlichen die Datenarchitektur, die Datenmodellierung, die Datenspeicherung sowie das Datenqualitätsmanagement (Mahanti 2021). Data Governance hingegen fokussiert sich auf die organisatorischen Rahmenbedingungen. Das sind die Definition von Richtlininen und Verfahren, Berechtigungen und Verantwortungen im Umgang mit Daten (Eryurek et al. 2021). Es hat zum Anspruch, die Führungsfunktion für das Datenmanagement zu bilden (Otto und Österle 2016). Das Datenmanagement nutzt demnach die Vorgaben der Data Governance und hat zum Anspruch, diese zu implementieren (Mahanti 2021). Für einen ganzheitlichen Ansatz sind somit die Aspekte der Datenstrategie und -prozesse, der Datenorganisation, des Datenmanagements und der Daten-IT-Infrastruktur zu betrachten. Hierzu gehört nicht zuletzt eine Unterstützung des operativen Stammdatenmanagement-Prozesses mit „Support"- und Trainingsstrukturen.

Der Prozess des Datenmanagements sowie der Data Governance verfolgt dabei folgende Hauptziele im strategischen Einkauf.

Ziele der Data Governance (Mahanti 2021):

- Erhöhung der operativen Effizienz durch transparente Schnittstellen- und Verantwortungsklärung
- Schaffung von Transparenz zu den gültigen Daten-Regularien im Unternehmensverbund
- Verbesserung der Entscheidungsgüte und -transparenz
- Sicherung der geschäftsrelevanten Datenbestände

Ziele des Datenmanagements (Otto und Österle 2016):

[14] Oftmals an einem Data Governance Framework orientiert, wie bspw. dem DGI Data Governance Framework (https://datagovernance.com/) oder dem DAMA-DMBOK2 Framework (www.dama.org).

[15] Dieses Werk ist kein Fachbuch zu den Themen Data Management und Governance. Dazu sei an dieser Stelle auf die Spezialliteratur verwiesen.

- Definition und Messbarkeit der Datenqualität relevanter Objekte sicherstellen
- Transparenz über die Nutzung und Verteilung (Schnittstellen und Integration) von Daten sicherstellen
- Prävention einer redundanten Datenpflege und -haltung
- Automatisierung von Datenverarbeitungsaufgaben
- Eindeutige Bestimmung und semantische Klarheit zu Daten erzeugen
- Definition und Umsetzung von Datenschutzmaßnahmen

Abb. 5.12 beschreibt die wesentlichen Themenfelder, die für den strategischein Einkauf berücksichtigt werden sollten.

Daten-Governance-Management
Mit den Anforderungen an einen Daten-Governance-Ansatz im strategischen Einkauf werden die Aspekte einer erfolgreichen organisatorischen Einbettung verfolgt. Dazu gehören im Wesentlichen Richtlinien, Prozesse und Verantwortungen sowie Metriken des Datenmanagements zu definieren.[16]

Datenrichtlinien und Arbeitsanweisungen definieren Die Bedeutung des Themenfeldes Datenmanagement sollte in einer unternehmensweit gültigen Richtlinie definiert und auch für die Domäne des strategischen Einkaufs anwendbar sein. Neben einer allgemeinen Richtlinie zum Datenmanagement sollten darüber hinaus die konkreten gültigen Standards definiert werden. Dazu gehört das Datenqualitätsregelwerk. Hier werden die Anforderungen an die jeweiligen Daten aus fachlicher Sicht beschrieben.

Kerninhalte der Datenrichtlinie:

1. Beschreibung der Relevanz des Datenmanagements für den Einkauf
2. Datenmanagement-Organisation:
    1. Verantwortliche für das Datenmanagement im Einkauf
    2. Rollen des Datenmanagements im Einkauf
    3. Rollen bezogen auf zentrale Systeme und Berechtigungen
    4. Beschreibung von wesentlichen Daten und Verweis auf Data Dictionary
3. Datenmanagementprozesse
    1. Anlage, Ändern, Löschen von Materialstammdaten
    2. Anlage, Ändern, Löschen von Lieferantenstammdaten
    3. Datenqualitätskennzahlen
4. Business (& Einkaufs-) Data Dictionary
5. Beschreibung angrenzender Stammdatendomänen
6. Gültigkeitsfokus der Richtlinie
7. Verlinkungen zu angrenzenden Themen

[16] Von praktischer Relevanz sind in diesem Schritt auch die Zuweisung von Budgets, die einen Handlungsspielraum ermöglichen.

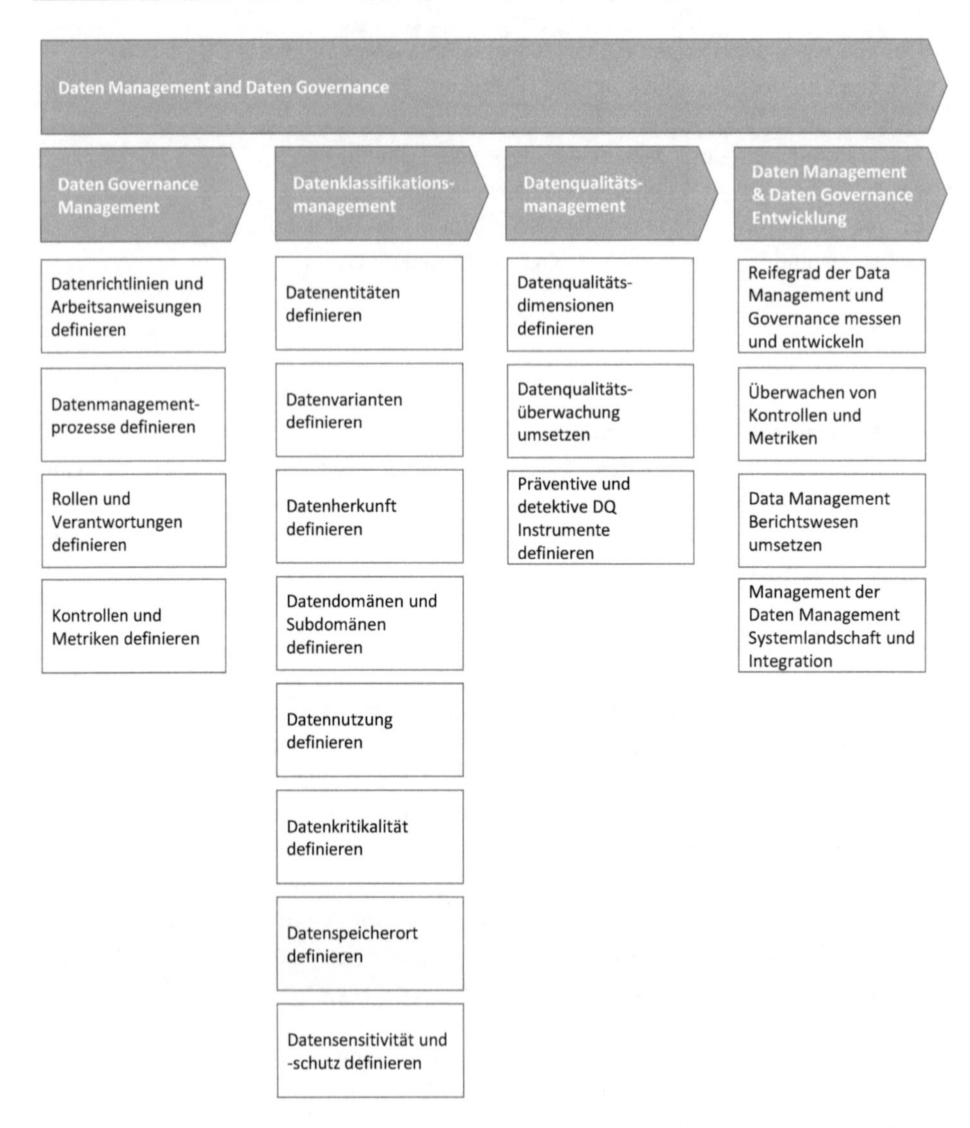

Abb. 5.12 Komponenten von Datenmanagement und Daten Governance im strategischen Einkauf

Tab. 5.6 zeigt das Beispiel einer Regel eines Datenqualitätsregelwerkes.

Datenmanagementprozesse definieren Die für die Pflege der Daten erforderlichen Prozesse sind ein wesentliches Kriterium, welches als Teil der Daten Governance im Einkauf definiert werden sollte. Im strategischen Einkauf sind insbesondere die Stammdatenprozesse sowohl für die Kreditorenanlage als auch die Pflege der Materialstamminhalte als Mindeststandard zu sehen. Es ist sinnvoll, insbesondere manuelle

Tab. 5.6 Kerninhalte des Datenqualitätsregelwerkes und Beispiel. (In Anlehnung an Weber und Klingenberg 2021)

Inhalte	*Beispiel Einkauf*
1. Regel-ID	*EK_01*
2. Regelbezeichnung	*Qualitätskontakt des Lieferanten muss korrekt befüllt sein*
3. Regelbeschreibung	*Das ERP-Feld „AP-Q“ muss befüllt sein, mit einem gültigen E-Mail-Adressenformat*
4. Relevanz der Regel	*Das Feld AP-Q-Kontakt steuert automatisiert im Falle einer Mängelrüge den Versand an den spezifischen Lieferanten mit der Aufforderung um Stellungnahme*
5. Regelprüfungslogik (automatisch oder via manuellem Prüfablauf)	*Der Wert darf nicht „null“ sein* *Die Bezeichnung muss ein „@“ enthalten* *Die spezifische Domäne des Lieferanten muss korrekt sein bspw. „xyzag.com“* *Es muss keine natürliche Person sein im Falle einer zentralen Annahmestelle*
6. Regelbeispiel Good-Practice	*Maengelrügen@xyzag.com*
7. Metainformation der Regel	*Maximale Feldlänge: 50 Zeichen* *Datentyp: Text* *Technisches Feld: MDLIF-AP-Q* *Datenqualitätsdimension: Vollständigkeit*

Datenintegrationsverfahren in wichtige Einkaufssysteme ebenfalls einem standardisierten Prozess zu unterwerfen, um die Qualität etwaiger Datenupdates zu sichern.

Aus theoretischer Sicht sind die Datenproduktionsprozesse für die sogenannten CRUD-Prozesse (Create, Read, Update, Delete (bzw. gesperrt/archiviert)) zu beschreiben (Weber und Klingenberg 2021). Dabei sind im Entwurf der Prozesse folgende Fragestellungen zu beantworten:

- Woher kommen Daten?
- Wie werden die Daten verarbeitet?
- Durch wen (Rolle) oder was (System) werden die Daten verarbeitet und freigegeben?
- Wozu werden Daten genutzt?
- Wie sehen die Daten am Ende des Prozesses aus?

Es sind also insbesondere Klarheit über die jeweilige Datenfeldeignerschaft sowie die Anwendungsregeln möglichst klar zu definieren. Folgende Prozesse sollten beispielsweise für den Einkauf definiert werden:

Lieferantenstamm

1. Lieferanten neu anlegen für direktes Material
2. Lieferanten neu anlegen für indirektes Material
3. Lieferanten neu anlegen für Prototypen und Muster
4. Lieferanten neu anlegen im Schnellverfahren
5. ...
6. Lieferanten ändern Massendaten
7. Lieferanten ändern Einzeldaten
8. Lieferanten sperren
9. Lieferanten archivieren

Materialstamm

1. Definieren der Warengruppen für Materialien
2. Änderungen von Warengruppenzuordnungen einzeln
3. Änderungen von Warengruppenzuordnungen Massendaten
4. Neuanlagen von Einkaufsverantwortlichen
5. Änderungen von Einkaufsverantwortlichen
6. Anlage von Beschaffungskennzeichen
7. ...

Erweiterte Einkaufsprozessdaten

1. Anlage von Preisinformationsdatensätzen
2. Änderungen von Preisinformationsdatensätzen
3. Anlage von Bezugsquellendefinitionen
4. Änderung von Bezugsquellendefinitionen
5. ...

Rollen und Verantwortungen definieren Für das erfolgreiche Datenmanagement im Einkauf sollten die dafür zuständigen Rollen und Verantwortungen definiert werden. Diese Definitionen werden im Rahmen der Abbildung der Datenproduktionsprozesse angewandt. Jeder Rolle werden spezifische Verantwortungen zugewiesen, welche in Form von Aufgaben und Berechtigungen ausgeprägt sind (Otto und Österle 2016).

Ein zentrales Arbeitsergebnis ist hierbei eine RACI-Matrix der jeweiligen Rollen und ihrer Aufgaben sowie eine Beschreibung der jeweiligen Profile. Neben den taktischen und operativen Rollen des Datenmanagements sind auch die Rollen auf den exekutiven und strategischen Ebenen zu definieren. Hierbei kommen in der Praxis folgende Unterscheidungen vor (Tab. 5.7):

Tab. 5.7 Rollen und Verantwortungen im Datenmanagement. (In Anlehnung an Weber und Klingenberg 2021)

Rolle	Verantwortung
Exekutive Ebene	
Auftraggeber/Chief Data Officer	Repräsentiert das Datenmanagement auf höchster Unternehmensebene Sorgt für eine adäquate finanzielle und personelle Unterstützung
Strategische Ebene	
Data Committee	Verantwortlich für strategische Entscheidungen im Datenmanagement Entscheidet über das Projektportfolio des Datenmanagements und dessen Priorisierung Kontrolliert und steuert Daten-Projekte Verabschiedet Datenrichtlinien
Strategic Data Steward (Data Owner)	Strategische Verantwortung mit Entscheidungsbefugnis für einen Teil der Daten (bspw. Lieferantendaten) Verantwortung für Datenqualität, Struktur, Definition, Dokumentation, Bewertung und Verbesserung der spezifischen Datenobjekte
Taktische Ebene	
Data Steward Team	Repräsentiert die Data Stewards des Unternehmens Initiieren Optimierungsprojekte basierend auf operativer Erfahrung Fachliche Spezifikation zu Datenobjekten bezüglich: Datenqualitätsregeln, Terminologie, Definition und Datensicherheit Lösen von übergeordneten Datenqualitätsproblemen
Corporate Data Steward	Koordiniert alle Aktivitäten des Data Governance auf Konzernebene Verantwortung für Einhaltung der Datenstrategie und der Richtlinien (Überwachung und Monitoring) Projekte mit Datenbezug identifizieren, planen und abstimmen Vorbereitung von Entscheidungen des Daten Committees Ableitung von Kennzahlen und Zielen für das Datenmanagement auf Konzernebene
Business Data Steward	Repräsentiert ein spezifisches Fachgebiet, Prozess (bspw. Einkauf) oder Stammdatenobjekt (bspw. Business Partner) Verantwortlich für die Qualität spezifischer Datenobjekte in ihrem Fachgebiet Entwurf, Kontrolle und Weiterentwicklung des Datenproduktionsprozesse Entwickeln von Geschäftsregeln, Datendefinitionen, Qualitäts-Kennzahlen, Terminologien Überwachung der Regeln im spezifischen Fachgebiet
Technical Data Steward	Verantwortung für die IT-technische Unterstützung des Datenmanagement Bringen die Anforderungen der IT in das Datenmanagement ein Definieren und Entwickeln von technischen Datenmodellen Definition von Quellsystemen für Datenobjekte, Datenflüsse und Schnittstellen Auswahl von Data Governance Software

(Fortsetzung)

Tab. 5.7 (Fortsetzung)

Rolle	Verantwortung
Operative Ebene	
User	Nutzen Daten in Geschäftsprozessen und zur Entscheidungsfindung
Data Producer	Erstellen und Pflegen Daten gemäß den definierten Regeln

Kontrollen und Metriken definieren Um die Datenqualität im strategischen Einkauf in Zusammenarbeit mit relevanten Schnittstellenbereichen des Unternehmens systematisch weiterzuentwickeln, um den Fortschritt zu bewerten und zu steuern (Scheuch et al. 2012), ist es erforderlich, eine Definition dessen aufzubauen, was unter einer angemessenen Datengüte zu verstehen ist. Dazu sollten Datenqualitätskennzahlen entwickelt werden, welche möglichst automatisiert quantifiziert werden können (Otto und Österle 2016). Es gilt dabei, eine Antwort auf folgende Kernelemente der Kennzahlen zu finden:

- Messobjekt: Was soll gemessen werden?
- Zielwert: Welcher Wert soll im Unternehmen angestrebt werden?
- Datenquelle: Wo und wie können benötigte Daten bereitgestellt werden?
- Häufigkeit: Was ist der benötigte Aktualisierungsrhythmus der Kennzahl?

Die einzelnen Aspekte der Datenqualität sollten in ein Kennzahlensystem (Scorecard) integriert werden. Als Orientierungsrahmen können dabei einige Fokusgebiete dienen, die in ein übergeordnetes Datenmanagement integriert werden. Dazu gehören die Themen Datenqualität, Compliance in der Verarbeitung von Daten, Effizienz der Verarbeitung sowie Datenkonnektivität.

Als Zielbilder für die Fokusgebiete kann folgendes Beispiel dienen (Tab. 5.8):

Ausgehend von den Fokusgebieten sollten Kennzahlen definiert werden (Tab. 5.9).

Dabei sind sowohl die Prozesse des Datenmanagements zu optimieren als auch die Stammdatenqualität selbst (Scheuch et al. 2012).

Beispielhafte Kennzahlen für die Datenmanagement-Prozessebene (Tab. 5.10):

Datenklassifikationsmanagement

Das Datenklassifikationsmanagement dient dazu, die relevanten Einkaufsdaten, welche im Rahmen des Datenmanagements betreut werden sollen, zu identifizieren, zu analysieren und zu klassifizieren. Es soll dadurch eine für die unterschiedlichen Datentypen effektive Speicherung, Verteilung, Lesbarkeit und ein adäquater Schutz definiert werden (Mahanti 2021).

Datenentitäten definieren Eine Organisation, so auch im Einkauf, kann ihre Daten in Stammdaten (Master Data), Transaktionale Daten (Transactional Data), Referenzdaten

Tab. 5.8 Fokusgebiete des Datenmanagement und Ziele

Fokusgebiet	Ziele des Datenmanagement
Datenqualität	Bereitstellung von akkuraten, konsistenten und vollständigen Daten für die Einkaufsprozesse Sicherstellen einer hohen Datenqualität durch technische Automatisierung mittels Validierung und Ableitung von Daten Unterstützung eines genauen Berichtswesens und hohen Standardisierungsgrades …
Daten-Compliance	Sicherstellen eines (Stamm-) Datenlebenszyklus gemäß den Vorgaben Erfüllung von Anforderungen der Datensicherheit und des internen Kontrollsystems Schutz von kritischen Stammdaten vor unbefugtem Zugriff …
Daten-effizienz	Entwicklung und Durchsetzung von Standardisierung (First Time Right), um Änderungskosten zu vermeiden Erhöhung der Automatisierungsrate generierten Datensätze Vermeidung von manuellen Schnittstellen zur Datenpflege durch Nutzung von Workflow-Funktionen Bereitstellung von angemessenen Durchlaufzeiten von Datenmanagementprozessen für interne Kunden
Daten-Konnektivität	Unterstützung des FAIR-Prinzips von Daten: Findable (Auffindbar), Accessible (Zugänglich), Interoperable (Interoperabel), Reusable (Wiederverwendbar) Bereitstellung von Daten für interne und externe Datenkunden Sicherstellen einer Dateninfrastruktur für Analyseprozesse

Tab. 5.9 Fokusgebiete der Datenqualität im Einkauf und Beispielkennzahlen

Fokusgebiet	Kennzahlen
Datenqualität	Anzahl von Zahlungsläufen mit Fehlern wegen mangelnder Stammdatenqualität pro Monat Anzahl an Datenfehlern aufgrund von fehlerhaften Kreditorenstämmen Prozentualer Anteil an inaktiven Kreditoren in Zeitperiode ohne Löschvormerkung …
Daten-Compliance	Anzahl an Audit-Bemerkungen mit Bezug zu Datenmanagement …
Dateneffizienz	Anzahl an Datenfragen im Support wegen fehlender First-Time-Right-Anwendung Häufigkeit und Anzahl von Datenänderungen in einer Zeitperiode Anzahl an Datenduplikaten im Kreditorenstamm einer Zeitperiode …
Daten-Konnektivität	Anzahl an Fehlern durch Schnittstellen zwischen Systemen (Datendistribution fehlerhaft) …

Tab. 5.10 Beispiele von Datenmanagement-Prozesskennzahlen

Kennzahlentyp	Beispiel im Einkauf
Prozessqualität: Ermittlung von Fehlerraten	Anzahl der Abbrüche von automatisierten Lieferantenanlageprozessen direktes Material
Prozesskosten: Verhältnis von Ressourceneinsatz und Nutzen	Automatisierungskosten im Vergleich zu manueller Anlage für Lieferantenanlagen
Prozesszeit: Wie ist die Durchlaufzeit des Prozesses	Ist die Durchlaufzeit der Lieferantenanlageprozesse im definierten Wertebereich?
Prozesseinhaltung: Wir der Prozess gemäß Definition genutzt	Anzahl an Lieferantenneuanlagen, die nicht durch den Anlageprozess vorgenommen wurden

(Reference Data) sowie Meta-Daten (Metadata) unterteilen. Tab. 5.11 gibt einen Überblick über die Unterscheidung.

Datenvarianten definieren Die Varianten von Daten im strategischen Einkauf lassen sich unterteilen nach ihrem Sortiment an Datentypen und Datenquellen in strukturierte, unstrukturierte sowie semi-strukturierte Daten (Mahanti 2021).

Strukturierte Daten besitzen klare Datendefinitionen und erlauben eine Speicherung in Datenbanken. Unstrukturierte Daten hingegen haben keine identifizierbare Struktur und beziehen sich nicht auf ein Datenmodel. Dazu gehören bspw. Texte, Bilder, Videos etc.

Semi-strukturierte Daten sind solche, die zwar einer Struktur folgen, diese aber variiert, bspw. Logfiles, XML-Strukturen etc.

Für das Management der Daten im Einkauf ist die Unterscheidung relevant, um zu erkennen, welche Daten in ein Data-Governance-Konzept integriert werden sollten und in welchen Fällen auch unstrukturierte Daten in strukturierte überführt werden sollten, um diese Informationsquelle besser nutzbar zu machen.

Datenherkunft definieren Die Herkunft der Daten lässt sich in intern und extern unterscheiden. Werden die Daten innerorganisatorisch erschaffen, werden sie als „intern“ bezeichnet. Stammen sie von einer Quelle außerhalb des eigenen Unternehmens, als „extern“. Ein häufiges Beispiel externer Daten im Einkauf sind die Nutzung von Risikoauskünften externer Anbieter. In diesen Fällen kann die eigene Organisation nicht die Qualität dieser Daten in der Entstehung kontrollieren. Das Management der Daten sollte demnach angemessene Prüfverfahren vor deren Verarbeitung implementieren.

Datendomänen- und Subdomänen definieren Bei den Datendomänen handelt es sich um Fachgebiete, welche die Zuschreibung einer Gruppe von Daten zu bestimmten Organisationseinheiten ermöglicht. Eine initiale Unterteilung in Finanz-, Einkaufs, F&E-

Tab. 5.11 Datenentitäten im strategischen Einkauf. (Quelle: (Mahanti 2021; Weber und Klingenberg 2021))

Datenentität	Beschreibung	Einkaufsbeispiele
Stammdaten	Konsistente und einheitlich verwendete Identifikationsobjekte und Attribute einer Organisation. Dazu gehörend die Orte, Partner und Dinge der Organisation	Kreditorendaten Materialdaten Produktdaten Einkaufsorganisationsdaten Einkäuferidentifikation Werksdaten Infosätze Zahlungsbedingungen Warengruppencodes Branchen Codes
Transaktionale Daten	Bilden betriebswirtschaftliche Vorgänge im Unternehmen ab und sind abwicklungsorientiert Haben eine zeitliche Dimension	Bestellungen Fertigungsaufträge Wareneingänge Lieferantenrechnungen Lieferantenbewertungen
Referenzdaten	Bildet eine spezielle Form von Stammdaten. Liegen in ihrer Definition aber außerhalb des Unternehmens Definieren zulässige Eingaben	Währungscodes Ländercodes Geographische Daten Warengruppenschlüssel UNSPSC Straßennamen Postleitzahlen
Metadaten	Zusatzinformationen zu Daten die andere Daten beschreiben Kann in 3 Gruppen unterteilt werden: Technische-, Geschäfts-, und Prozess-Metadaten Beschreibt bspw. Feldnamen, Datentyp, Format, Erzeugungs- und Änderungsdatum etc.	Warengruppenschlüsseldefinition Nummernkreise für Bestellungen

Daten etc. aus Unternehmenssicht bildet meist die Ausgangsbasis für eine weitere fachbereichsspezifische Feinspezifikation.

Datennutzung definieren Für die Klassifikation der Daten ist es hilfreich, den Nutzen der Daten zu beschreiben. Dies könnte beispielsweise sein:

- Erzeugung von Berichten zum globalen Einkaufsvolumen
- Identifikation von Einsparungspotentialen aus Materialstammdaten
- Klare Zuweisung von Verantwortungen innerhalb der Einkaufsorganisation
- …

Datenkritikalität definieren Eine Einstufung der Datenkritikalität kann für den Einkauf eine Priorisierung der Daten ermöglichen. Die Kritikalität bezieht sich hierbei auf die Relevanz der Daten in Bezug zur Aufgabe, zu den Prozessen, zur Verfügbarkeit und lässt sich in drei Gruppen unterteilen:

1. Nicht-kritisch
   Eine fehlerhafte Datenintegrität oder Verfügbarkeit würde nur eingeschränkte und kurzfristige Auswirkungen auf die Organisation haben.
2. Kritisch
   Diese Daten sind wichtig für die Organisation, um effizient zu arbeiten. Eine fehlerhafte Datenintegrität oder Verfügbarkeit würde Einschränkungen auslösen.
3. Geschäftskritisch
   Ohne diese Daten kann die Organisation nicht effizient arbeiten. Verlust der Datenintegrität oder der Verfügbarkeit würde zu einer Einschränkung der Ergebnisse der Organisation führen.

Datenspeicherort definieren Der Datenspeicherort definiert die möglichen Speicherorte der Daten. Hier ist es relevant, dass in zunehmendem Maße Daten extern verarbeitet und gespeichert werden (Cloud-Dienste).

Datensensitivität und -schutz definieren Ausgehend von einer Einstufung der Daten hinsichtlich ihrer Kritikalität und bezogen auf Datensicherheit, erfolgt eine differenzierte Strategie hinsichtlich auf den Zugriff.

In der Praxis entspricht diese Hierarchie meist den Stufen Restricted, Confidential, Internal, Public und kann ebenfalls für die Datenobjekte des Einkaufs genutzt werden.

Datenqualitätsmanagement

Nach der Identifikation sowie der Klassifizierung der relevanten Datenelemente geht es im Rahmen des Datenqualitätsmanagement darum, eine möglichst hohe Datengüte für den Zweck der Nutzung herbeizuführen. Dazu sollten Datenqualitätsdimensionen der einzelnen Datenelemente definiert und auch eine Überwachung umgesetzt werden.

Datenqualitätsdimensionen definieren Ein verbreiteter Ansatz, die Nutzbarkeit von Daten zu optimieren, ist es, anhand von Datenqualitätsdimensionen eine Optimierung herbeizuführen (Weber und Klingenberg 2021). Für die Messung stehen einige Veröffentlichungen zur Verfügung, die unterschiedliche Vorlagen definieren. Ein bekannter Ansatz bezieht sich auf sechs primäre Datenqualitätsdimensionen[17], andere gehen darüber hinaus (Mahanti 2021), indem Aspekte wie Präzision oder Integrität hinzugefügt werden. Tab. 5.12 gibt hierzu einen Überblick.

---

[17] Vgl. https://www.dama-uk.org/

Tab. 5.12 Mögliche Qualitätsdimensionen für die Beurteilung von Daten im Einkauf

Qualitätsdimension	Definition	Beispielherausforderung Einkauf
Vollständigkeit (Completeness)	Der Anteil der gespeicherten Daten, verglichen mit allen Daten	20 % der Lieferanten haben keinen Branchencode gepflegt
Eindeutigkeit (Uniqueness)	Der Datensatz ist eindeutig	Der gleiche Lieferant wird mehrmals gespeichert
Aktualität (Timeliness)	Der Grad, in dem die Daten, bezogen auf ihre Anwendung, die Realität abbilden	Infosatzdaten sind im ERP-System hinterlegt, aber noch nicht im Berichtswesen
Gültigkeit (Validity)	Die Daten entsprechen der Syntax ihrer Definition	Preisinformationen werden mit 2 und 3 Nachkommastellen in unterschiedlichen Systemen gespeichert
Korrektheit (Accuracy)	Der Grad der korrekten Beschreibung der Realität durch die Daten	10 % der Lieferantennamen haben Rechtschreibfehler
Konsistenz (Consistency)	Die Daten werden in unterschiedlichen Systemen identisch genutzt und gespeichert	Die Einkaufsverantwortlichen werden unterschiedlich hinterlegt: Nachname, Vorname/Vornamen, Nachnahme

Neben den quantitativ messbaren Dimensionen der Datenqualität lassen sich auch qualitative Aspekte beurteilen. So etwa die Themen Relevanz, Nutzbarkeit, Vertrauenswürdigkeit, Objektivität etc.

Datenqualitätsüberwachung umsetzen Zur Messung der Datenqualität ist es erforderlich, für die gewählten Datenqualitätsdimensionen und Datenelemente Qualitätsmetriken in Form von Regeln zu definieren (Weber und Klingenberg 2021). Das bedeutet beispielsweise für die Beurteilung des Kreditorenstammes anhand einer Messgröße:

1. Kreditorenstamm-Qualität
   A) Vollständigkeit
      a) Name Firma gefüllt
      b) Straße gefüllt
      c) Hausnummer gefüllt
      d) PLZ gefüllt
      e) …
      f) E-Mail gefüllt
      g) …

B) Korrektheit
   a) Firmenname syntaktisch korrekt
   b) Adresse syntaktisch korrekt
   c) Ansprechpartner syntaktisch korrekt
   d) …
C) Eindeutigkeit
   a) Dublette nicht erkannt

Neben der Erhebungsmethode sollte für das jeweilige Datenelement sowie für übergeordnete Kennzahlen eine Schwellwertdefinition (Weber und Klingenberg 2021) vorgenommen werden.

Präventive und Detektive DQ-Instrumente definieren Im Sinne einer optimierten Stammdatenqualität empfiehlt es sich, wo immer möglich, auf systembasierte Prüfverfahren und Validierungen zurückzugreifen (präventive/proaktive Instrumente), um schon zum Zeitpunkt der Datenentstehung oder -änderung eine Absicherung gemäß der Datenqualitätsdimensionen zu gewährleisten. Ist dies nicht für jedes Datenobjekt realisierbar, so müssen zumindest detektive (reaktive) Instrumente definiert werden, welche es erlauben, Fehlstände zu identifizieren und mittels Datensäuberungsaktivitäten (Data Cleansing) in einen wünschenswerten Zustand zu versetzen.

Die Datenqualitätsüberwachung muss also auch die Art der Kontrolle berücksichtigen und so in das Regelwerk aufgenommen werden.

Datenmanagement und Daten-Governance-Entwicklung
Die Etablierung von Daten Governance und Datenmanagement ist ein kontinuierlicher Optimierungsprozess. Hierfür ist es erforderlich, das Thema in die Weiterentwicklung der Einkaufsorganisation systematisch zu verankern.

Reifegrad Data Management und Governance messen und entwickeln Um diesen Gedanken fortzuführen, ist es erforderlich, den Reifegrad kontinuierlich weiterzuentwickeln und neu entstehenden Gegebenheiten des Unternehmens anzupassen. Hierzu ist es hilfreich, eine Data Governance Roadmap aufzubauen und ausgehend von der Ist-Situation systematisch den Reifegrad zu optimieren. Dies betrifft die eingangs erwähnten thematischen Schwerpunkte des Data Governance:

1. Weiterentwicklung der Prozesslandschaft
2. Weiterentwicklung der Architektur und der Werkzeuge
3. Weiterentwicklung der Datenqualität
4. Weiterentwicklung der Datenorganisation und -Governance

Überwachen von Kontrollen und Metriken Die definierten Kontrollen und Metriken des Datenmanagements, Daten-Sicherheit, Compliance sowie die Datenqualität müssen laufend generiert und überwacht werden, um möglichst frühzeitig korrektiv eingreifen zu können. Hierzu empfiehlt es sich, im Rahmen der Rollendefinition entsprechende Verantwortlichkeiten zu definieren.

Insbesondere im Falle von Fehlermeldungen oder Hinweisen (alert und notifications) aus Systemen sollte eine Reaktionsstrategie und Verantwortung klar definiert sein.

Data-Management-Berichtswesen umsetzen Für die definierten Daten sollte ein einheitliches Berichtswesen (Weber und Klingenberg 2021) (Datenscorecard, Datenqualitäts-Dashboard) aufgesetzt werden, welches in adäquater Aktualität eine Überwachung und Analyse der Ist-Situation ermöglicht. Dabei ist es hilfreich, ausgehend von einer Schwellwertüberwachung auf Kennzahlebene, auch in spezifische Geschäftsfälle vordringen zu können. Hierbei erleichtert es die Analyse, wenn das Berichtssystem mit „Process Mining" kombiniert wird. So kann auch eine Diagnostik erfolgen und systematische Fehler besser erkannt und behoben werden.

Management der Datenmanagement-Systemlandschaft und Integration Für das Datenmanagement und die Daten Governance empfiehlt es sich, wie in anderen Prozessen auch, auf eine sinnvolle IT-Systemunterstützung hinzuarbeiten. Ebenso sollte an der Erstellung eines Business Data Dictionaries (BDD) (Weber und Klingenberg 2021) gearbeitet werden, um insbesondere eine technische Integration von Daten zu vereinfachen.

Dazu gehört auch der Aufbau von Datenqualitäts-Dashboards, welche häufig als Bestandteil von Stammdatenmanagement-Lösungen enthalten sind. Für den Einkauf bietet sich an, die als relevante Daten identifizierten Elemente systematisch in eine zentrale (ggf. virtuelle) Speicherung zu überführen (Data Lake), um daraus für die unterschiedlichen Anwendungsszenarien und Nutzerperspektiven aussagefähige Berichte und Applikationen gestalten zu können. Hierbei ist es wichtig, dass alle Prozesse des Einkaufs eine Datenintegration ermöglichen.

5.4.2 Management von Data Science und Analytics im strategischen Einkauf

Neben der systematischen Definition und Verwaltung relevanter Daten im Einkauf (Abschn. 5.4.1) ist es erforderlich, die Datenbestände für eine Verbesserung der Einkaufsentscheidungen möglichst gewinnbringend zu nutzen. Dafür soll dieses Kapitel einige Anregungen geben.

Für die Begriffe Data Science (Datenwissenschaft) sowie Data Analytics finden sich uneinheitliche Erklärungen in der Literatur. Für Data Science lassen sich gemäß der Deutschen Akademie der Technikwissenschaften als Kernbereiche festhalten (Gausemeier et al. 2019):

1. Data Engineering
   Alle Methoden und Prozesse für die Speicherung, den Zugriff sowie Rückverfolgbarkeit der Daten
2. Data Analytics
   Datenanalyse durch Aufbereitung und Verarbeitung großer Datenmengen mittels geeigneter Algorithmen
3. Data Prediction
   Vorhersage von Themen und Situationen, basierend auf Erfahrungswissen mittels künstlicher neuronaler Netze oder weiterer mathematischer Vorhersagemodelle
4. Machine Learning
   Ein Querschnittsbereich der anderen Bereiche, bezeichnet die Entwicklung von Algorithmen, welche aus Daten lernen, dabei Muster erkennen, Modelle generieren sowie Themen und Situationen vorhersagen

Data Science als Begriff überspannt damit mehrere Disziplinen bezüglich Prozessen und Systemen, um aus Daten Wissen und Einsichten zu generieren (Halawi et al. 2022). Für das hier fokussierte Fachgebiet des strategischen Einkaufs sollen die beiden Begriffe nur insoweit differenziert werden: unter Data Analytics im Einkauf wird die Analyse von Datensätzen verstanden, um daraus Trends und visuelle Darstellungen ableiten zu können (Halawi et al. 2022) und um spezifische Einkaufsfragen zu beantworten. Zur Erreichung dieses Ziels müssen alle weiteren Aspekte der Data Science berücksichtigt werden. Es soll dabei um die die Nutzung von allen Aspekten der Data Science für die Prozesse des Einkaufs gehen.

Zur Beantwortung der Fragestellungen des Einkaufs mittels Methoden des Data Science wird sich im Folgenden am Data Science Process Modell (DASC-PM) orientiert (Barton 2021). So wird es ermöglicht, den unternehmensindividuellen Fragestellungen mittels eines geordneten Verfahrens nachzugehen, welches für deskriptive (was ist passiert?), diagnostische (warum ist es passiert?), prädiktive (was wird passieren?) oder präskriptive Analysen (was sollte getan werden?) genutzt werden kann. Konkrete Anwendungsszenarien werden in Abschn. 5.4.2.1 aufgezeigt. Abb. 5.13 gibt einen Überblick über die Aspekte eines Data-Science-und Analytics-Prozesses:

Projektauftrag

Für ein erfolgreiches Analyseprojekt ist es erforderlich, ein klares Verständnis der zu lösenden Problemstellung zu erlangen und ein Vorgehensmodell zu entwickeln, über das eine Annäherung an das Zielbild erreicht werden kann.

Spezifikation der Problemstellung der Einkaufsdomäne In einem ersten Schritt muss eine Klärung der eigentlichen Problemstellung erfolgen. Dazu sollten die erforderlichen Inhalte spezifiziert werden:

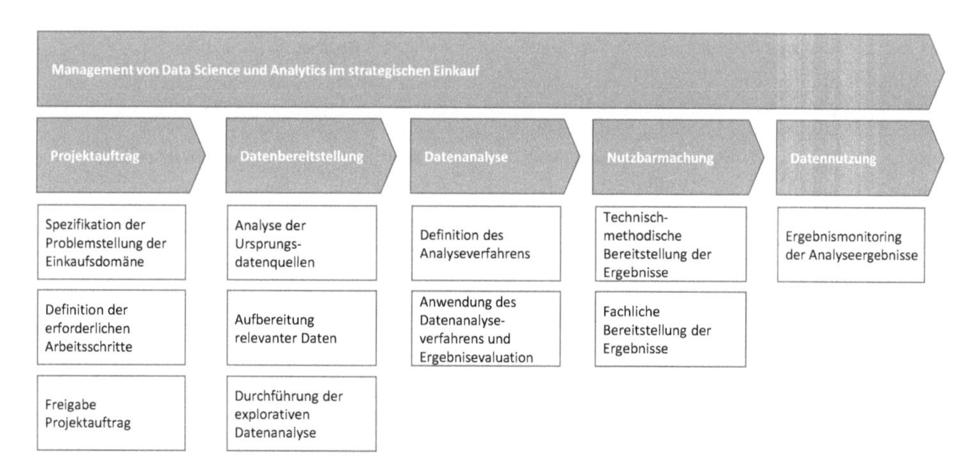

Abb. 5.13 Management von Data Science und Analytics im strategischen Einkauf

1. Projektziel sowie der fachliche Zweck
2. Anforderungen an das Data-Science- und Analytics-Projekt
3. Definition der Messbarkeit und der Zielerfüllung
4. Bereits bekannte interne und externe Datenquellen
5. Umsetzungsteam sowie deren Rollen
6. Komplexitäts- und Aufwandseinschätzung
7. Mögliche Handlungsalternativen
8. Einschätzung bezüglich der Eignung von Data Science als geeignetes Verfahren zur Lösung des Problems

Definition der erforderlichen Arbeitsschritte Im Anschluss an die Spezifikation der Problemstellung folgt die Ausarbeitung der Projektstrategie und damit auch eine initiale Aufstellung der erforderlichen Arbeitsschritte zur Zielerreichung.

Freigabe Projektauftrag Das Data-Science- und Analytics-Projekt sollte durch das steuernde Gremium in Unternehmen und innerhalb der Domäne freigeben werden.

Datenbereitstellung

Der Prozessschritt der Datenaufbereitung befasst sich mit einer Analyse der Datenquellen sowie der Strategie der Selektion benötigter Daten im Hinblick auf das Analyseziel. Dabei geht es um ein Verständnis der Ursprungsdaten, die zweckmäßige Aufbereitung sowie die Durchführung der explorativen Datenanalyse (Schulz et al. 2022). Zu einem analytischen Ökosystem (Haneke et al. 2021) gehören mehrere potentielle Datenquellen: Rohdaten des Data Lake, Data-Warehouse-Systeme, Data Marts usw.

Tab. 5.13 Merkmalskategorien von Datenquellen. (Quelle: (Schulz et al. 2022)

Merkmalskategorie	Wichtige Fragestellungen
Beschaffungsaufwand	Sind benötigte Daten verfügbar aus internen Quellen? Können Daten automatisch verarbeitet werden mit existierenden Schnittstellen?
Verwaltungsaufwand	Was ist die benötigte Datenmenge, deren Veränderungsgeschwindigkeit und Vertraulichkeit? Was ist über die Häufigkeit des benötigten Zugriffs bekannt?
Verarbeitungsaufwand	Wie müssen die Daten transformiert werden, um sie für die Analyse nutzbar zu machen? Welche Vorverarbeitungen sind bereits erfolgt?
Datenqualität	Wie ist die aktuelle Qualität der benötigten Daten? Sind diese bereits Teil des Datenmanagements?

Analyse der Ursprungsdatenquellen Für das Projekt benötigte Daten sollten aus den Ursprungsdatenquellen selektiert werden, um deren Eigenschaften und Eignung für das Projekt zu untersuchen. In diesem Schritt kann auch die Erkenntnis reifen, dass neue Datenquellen benötigt werden. Abhängig von den Eigenschaften der Ursprungsdaten, werden Anforderungen an das Datenmanagement gestellt. Es geht darum, einen angemessenen Detaillierungsgrad der Daten sicherzustellen und auch zu prüfen, ob Vorberechnungen bereits vorliegen oder durchgeführt werden sollten. Für die Durchführung des Projektes muss der Zugriff auf die benötigten Datenelemente der Datenquellen definiert, eingerichtet und geprüft werden.

Die Analyse der Ursprungsdatenquellen kann anhand folgender Merkmalskategorien strukturiert werden (Tab. 5.13) (Schulz et al. 2022):

Aufbereitung relevanter Daten Nach Definition der relevanten Daten sowie der Sicherstellung des Zugriffs werden die Daten aus den spezifizierten Datenquellen extrahiert, aufbereitet (mittels Skripten) und in einem definierten Format dem Analyseverfahren zur Verfügung gestellt (Schulz et al. 2022). Dazu sind die Anforderungen an die Datenstrukturierung zu spezifizieren. Es geht insbesondere um die Datenspeicherungsarchitektur, kommend aus dem Projektziel sowie der verfügbaren IT-Infrastruktur. Beispielsweise sind folgende Aufgaben zu nennen[18] (Tab. 5.14):

Durchführung der explorativen Datenanalyse Ziel der explorativen Datenanalyse ist, ein vollständiges Verständnis der Daten sicherzustellen, geeignete Aufbereitungsstrategien für die Daten zu verifizieren, um zu gewährleisten, dass die Daten in Menge und Qualität

[18] Vollständige Darstellung siehe Schulz et al. 2022, S. 30.

Tab. 5.14 Beispiele für Tätigkeiten der Datenaufbereitung. (In Anlehnung an Schulz et al. 2022)

Tätigkeit	Beschreibung
Datenanonymisierung	Werden vertrauliche Daten für die Analyse nicht benötigt, müssen extrahierte Daten anonymisiert oder pseudonymisiert werden
Datenaggregation	Für die Weiterverarbeitung kann es sinnvoll sein, Aggregationen der Daten vorzunehmen, um einen zu hohen Detaillierungsgrad zu vermeiden
Datenbereinigung	Fehler oder fehlende Werte der extrahierten Daten können manuell oder automatisiert bereinigt werden
Datenfilterung	Nicht benötigte Daten oder fehlerhafte Daten sollten auch entfernt werden oder zumindest nicht in die Verarbeitung gelangen
Datenintegration	Daten aus heterogenen Ursprungsquellen müssen zusammengeführt und ggf. aggregiert werden

Tab. 5.15 Beispiele für Tätigkeiten der explorativen Datenanalyse. (Quelle: (Schulz et al. 2022))

Tätigkeit	Beschreibung
Datenvalidierung	Aus Sicht des Einkaufs (der Domäne) müssen die Datensätze hinsichtlich ihrer inhaltlichen Korrektheit plausibilisiert werden
Ausreißeridentifikation	Ausreißer beeinflussen das spätere Analyseergebnis stark. Es muss daher geprüft werden, ob diese Verwendung finden sollen
Untersuchung auf Datentransformation	Spätere Analyseverfahren benötigen oftmals Daten einer bestimmten Beschaffenheit. Die notwendigen Transformationsaufgaben sollten identifiziert werden
Statistische Analysen	Aus den vorhandenen Daten kann ein Verständnis über Median, Mittelwert, Standardabweichung und Korrelation helfen, Daten besser zu beurteilen zu können und Unregelmäßigkeiten zu identifizieren
Fehlende Werte	Das Fehlen von Datenattributen kann die Aussagekraft der Analyse beeinflussen. Es muss entschieden werden, mit welchen Verfahren fehlende Werte behandelt werden sollen (bspw. Ersatzwerte, Löschung, etc.)

für die Beantwortung der Projektfragestellung angemessen sind. In Tab. 5.15 sind einige Aufgaben der explorativen Datenanalyse genannt[19].

Datenanalyse

Innerhalb der Phase der Datenanalyse sollten die Analyseverfahren definiert und evaluiert werden, inwiefern die Ergebnisse den Projektzielen dienen.

[19] Vollständige Darstellung siehe Schulz et al. 2022, S. 34.

Tab. 5.16 Aspekte und Anforderungen an Analyseverfahren. (Quelle: (Schulz et al. 2022))

Merkmal	Beschreibung
Anforderungsabdeckung	Im Hinblick auf die Fragestellungen des Projektes sollte ein möglichst hoher Abdeckungsgrad durch das Analyseverfahren gewährleistet werden. (Die Anforderungen müssen klar sein.)
Effizienz	Das gewählte Verfahren sollte auf die vorhandene IT-Infrastruktur anwendbar sein. Datenvolumen und Rechenzeit sind zu optimieren
Robustheit	Das Verfahren sollte möglichst resistent gegen Fehler sein, d. h. Fehler oder Ausreißer führen nicht zu einem schlechten Ergebnis
Umsetzbarkeit	Die verfügbaren Ressourcen aus IT-technischer Infrastruktur und Fachpersonen sollten das Analyseverfahren anwenden können

Definition des Analyseverfahrens Für die Definition des geeigneten Analyseverfahrens (bspw. hypothesenprüfende, hypothesenfreie, überwachtes und unüberwachtes Lernen) ist es erforderlich, Anforderungen zu spezifizieren, welche sich an der Fragestellung orientieren (deskriptiv, prädiktiv, präskriptiv). Hierbei können beispielsweise folgende Merkmale unterstützen (Tab. 5.16) (Schulz et al. 2022):

Ein wesentliches Ziel der Data-Science-Anwendung ist es, in den vorhandenen Daten Muster zu identifizieren, um daraus Entscheidungswissen zu erzeugen (Haneke et al. 2021). Zu diesem Zweck werden „Methoden und Algorithmen des Machine Learning" (Haneke et al. 2021, S. 102) angewandt. Das Ziel der Algorithmen ist es, aus vorhandenen – historischen – Daten ein Modell zu erlernen, welches als Erklärungsansatz für die vorliegenden Daten dient. Das Modell kann so fortan zur Erklärung neuer Situationen genutzt werden oder zur Beschreibung vorhandener Situationen. Von überwachtem Lernverfahren (supervised learning) wird dabei gesprochen, wenn die Datensätze ein Zielattribut enthalten, welches vorhergesagt werden soll [Klassifikation, Regression]. Hierzu zählen die Verfahren der neuronalen Netze sowie das Deep Learning.

Unüberwachte Verfahren streben eine automatisierte Identifikation von Ähnlichkeiten in den vorhandenen Daten an – ohne Zielattribut (Haneke et al. 2021). Als ähnlich identifizierte Gruppen werden als Cluster bezeichnet (Clusterverfahren). Als weitere Gruppe der Lernverfahren sei hier das sogenannte „reinforcement learning" genannt, welches auf Interaktion beruht.

Ferner sollte für die Identifikation der Analyseverfahren eine Recherche ähnlicher Problemstellungen vorweggehen. Der Prozessschritt Analyse produziert eine evaluierte Liste an Analyseverfahren sowie eine Einschätzung bezüglich ihrer Eignung für die vorliegende Problemstellung.

Anwendung des Datenanalyseverfahrens und Ergebnisevaluation Die Anwendung des Analyseverfahrens auf die vorliegenden Daten hat zum Ziel, das bestmögliche Analyseergebnis zu identifizieren. Hierzu gehören unter anderem folgende Aufgaben (Schulz et al. 2022):

- Aufsetzen einer Entwicklungsumgebung
- Auswahl einer optimalen Parameterkonfiguration
- Training von Modellen
- Schnittstellendokumentation
- Ergebnisevaluation

Weiterhin ist ein klares Verständnis dessen zu definieren, wie bspw. Ergebnisse dargestellt bzw. visualisiert werden sollen.

Nutzbarmachung
Die Analyseergebnisse müssen für die Nutzung in einer geeigneten Form vermittelt werden. Dazu gehören die technisch-methodische sowie die fachliche Bereitstellung der Ergebnisse.

Technisch-methodische Bereitstellung der Ergebnisse Im betrieblichen Kontext des Einkaufs wird in der Regel angestrebt, die generierten Erkenntnisse kontinuierlich zu nutzen. Das häufigste Verfahren ist in Form von Berichten. Dazu ist es notwendig, die Ergebnisse in eine Produktivumgebung einzubetten. Um diese Aufgaben zu erfüllen, kommen vor allem folgende Tätigkeiten zum Tragen (Schulz et al. 2022):

- Adressatengerechte Aufbereitung der Ergebnisse
  - Adressaten identifizieren
  - User Interface entwerfen und festlegen
  - …
- Aufbau der Produktivumgebung
- Transfer der Ergebnisse
- Automatisierung von Prozessen
- Zugriffskonzepte definieren
- Software-Lizenzen sicherstellen
- Betrieb und Support sicherstellen

Fachliche Bereitstellung der Ergebnisse Innerhalb der fachlichen Bereitstellung werden übergeordnete Themen der Integration in die Einkaufsdomäne definiert. Dazu gehört unter anderem eine Verantwortlichkeit im Einkaufsbereich für die Analyseergebnisse festzulegen, die Ergebnisse in bestehende Prozesse zu integrieren sowie ein bezüglich der Betriebskosten klares Budgetierungsverfahren zu definieren. Ebenfalls sollte eine Dokumentation entstehen sowie ein Schulungskonzept erstellt werden. Der Informationszugriff der Nutzer im Einkauf erfolgt über mehrere Verfahren und Applikationen in Form von (Self-Service-) Reports und Dashboards oder auch Data-Mining-Funktionalität (Haneke et al. 2021).

Datennutzung
Innerhalb der Einkaufsdomäne ist eine kontinuierliche Überwachung der erstellten Ergebnisse notwendig.

Ergebnismonitoring der Analyseergebnisse Aus dem kontinuierlichen Monitoring der Anwendung lassen sich wichtige Rückschlüsse für eine Weiterentwicklung der Anwendung ableiten. Hierzu ist die Qualität der Analyseergebnisse zu prüfen. Dazu dienen Fehler- und Performanceberichte sowie Analysen der Nutzungshäufigkeit. Ebenso sollte eine technische Weiterentwicklung in Form von Updates auf die bisherigen Ergebnisse Anwendung finden.

Anwendungsbeispiele für Analytics im Einkauf
Die Analyse des Einkaufs beginnt meist mit einem klaren Verständnis der Ausgabenstruktur. Auch bei der Datenbereitstellung sind Dashboard-Visualisierungen die gängigste Methode, um Daten für den Anwender begreifbar zu machen. Sie dienen neben der kompakten und konzentrierten Darstellung aller benötigten Information auf einen Blick auch dazu, möglichst schnell benötigte Informationen zu erhalten sowie flexibel in spezifische Kerninhalte vorzudringen (dynamischer „drill-down"). Ebenso sollte auch angestrebt werden, die Kerninhalte auf mobilen Geräten darzustellen.

Anwenderspezifische Bereitstellung von Informationen
Im Einkauf gibt es eine Reihe von Datennutzern, die in der Informationsdarstellung und ihrem Informationsbedürfnis berücksichtigt werden sollten. Diese sind:

- Einkaufsleitung und Bereichsführung: Top-level-Berichterstattung zur gesamten Einkaufsorganisation
- Category Management: Spezifische Informationen aus Blickwinkel Category, Lieferanten oder Material zur Identifikation von Optimierungspotenzialen und Überwachung der eigenen KPIs
- Einkaufscontrolling: Detaillierte Analyse von Einkaufsvorgängen, der Zielerreichung sowie der genutzten Budgets mit flexibler Weiterverarbeitung
- Einkaufsmitarbeiter: Vergleich von Preisen, Mengen und Einkaufsbedingungen für ein spezifische Fachgebiet oder auch Region

Filtermöglichkeiten in Dashboards
Die Informationen der jeweiligen Dashboards müssen dynamisch sein und eine flexible Analyse nach mehreren Grundkriterien ermöglichen. Wünschenswert ist es, dass das Analysesystem Handlungsmöglichkeiten in Form von Optimierungs-

aktivitäten im Einkauf aus den Daten automatisiert extrahiert. Wesentliche Filterkriterien sind:

- Auswahl spezifischer Warengruppen, Materialien, Produkte
- Flexible Auswahl von Zeit und Währung zur Darstellung
- Auswahl nach spezifischen Organisationeinheiten
- Auswahl spezifischer Regionen
- Kombinierte Suchfunktionen (bspw. alle Länder außer Moldawien)
- Freitextsuche in Belegen mit kombinierbaren Suchkriterien („Alle Belege, die enthalten ... ")

Analysedashboards im Einkauf

1. Ausgabenübersicht (Global Spend)
2. Lieferanten-Analyse (Supplier Analysis)
3. Category-Analyse (Category Analysis)
4. Geographische Bezugsquellenanalyse (Sourcing Geography)
5. Preisoptimierungen (Pricing Opportunities)

In Tab. 5.17 sind einige Analysedashboards beschrieben.

5.4.3 Kostenoptimierungsprojekte im strategischen Einkauf (Price Excellence)

Wesentliche Einkaufshebel sind eng mit der Produktgestaltung verbunden. So verwundert es nicht, dass die seit langem bekannten Value-Management-Ansätze (VDI 2011) auch auf die Themenfelder der Beschaffung Übertragung fanden. Begrifflich sind insbesondere die Wertanalyse (Value Analysis) sowie die Wertgestaltung (Value Engineering) in der Praxis bekannt. Hierbei unterscheiden sich beide grob in der Optimierung von bestehenden Produkten (auch Wertverbesserung) und der optimierten Gestaltung von neuen Produkten in der Konzeptionsphase (auch Wertgestaltung) (Arnolds 2022). Weiter finden auch die Begriffe Design-to-Cost und Target Costing Anwendung. Hierbei geht es um die Kalkulation von Zielkosten für Produkte und den Entwurf des Produktes und seiner Komponenten mit Fokus auf diese Ziele. Ferner sind die Themenfelder der Kostenanalyse (Cost Analysis) bekannt, welche eine Konditionsoptimierung anstreben.

Allen Ansätzen kann unterstellt werden, dass sie anstreben, ein kritisches Denken in Alternativen zu etablieren, welches – im Zielbild des Einkaufes – auf eine Kosten- und Preistransparenz übertragbar ist. Mit dem Begriff „Price Excellence" werden im Kontext dieses Buches alle Maßnahmen und Methoden verstanden, die ein Kostenoptimum für fremdbeschaffte Komponenten erzielen. Hierbei werden insbesondere die Konzepte der

Tab. 5.17 Analysedashboards im Einkauf mit Beispielinhalten

Dashboard	Inhaltliche Fragestellungen des Einkaufs
Ausgabenübersicht (Global Spend)	Top-Lieferanten der jeweiligen Regionen Veränderungen des Category-Volumens Veränderungen der geographischen Bezugsquellen des Einkaufsvolumens Top-Categories per Region Anzahl Lieferanten und Trend
Lieferanten-Analyse (Supplier Analysis)	Einkaufsvolumen bei spezifischen Lieferanten Einkaufsvolumenanalyse bei Lieferanten Zahlungsbedingungenvergleich global Lieferantenbewertung Lieferantenrisikoexposition Lieferantenvergleich mit Wettbewerbern in Warengruppe Einsparmaßnahmen bei Lieferanten und erwartete Kosteneffekte Strategische Eingruppierung des Lieferanten gemäß der Strategie Lieferantenentwicklungsprojekte, -Audits und Ergebnisse Eskalationsprotokolle mit Lieferanten Geographische Bezugsquellenanalyse Ergebnisse von Price-Excellence-Analysen Lieferantenvertragsanalyse Lieferantenabhängigkeitsanalyse
Category-Analyse (Category Analysis)	Einkaufsvolumenanalyse der Category Lieferanten in Category- und Fragmentationsanalyse Strategische Eingruppierung der Lieferanten Regionale Versorgungsstruktur der Category und Risikoexposition Category-Strategie-Maßnahmen und Umsetzungsstand Eskalationsthemen in der Category aus mangelnder Lieferantenleistung Materialanalyse der Category Materialpreisentwicklung aller Teile Preisoptimierungspotenzial Identifikation aus internen Daten sowie Materialpreisindizesüberwachung Rohmaterialänderungs-Simulation Single-Source-Bezugsquellen und Materialien Neulieferanten in der Category sowie Qualifikationsstatusüberwachung Durchschnittliches Beschaffungsvolumen pro Warengruppe der Category Analyse zum durchschnittlichen Verhandlungsergebnis Nachhaltigkeitsanalyse der Lieferanten der Category
Geographische Bezugsquellenanalyse (Sourcing Geography)	Regionale Verteilung der Lieferanten Regionale Risikoanalyse nach Ländern Analyse alternativer Bezugsquellen im Resilienzmanagement Firmensitz und Produktionswerkanalyse pro Category/Lieferant Anteil des lokal bezogenen Beschaffungsvolumens pro Land/Region

(Fortsetzung)

Tab. 5.17 (Fortsetzung)

Dashboard	Inhaltliche Fragestellungen des Einkaufs
Preisoptimierungen (Pricing Opportunities)	Volumen im Tail-Spend der Warengruppe Non-PO-Einkaufsvolumen mit Lieferanten Materialien mit Single-Source Einkaufsvolumen mit Nachhaltigkeitsrisiko Preisabweichungen auf gleichem Material Einkaufsvolumen mit hohen Preissteigerungen

Wert- und Kostenanalyse genutzt und methodisch umgesetzt sowie in die strategischen Einkaufsprozesse integriert[20].

Ziel der Price-Excellence-Prozesse ist:

1. Beratung der Projekteinkäufer in der Produktentstehungsphase mit Zielkosten, basierend auf Produktähnlichkeiten, Benchmark-Datenbanken und Einzelkalkulationen (bspw. bottom-up)
2. Unterstützung bei der Abwehr von Preiserhöhungsforderungen im Serieneinkauf durch Validierung von spezifischen Herstellungskosten der Bezugsquellen
3. Unterstützung bei der (automatisierten) Identifikation von Preis- und Kostenoptimierungspotentialen im Serieneinkauf
4. Gestaltung von Anfragekomponenten, wie Cost-Break-Down-Vorlagen zur Erzielung von Kostentransparenz bei Lieferanten
5. Validierung von Einsparungsmaßnahmen bezüglich erwartbarer Effekte
6. Einbeziehung von Lieferanten in Kostenoptimierungsmaßnahmen auf Produkt- und Komponentenebene
7. Unterstützung der Einkaufscategories mit Wissen über technologische Preistreiber im Produkt, der Werkzeuge, der Fertigung und Montage
8. Etablierung von Prozessvorgaben zur Einbindung von Price-Excellence-Prozessen in das „Process Excellence Framework“, wie bspw. in die Bezugsquellendefinition

Für die Analyse von technischen Informationen aus den unternehmensspezifischen Bauteilen und Produkten stehen eine Vielzahl an digitalen Lösungen zur Verfügung. „Price Excellence“ ist deshalb ein Prozess, der durch eine solide IT-technische Infrastruktur unterstützt werden sollte, um sein volles Potenzial für den Einkauf zu entfalten. Im Zielbild sollte ein vollständiges digitales Kostenabbild angestrebt werden, die Erschaffung eines „Digital twin of cost“ (Siemens 2022).

---

[20] Das Value-Management als Management-Ansatz umfasst die Gestaltung von organisatorischen und technischen Maßnahmen. Im Kontext des Buches wird nicht auf alle Belange des Ansatzes eingegangen. Dazu sei bspw. auf Lingohr 2011 verwiesen.

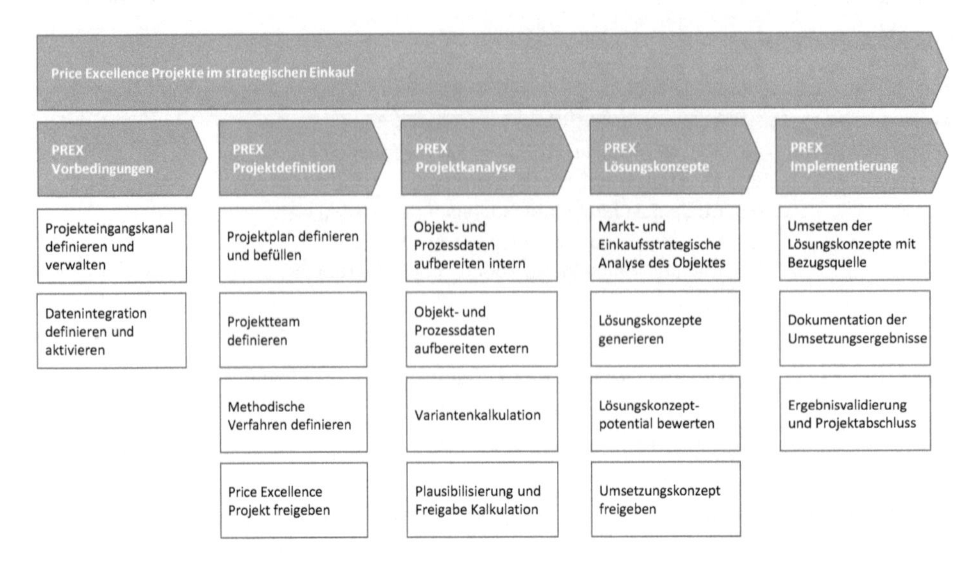

Abb. 5.14 Price-Excellence-Projekte im strategischen Einkauf

Dies betrifft neben der Beherrschung von Materialstammthemen (Teilestammdaten, Zeichnungen, Normen), welche aus CAD- und ERP-Programmen stammen, auch eine möglichst vollständige Unterstützung bei der Analyse von Preistreibern spezifischer Warengruppen sowie Kalkulationswerkzeuge zur Erstellung von Analysen. Hierzu bedarf es, neben einer Darstellung der jeweiligen Stücklisten, auch einer angemessenen Datenbank zur Kalkulation der einzelnen Fertigungsverfahren auf den jeweiligen Maschinentypen (bspw. Maschinenstundensätze). Anzustreben sind eine automatisierte Kostenprognosefunktion für Teile und Werkzeuge, eine möglichst automatisierte Identifikation von Einsparungspotenzialen sowie von geometrischen Ähnlichkeiten mit hoher Güte und Geschwindigkeit.

Abb. 5.14 zeichnet den generellen Ablauf eines Price-Excellence-Projektes mit seinen Hauptmerkmalen auf.

PREX-Vorbedingungen

Vor dem Start eines Price-Excellence-Projektes ist es notwendig, einen systematischen Eingangskanal zu definieren und auch die für das Analysewerkzeug notwendigen Systemintegrationen aufzubauen.

Projekteingangskanal definieren und verwalten Es ist wichtig, dass innerhalb des PREX-Prozesses ein systematisches Verfahren generiert wird, welches es erlaubt, Projektanfragen und -aufträge systematisch zu filtern, zu bewerten und zu priorisieren. So können die Kalkulationsressourcen auf die Projekte fokussiert werden, die eine hohe Relevanz besitzen. Hierbei gilt es, zunächst folgende Daten im Minimum zu erheben:

Anforderdaten:

- Anforderer
- Category/Warengruppe
- Aktuelle Bezugsquelle(n)
- Projektanfragegrund als Kurzbeschreibung
- Produkte im Fokus oder Produktfamilie
- Einkaufsvolumen pro Jahr
- Erwartete Einsparungen
- Spätestes Kalkulationsfertigstellungsdatum

PREX-Initialbewertung Projekt:

- Auftragseingang
- PREX-Bearbeiter
- Theoretisches Anfangsdatum
- Projektübersicht
- Erwartete Komplexität und Aufwand
- Erwartetes Mehrwertpotenzial

Datenintegration definieren und aktivieren Für eine erfolgreiche und schnelle Projektabarbeitung von PREX-Projekten ist eine vollständige und stets aktuelle Integration in mehrere Quellsysteme notwendig. Dazu gehören in der Regel:

Integration von PLM-Daten

- Materialstammdaten und geometrische Daten der Entwicklung
  Beispiele:
  - Länge
  - Breite
  - Höhe
  - Form
  - Volumen
  - Gewicht
  - Projizierte Fläche
  - Anzahl Flächen
  - Anzahl Bohrungen
  - Technologie
  - Maß Toleranzen
  - Prüfmerkmale
  - Rohmaterial
  - Rohmaterialnummer

  - Alternatives Rohmaterial
  - Oberflächenbeschichtung
  - Bilder
  - …
- Bill-of-Material-Daten (Stücklisten)
- Bill-of-Process-Daten (Fertigungsprozess)
- CAD-Zeichnung und 2D-Zeichnung
- Normen und Verfahrensanweisungen

Beschaffungsdaten

- Jährliches Umsatzvolumen
  Beispiele:
  - Jahresumsatz gesamt
  - Jahresumsatz Lieferant mit eigenem Unternehmen
  - …
- Interne Materialpreise Eigenfertigung
- Externe Materialpreise Fremdbezug

ERP-Daten

- Erweiterte Materialstammdaten
  Beispiele:
  - Einkaufspreis aktuell
  - Quotierungen auf Teilenummer
  - Teilebezeichnung & Typ
  - Warengruppe
  - Jahresverbrauch 12M
  - Jahresbedarf 12M
  - Verpackungsrichtlinie für das Produkt
  - Teilenummer
  - Materialart
  - Materialstatus
  - Mengeneinheit
  - Verantwortlich Einkauf
  - Verantwortlich Qualität
  - …
- Werksdaten
- Bezugsquellendaten
  Beispiele:
  - Anzahl und Ort Produktionsstandorte
  - Anzahl Mitarbeiter direkt/indirekt

  - Lieferfreigabe für Warengruppe x/y/z
  - Zahlungsvereinbarungen
  - Liefervereinbarungen
  - Lieferantenadresse(n)
  - Anzahl Teilenummern in Beschaffung
  - Herstellland
  - …
- Werkzeugdaten
  Beispiele:
  - Werkzeugkosten je Werkzeug
  - Anzahl Werkzeuge in den letzten 5 Jahren
  - Anzahl Kavitäten
  - Garantierte Schusszahl der Werkzeuge

Qualitäts-Daten (CAQ)

- Prozessauditinformationen
- Mängelrügeninformationen (Qualität und Logistik)
- …

PREX-Projektdefinition
Liegen die erforderlichen Daten vor und soll ein Kalkulationsprojekt angelegt werden, sollten die erforderlichen Projektpläne definiert werden. Da die Kalkulation in der Regel Ressourcen über längere Zeit bindet, ist es empfehlenswert, eine Freigabeentscheidung in einem geeigneten Gremium zu vollziehen.

Projektplan definieren und befüllen Für die Abarbeitung eines PREX-Projektes ist es notwendig, ein systematisches Vorgehen zu wählen. Hierbei lässt sich mit der EN 12 973 des VDI zur Wertanalyse eine gute Orientierungsleitlinie finden (VDI 2011). Diese definiert in der neuen Fassung eine Abfolge von 10 Prozessschritten:

1. Vorbereiten des Projektes
2. Definition des Projektes
3. Planung
4. Umfassende Daten über die Studie sammeln
5. Funktionen/Kostenanalyse/Detailziele
6. Sammeln und Finden von Lösungsidee
7. Bewertung der Lösungsideen
8. Entwicklung ganzheitlicher Vorschläge
9. Präsentation der Vorschläge
10. Realisierung

In den folgenden Anforderungen dient dieses Vorgehen als Leitlinie. Für die Umsetzung des PREX-Projektes ist es relevant, ein digitales Projektmanagement zu nutzen. Die kontinuierliche Fortschreibung des Projektplanes im Laufe der Projektdurchführung erfolgt durch das Projektteam.

In der frühen Phase gilt es, die Definition des Projektes eindeutig zu bestimmen und ein Zielbild festzulegen. Als relevante Zielgrößen des PREX-Projektes lassen sich verstehen (VDI 2011, S. 44):

- Kostensenkung
- Funktionsverbesserungen
- Qualitätsverbesserungen
- Reklamationsreduzierung
- Terminverbesserung
- Kapazitätssteigerung
- Produktivitätserhöhung
- Ablaufzeitverkürzung
- Designverbesserung
- Neue Anwendungsmöglichkeiten
- Vorteile gegenüber der Konkurrenz
- Reduktion von Lieferkettenrisiken
- Optimierung des CO_2-Fußabdrucks

Neben der Zielbildung ist es notwendig, im Rahmen der Planung eine terminliche und kapazitative Prognose frühzeitig zu erstellen.

Projektteam definieren Für die Umsetzung des PREX-Projektes sollte ein cross-funktionales Projektteam definiert werden, welches verschiedene Arbeitspakete mandatiert. Dazu gehören oftmals ein Einkaufsvertreter, ein PREX-Experte, Vertreter der Qualität und des Controllings. Bei Themenfeldern mit Produktentwicklungsbezug sind Vertreter der Entwicklung miteinzubeziehen und ggf. auch Vertreter der Produktion bei Optimierungen im Bereich der Fertigungsprozesse.

Das Projektteam sollte ebenfalls digital in den PREX-Projekten gespeichert werden.

Methodische Verfahren definieren Noch bevor die Projektarbeit beginnt, sollte die Definition der methodischen Verfahren erfolgen, mit denen das Projektziel realisiert werden soll. Hierzu gehören unter anderem:

- Regressionsverfahren Linear und Non-Linear (LPP, NLPP)
- Kaufteilpreisanalyse ohne Lieferanteneinbeziehung (green field)
- Kaufteilpreisanalyse mit Lieferanteneinbeziehung (brown field)
- Variantenkalkulation
- Referenzkalkulation

- Cost-Break-Down Lieferanten
- Kostentreiberanalyse
- Parametrische Preis- und Kostenschätzung
- Werkzeugkostenkalkulation
- Gleichteileuntersuchung
- Fertigungsprozessbenchmark

Systeme zur Kalkulationsunterstützung sollten diese Verfahren beinhalten und unterstützen.

Price-Excellence-Projekt freigeben Bevor eine Umsetzung des Projektes beginnt, sollte ein IT-gestütztes Freigabeverfahren die Projektdefinition bestätigen.

PREX-Projektanalyse

Mit der Phase der Projektanalyse beginnt die Aufbereitung sämtlicher Daten zum Untersuchungsobjekt und die Erstellung der Kalkulationen. Diese Kalkulationsmethodik standardisiert und objektiviert die Vorgehensweise im Unternehmen und sollte individuelle Herangehensweisen ersetzen.

Objekt- und Prozessdaten aufbereiten intern Alle zum Projekt relevanten Daten müssen systematisch gesammelt, aufbereitet und gespeichert werden, um sie für eine abgesicherte Kalkulation nutzen zu können. Dazu gehört, zunächst ein Verständnis der intern verfügbaren Daten zum Objekt aufzubauen (siehe Datenintegration).

Dies sind insbesondere folgende Themenfelder (VDI 2011):

- Herstellkosten
- Prozesskosten
- Logistikkosten
- Materialflusskosten
- Arbeitsplatzkosten
- Entwicklungskosten
- Vertriebskosten
- Kommunikationskosten
- Kapitalbindungskosten
- Dienstleistungskosten
- Nicht-Qualitätskosten
- Durchlaufzeiten
- Technologieinformationen
- …

Um diese Daten zu generieren, ist es elementar, dass das IT-System zur Unterstützung der PREX-Projekte über Referenzdaten verfügt. Dazu gehören folgende Datenstrukturen:

- Länderdaten
  - Lohnkosten
  - Energiekosten
  - Flächenkosten
  - Zinskosten
  - Rüstkosten
- Werkstoff- und Substanzdaten
  - Rohmaterialeigenschaften, wie Dichte, Verarbeitungstemperatur etc.
- Maschinendaten
  - Maschinenhersteller und -typen
  - Maschinenpreise
  - Technologische Daten der Maschine
- Referenzprozesse der Fertigung
  - Industriespezifische Kostenmodelle
- Technologiespezifische Referenzdaten zu Zyklenzeiten

Für Kostenprognosen und Kalkulationen müssen im Kalkulationssystem fertigungstechnologische Datensätze vorhanden sein, auf die zurückgegriffen und aus denen spezifische Kostenmodelle generiert werden können.

Dazu gehören vor allem Kostenmodelle zu folgenden allgemeinen Fertigungsverfahren:

1. Druckguss
2. Spritzguss
3. Drehen
4. Bohren und Fräsen
5. Laser schneiden
6. Schmieden
7. Pressen
8. Oberflächenbehandlung
   1. Kathodische Tauchlackierung
   2. Imprägnierung
   3. Reinigen und Entgraten
   4. Lackierung
   5. …
9. …

Aus den Daten des Bewertungsobjektes sowie der Referenz- und Kostenmodelle lässt sich so eine Indikation der Kosten basierend auf standardisierten Werten ermitteln.

Objekt- und Prozessdaten aufbereiten extern Wird die interne Kalkulation um externe Daten des Lieferanten ergänzt, kann eine genauere Validierung der Kostenkalkulation bezogen auf diese Bezugsquelle erfolgen. Dafür ist es notwendig, spezifische Informationen zur Erlangung von Kostentransparenz des Lieferanten in die eigene Kalkulation einzubeziehen. Ein IT-System muss es daher ermöglichen, diese Werte zu hinterlegen und zu nutzen. Neben den Möglichkeiten, diese Daten in einem gemeinsamen Lieferantentermin zu erheben und zu erörtern, kann auch bereits zum Zeitpunkt der Anfrage eine Aufschlüsselung inkludiert werden, welche eine Preisstrukturanalyse (bspw. via Cost-Break-Down) ermöglicht.

Im Wesentlichen interessiert hierbei die Konstruktion des Verkaufspreises des Lieferanten und dessen anteilige Zusammensetzung aus Materialkosten, Fertigungskosten, Forschungs- und Entwicklungskosten sowie den Verwaltungs- und Vertriebskosten. Diese Elemente, ergänzt um den Gewinnaufschlag, ergeben den Preis (Arnolds 2022). Es muss deshalb im System zumindest Folgendes abbildbar sein (Tab. 5.18).

Neben den Daten zum Produkt selbst, ist es auch relevant, Kenntnis über den lieferantenspezifischen Fertigungsprozess zu erlangen und in die Kalkulation zu integrieren.

Variantenkalkulation Eine sinnvolle Unterstützung zur Generierung möglicher Projektstrategien erfolgt durch die Bildung von Kalkulationsvarianten der Stückliste, welche auch systemseitig abgebildet werden sollten. Hier geht es darum, verschiedene Szenarien zu erproben mittels einer Optimierung der Eingangsparameter und einer Analyse der Wirkung dieser Einstellungen auf die Kosten. Es kann bspw. eine Variation des Schichtmodelles exerziert werden, ein alternatives Maschinenkonzept eingeplant oder eine Verlagerung des Produktes in alternative Regionen simuliert werden.

Plausibilisierung und Freigabe Kalkulation Aus den Produkt- und Prozessdaten sowie der länderspezifischen Fertigungsparameter wurde ein detailliertes Kostenmodell ge-

Tab. 5.18 Preisbestandteile des Produktes des Lieferanten (Arnolds 2022, S. 84)

Bestandteile	Typ
Fertigungsmaterial	Materialkosten
+Materialgemeinkosten	
+Fertigungslohn	Fertigungskosten
+Fertigungsgemeinkosten	
+Sondereinzelkosten der Fertigung	
+Forschungs- und Entwicklungskosten	
+Verwaltungsgemeinkosten	Verwaltungs- und Vertriebskosten
+Vertriebsgemeinkosten	
+Sondereinzelkosten des Vertriebes	
+Gewinnaufschlag	
Preis	

neriert. Dieses sollte als Basis für die weitere Umsetzungsplanung dienen. Es ist empfehlenswert, die Kalkulation in dieser Projektphase einem unternehmensinternen Freigabeverfahren zu unterziehen.

PREX-Lösungskonzepte

Die Phase der Price-Excellence-Lösungskonzepte dient der Nutzung von Kalkulationsinformationen für die Verfolgung von Zielen der Einkaufsorganisation sowie der Categories. Die Lösungskonzepte müssen dafür vor der aktuellen Lage evaluiert werden und in Umsetzungsplanungen münden.

Markt- und Einkaufsstrategische Analyse des Objektes Aus den strategischen Prozessen der Lieferantenmanagements (Kap. 5) stammen zahlreiche Informationen zur Lieferantensituation, der Märkte, der Volumen, der Qualität und weiterer Eingangsgrößen. Diese Daten müssen in die Konzeption eines Maßnahmenplanes Eingang finden und systemseitig zu dem PREX-Projekt dokumentiert und gesichert werden.

Lösungskonzepte generieren Im PREX-Projekt sollte innerhalb der Maßnahmenplanung die Möglichkeit bestehen, die Lösungsideen und deren Status bezüglich ihres Reifegrades nachzuverfolgen. Das Projektteam nutzt dazu die Möglichkeit, diese Ideen zentral zu speichern. Es sollte ebenso die Option bestehen, Konzepte, die aus dem Dialog mit Lieferanten entstehen, hier einfließen zu lassen.

Lösungskonzeptpotential bewerten Lösungskonzepte müssen bezüglich ihrer technischen Umsetzbarkeit, ihres Ressourcenaufwandes und ihrer strategischen Sinnhaftigkeit bewertet werden (technische und kaufmännische Bewertung). Anschließend erfolgt eine Priorisierung der Maßnahmen sowie deren sequenzielle Ordnung (initiale Terminplanung). Insbesondere ist die Abstimmungsarbeit mit den Category-Strategien notwendig.

Umsetzungskonzept freigeben Die vorgeschlagenen Umsetzungskonzepte sollten vor ihrer Implementierung einem Freigabeverfahren unterliegen.

PREX-Implementierung

Die freigegebenen Lösungskonzepte müssen im Rahmen der Implementierung in nachweisbare Projektergebnisse überführt werden. Ebenso relevant ist eine Dokumentation der Ergebnisse.

Umsetzen der Lösungskonzepte mit Bezugsquelle Um die Lösungskonzepte in die Realität zu überführen, muss die Bezugsquelle aktiv in das Projektgeschehen eingebunden sein. Abhängig von der Art der Maßnahme erfolgt hier die Aktivierung von strategischen Hauptprozessen, wie bspw. Lieferantenentwicklungsprojekten, Themen der Ausschreibung und Verhandlung sowie des Vertragsmanagements.

Es sollte daher eine integrierte Terminplanung mit dem Lieferanten aufgesetzt und nachverfolgt werden, um die Verbindlichkeit der Maßnahmenumsetzung zu steigern.

Dokumentation der Umsetzungsergebnisse Die Abwicklung der Einzelmaßnahmen sollte mit ihren real erzielten Ergebnissen dokumentiert werden, um für ähnliche PREX-Projekte als Vergleichs- und Informationsquelle zur Verfügung zu stehen.

Ergebnisvalidierung und Projektabschluss Sind alle geplanten Maßnahmen umgesetzt, sollte nach einer angemessenen Zeit die Nachhaltigkeit der erzielten Ergebnisse analysiert und dokumentiert werden. Die Ergebnisse stellen sich oft erst ein, wenn die durchgeführten Änderungen an Fertigungsprozessen oder Beschaffungsobjekten in den Regelbetrieb überführt werden, bspw. wenn ein bestehender Bestand verbraucht ist und neue Beschaffungsvorgänge, welche die PREX-Änderungen enthalten, in die Produktion einfließen.

5.4.4 Management der Prozesse zum Digital Workforce Management

Neben der Abarbeitung von Aufgaben des strategischen Einkaufes durch die Mitarbeiter der Primär-Organisation ist es möglich, einen beträchtlichen Teil der Aufgaben des strategischen Einkaufs innerhalb von (taktischen und operativen) Service/Delivery-Center-Strukturen zu unterstützen oder gänzlich zu automatisieren. Diese Automatisierung mittels Robotic Process Automation (RPA), Smart Process Automation (SPA) (Langmann und Turi 2020) und weiterer Technologien bedingt, dass auch die „digitalen Mitarbeiter" kontinuierlich betreut und weiterentwickelt werden.

Die Bezeichnung „Digital Workforce Management" (DWM) soll hierbei zum Ausdruck bringen, dass es notwendig ist, die Aufgabentransparenz darüber zu schaffen, welche Tätigkeiten überhaupt in dafür spezialisierten und optimierten Strukturen abgewickelt werden sollten. DWM bezeichnet damit den Prozess zur systematischen Identifikation von Optimierungs- und Automatisierungspotentialen im gesamten Kontext der unternehmensspezifischen Möglichkeiten, deren Bewertung sowie Implementierung mit den geeigneten Instrumenten.

Folgende Ziele werden im Prozess verfolgt:

1. Systematische und kontinuierliche Identifikation von Optimierungspotentialen im Aufgabenspektrum des strategischen Einkaufs und dessen Hauptschnittstellen
2. Quantifizierung von erwartbaren Wirkungseffekten und des Implementierungsaufwands
3. Definition des richtigen Service-Instrumentes im Kontext der unternehmensindividuellen Gegebenheiten
4. Systematische und integrierte Umsetzungsplanung identifizierter Potentiale

Ein wesentliches Kriterium für eine Charakterisierung und damit zur Bestimmung einer prozessualen Eignung zur Automatisierung ist die Standardisierbarkeit der Aufgabe. Handelt es sich um regelbasierte Aufgaben mit klar ausdifferenzierten Handlungsresultaten, kann diese Aufgabe eher technisch automatisiert werden, als wenn die Aufgabe auf starkem Inhaltswissen und Erfahrung beruht oder gar nur lösbar ist, wenn ein hohes Maß an persönlichem Dialog erfolgt.

Es sollte innerhalb der Beurteilung auch kritisch hinterfragt werden, ob die Entlastung einer Einheit oder einer Einkaufsrolle von einer unliebsamen regelbasierten Tätigkeit bspw. mittels RPA zu den erwarteten Nettoeffekten führt. Da eine Tätigkeit in der Ausübungspraxis als eine Rolle (bspw. Category Manager) meist aus einem Bündel an unterschiedlichen Aufgaben besteht, die strategische sowie operative Anteile beinhalten, kann eine künstlich erzeugte Trennung innerhalb einer abgeschlossenen Rolle zu zusätzlichen Schnittstellen und Verwaltungskomplexität führen, welche den (Effizienz-)Vorteilen der Automatisierung entgegenwirken.

Abb. 5.15 veranschaulicht die Hauptkomponenten des Prozesses.

Im Folgenden werden die wichtigsten Prozessschritte beschrieben:

Potentialidentifikation

Die systematische Identifikation von Potentialen zur Automatisierung oder ggf. Verlagerung beginnt mit einer zielgruppenspezifischen Analyse des Arbeitsumfeldes und mündet in einer Ideensammlung für Potentiale, welche verschiedenen Zielkriterien dienen können, bspw.:

- Reduzierung von Arbeitsaufwand
- Erhöhung der Prozessgeschwindigkeit
- Verbesserung der Datengüte
- Reduktion von Risiken
- ...

Stakeholdergruppen identifizieren Um den Prozess des „Digital Workforce Management" zu installieren, ist es erforderlich, die verschiedenen Anspruchsgruppen zu identifizieren. Es kann dabei gemäß der Warengruppen und Categories vorgegangen werden. Es kann jedoch auch sinnvoll sein, regionale Aspekte zu berücksichtigen. Für jede Stakeholdergruppe sollte ein separates Kommunikationskonzept umgesetzt werden.

Stakeholder Workshops vorbereiten und durchführen Die Stakeholderworkshops bilden das wichtigste Instrument, um in die Details der operativen Arbeit vorzudringen und daraus Prozessoptimierungspotentiale zu erheben. Es sollte hierbei im Zuge der Workshopvorbereitung auf ein standardisiertes Workshopkonzept zurückgegriffen werden.

Eine detaillierte Analyse der aktuellen Prozesse (bspw. mittels process mining) sollte vorweggehen. So kann aus einer übergeordneten Perspektive kritisch hinterfragt werden,

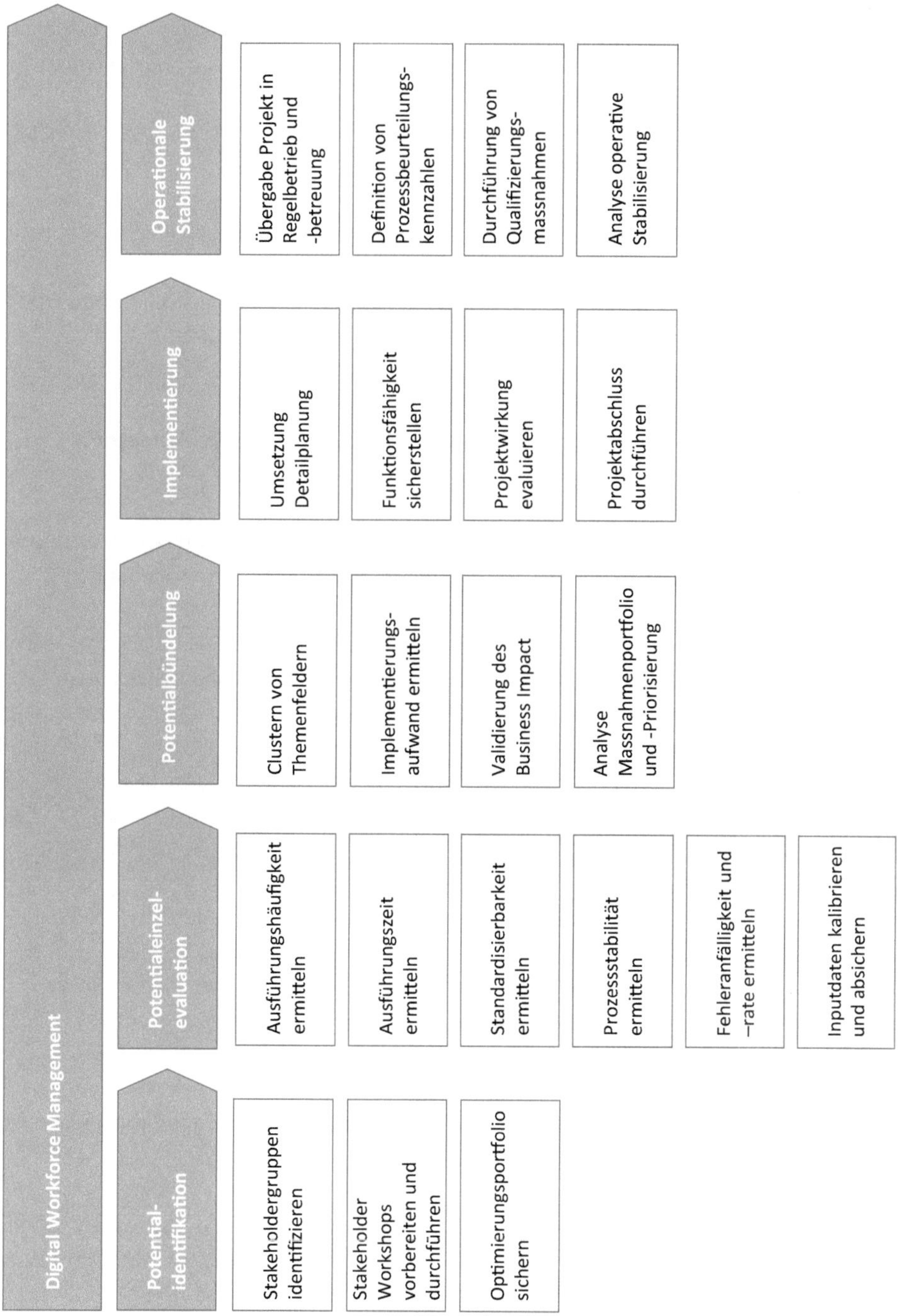

Digital Workforce Management

Potential-identifikation
- Stakeholdergruppen identifizieren
- Stakeholder Workshops vorbereiten und durchführen
- Optimierungsportfolio sichern

Potentialeinzel-evaluation
- Ausführungshäufigkeit ermitteln
- Ausführungszeit ermitteln
- Standardisierbarkeit ermitteln
- Prozessstabilität ermitteln
- Fehleranfälligkeit und –rate ermitteln
- Inputdaten kalibrieren und absichern

Potentialbündelung
- Clustern von Themenfeldern
- Implementierungs-aufwand ermitteln
- Validierung des Business Impact
- Analyse Massnahmenportfolio und -Priorisierung

Implementierung
- Umsetzung Detailplanung
- Funktionsfähigkeit sicherstellen
- Projektwirkung evaluieren
- Projektabschluss durchführen

Operationale Stabilisierung
- Übergabe Projekt in Regelbetrieb und -betreuung
- Definition von Prozessbeurteilungs-kennzahlen
- Durchführung von Qualifizierungs-massnahmen
- Analyse operative Stabilisierung

Abb. 5.15 Digital Workforce Management

auf welche Weise organisatorische Optimierungsinstrumente im Arbeitsalltag der Stakeholdergruppe implementiert werden können und welche organisatorischen Rahmenbedingungen dafür geschaffen werden sollten. Ein bereits mittels digitaler Prozessdaten ermitteltes klares Verständnis über die Aufwandstreiber in den unterschiedlichen Einkaufsprozessen ist dabei ein wesentliches Unterstützungswerkzeug.

Folgende Fragestellungen [Ausgangsszenarien „What if"] können dazu anregen, Ideen zur Optimierung zu entwickeln:

- Wie und wo sollten Flexibilitätsinstrumente, wie Shared-Service Center, in Zukunft aufgebaut werden, um die Category bestmöglich zu unterstützen?
- Wie kann das Cateory-Team bei einer angenommenen Personalreduktion um 20 % ihre Wirksamkeit sichern und welche Maßnahmen wären dafür erforderlich?
- Wie kann die Leistung in Zukunft, bezogen auf die zentralen Kennzahlen, optimiert werden ohne Personalaufbau im Kern-Category-Team?
- Welche Hindernisse sprechen heute gegen eine Automatisierung der Aufgaben?
- …

Aus der Innenperspektive der Stakeholdergruppe sollten innerhalb der Workshopkonzepte gezielt Optimierungsideen entwickelt werden. Folgende Fragestellungen können zur Identifikation hilfreich sein:

- Welche repetitiven und einfachen Tätigkeiten verursachen eine hohe Arbeitslast?
- Welche Aufgaben könnten über alle Stakeholdergruppen (bspw. Categories) gebündelt werden?
- Welche Aufgaben müssen innerhalb einer abgeschlossenen Rolle verbleiben?
- Welche Rollen könnten als Ganzes transferiert werden?
- …

Optimierungsportfolio sichern Die Potentialliste sollte in einer zentralen Ablage gesichert werden und auswertbar sein. Basierend auf den initialen Einschätzungen des Workshops kann bereits eine Priorisierungsvermutung erfolgen und veranschaulicht werden. Hierfür sind zunächst folgende Eingangsgrößen als Dimensionen relevant:

1. Initialbewertung zur Komplexität der jeweiligen Aufgabe
2. Initialbewertung zum Aufwandsreduktionspotential durch Verlagerung der Aufgabe in ein Digital Workforce Segment

Gemäß dieser Einordung lassen sich vermeintlich einfachere Optimierungsaufgaben innerhalb einer Matrix von komplexen trennen. Das stakeholdergruppenspezifische Optimierungsportfolio geht im nächsten Schritt in eine Potentialvalidierung.

Potentialeinzelevaluation

An die initiale Potentialidentifikation anschließend erfolgt nun eine kritische Evaluation der eingebrachten Ideen mittels einer konkreten Erhebung von kritischen Entscheidungsdaten bzw. relevanten Prozesscharakteristika. Ausgehend von der Bewertung erfolgt eine Rekalibrierung der Potentiale hinsichtlich ihrer Durchführbarkeit und der Umsetzungsinstruments.

Ausführungshäufigkeit ermitteln Die Ausführungshäufigkeit (Frequenz) ist ein wesentliches Kriterium für die Automatisierbarkeit einer Aufgabe sowie deren Gesamtpotential. Dafür ist es notwendig zu verstehen, wie häufig der Prozess in einer bestimmten Zeitspanne von welchen Personengruppen (Rollen) vollzogen wird. Beispielsweise kann eine Bearbeitung von preisgesperrten Rechnungen durch Einkaufsmitarbeiter als häufiges Arbeitsfeld dienen.

Ausführungszeit ermitteln Die Ausführungszeit gibt an, wie viel Zeit durchschnittlich zur Bearbeitung des Prozesses oder des Prozessteilschrittes notwendig ist.

Standardisierbarkeit ermitteln Die Standardisierbarkeit gibt an, inwiefern der Prozess bereits einer eindeutigen Ausführungslogik (mit Regeln) folgt und somit wiederkehrend identisch ist. Im Falle von nicht standardisierten Prozessen ist bspw. eine Automatisierungslösung weniger leicht zu realisieren, da Variationen auftreten, welche zu Entscheidungspunkten führen (Langmann und Turi 2020). Hierfür kann ein einfacher Indikator auf einer Skala bereits genügen, um eine erste Einschätzung zu treffen. Die Anzahl der manuellen Ausnahmen, die Eingriffe in den Prozess erfordern, erschweren die Automatisierung zusätzlich.

Prozessstabilität ermitteln Die Prozessstabilität soll Auskunft darüber geben, wie häufig von Prozessänderungen in einem Zeitraum auszugehen ist. Unterliegt der Prozess oder der Prozessschritt häufigen Änderungen, steigt die Komplexität und der Aufwand der Automatisierung. Hierbei sind oftmals eine starke Internationalisierung, Mehrsprachigkeit, Prozessvertraulichkeitsaspekte sowie die Anzahl der involvierten Systeme Faktoren, die sich negativ auf die Prozessstabilität auswirken können.

Fehleranfälligkeit und –rate ermitteln Die Robustheit der Prozesse entscheidet ferner über ihr Automatisierungspotential. Ist der Prozess instabil im Sinne einer fehlenden Ausdifferenzierung, eignet er sich nicht für eine Verlagerung. Dies ist oftmals daran ersichtlich, dass manuelle Eingriffe mit implizitem Wissen notwendig sind, um den Prozess fortzuführen. Es ist sinnvoll, diese Rate zu ermitteln und als Risikofaktor zu werten.

Inputdaten kalibrieren und absichern Alle Eingangswerte müssen validiert werden, bevor sie in die Betrachtung der Gesamtwirksamkeit Eingang finden. Hierfür kann es notwendig sein, einen längeren Betrachtungszeitraum zu analysieren, um bspw. saisonale Schwankungen zu identifizieren.

Potentialbündelung
In der Phase der Potentialbündelung sollen identifizierte und priorisierte Potentiale möglichst über mehrere Stakeholdergruppen hinweg gebündelt werden. Ebenso sollte der Implementierungsaufwand den erwartbaren Effekten gegenübergestellt werden.

Clustern von Themenfeldern Die Clusterung von Themen soll dazu dienen, ähnliche Aufgabenspektren möglichst über alle Stakeholdergruppen zu bündeln, um zu verhindern, dass redundante Aktivitäten nicht abgestimmt initiiert werden. Hierbei sollte auch geprüft werden, ob es bspw. globale Harmonisierungspotentiale gibt, welche im Rahmen einer Aufgabenverlagerung ebenfalls erreicht werden könnten. Die Clusterung der Aufgabenpakete sollte in einzelnen Projektsteckbriefen münden, die klar aufzeigen, welche Einzelmaßnahmen gebündelt werden.

Implementierungsaufwand ermitteln Zu den einzelnen geclusterten Maßnahmen erfolgt nun eine Ermittlung des zur Realisierung notwendigen Gesamtaufwandes. Dieser kann sowohl aus technischen (bspw. RPA oder AI-Projekte) Aufwänden bestehen als auch aus Verlagerungsaktivitäten in Service Center. Die zur Umsetzung notwendigen Maßnahmen sollten in einer Terminplanung aufgezeigt werden.

Validierung des Business Impact Aus der Gegenüberstellung des Potentials mit dem Implementierungsaufwand kann der zu erwartende „Business Impact" ermittelt werden. Hierbei sollten die Implementierungsaufwände kritisch hinterfragt werden.

Analyse Maßnahmenportfolio und -Priorisierung Das nun erstellte und nach „Business Impact" priorisierte Maßnahmenportfolio sollte in seiner Gesamtheit aktualisiert und dargestellt werden. Ergebnis ist eine abgestimmte Maßnahmen-Roadmap, welche im nächsten Schritt in der Umsetzung mündet.

Implementierung
Die Implementierung sieht die konkrete Umsetzung und operative Aktivierung des Maßnahmenportfolios vor. Es müssen dafür detaillierte Projektpläne erstellt und auch die notwendigen Ressourcen dafür aktiviert werden.

Umsetzung Detailplanung Für die einzelnen Maßnahmen sollten Projektpläne erstellt und durch eine geeignete Projektorganisation betreut werden. Es ist dabei ein detailliertes Bild des Ist- und Sollprozesses zu entwerfen. Insbesondere im Falle von RPA-Implementierung ist üblicherweise ein Process Description Document (PDD) zu erstellen, welches im Detail die Abarbeitungslogik definiert.

Funktionsfähigkeit sicherstellen Die Funktionsfähigkeit der neuen Lösung muss mittels Testplänen validiert werden. Erwartete Resultate für die Testszenarien müssen definiert und sollten auch dokumentiert werden, um über den erfolgreichen Abschluss des Projektes urteilen zu können. Im Falle von Service-Center-Verlagerungen müssen Trainingskonzepte und Unterlagen vorbereitet werden sowie über ein Coaching mit Realfällen eine erfolgreiche Prozesstransition begleitet werden.

Projektwirkung evaluieren Es ist zu empfehlen, innerhalb der Implementierungsprojektpläne Evaluationspunkte vorzusehen, zu denen die Wirkung der Maßnahme evaluiert wird. Es sollte festgehalten werden, wenn sich erwartete Effizienzen nicht eingestellt haben, um diese Erkenntnis für den weiteren Prozess des Digital Workforce Management nutzbar zu machen.

Projektabschluss durchführen Ist die Implementierungsmaßnahme umgesetzt und getestet, kann das Projekt beendet werden.

Operationale Stabilisierung
Nach dem Abschluss einer Prozessveränderung erfolgt die Phase der Stabilisierung des Betriebs. Hier ist es notwendig, dass dieser eng belgeitet wird.

Übergabe Projekt in Regelbetrieb und -betreuung Es ist notwendig, die operativen Unterstützungsfunktionen ebenfalls im Rahmen des Projektes bereits installiert zu haben, sodass der neue Prozess im Regelbetreib unterstützt werden kann. Dafür sind die erforderlichen Schulungen durchzuführen.

Folgende Tätigkeiten sollten mindestens bedacht werden:

- Erstellung operativer Prozesshandbücher und Handlungsanweisungen
- Initiales Training und Ausbildung der globalen Nutzer zur Prozessveränderung
- Im Falle von Service Center Verlagerung Coaching der Service-Center-Mitarbeiter zum Regelbetrieb Start
- Definition von Service Level Agreements (SLA) mit Service Centern

Definition von Prozessbeurteilungskennzahlen Für die Beurteilung der Prozesse – ob mittels RPA/AI oder anderen Optimierungsverfahren – ist es notwendig, an verschiedenen Prozessstellen Beurteilungskennzahlen zu definieren und laufend zu berichten. Die Definition sollte spätestens innerhalb der operativen Stabilisierung erfolgen.

Durchführung von Qualifizierungsmaßnahmen Als Teil der operativen Stabilisierung sollten laufende Qualifizierungsmaßnahmen für die Prozessanwender und -betreuer angeboten werden. Die Trainings und Coachings sollten laufend vorgenommen werden, insbesondere wenn sich Teilaspekte des Prozesses im Rahmen der Ausführung verändern.

Analyse operative Stabilisierung Die operative Stabilisierung sollte mittels der definierten Prozesskennzahlen laufend überwacht und auch kritisch hinterfragt werden.

5.4.5 Aufbau von Prozessen zum Virtual Enterprise Enablement

Um einen Großteil der strategischen und operativen Einkaufsaktivitäten innerhalb der verschiedenen Einkaufsprozesse zu digitalisieren, werden Instrumente benötigt, die eine digitale Kommunikation von einem beschaffenden Unternehmen, in das der Zulieferer ermöglichen; hierfür bedarf es in der Regel einer Softwarelösung, welche als Einkaufsnetzwerk fungiert. Dabei kann es sich um den Austausch von Dokumenten im operativen Beschaffungsprozess drehen oder Aktivitäten, welche in Folge eines strategischen Dialogs erfolgen, bspw. im Rahmen von Themen der Bezugsquellenqualifikation oder -selektion, des Risiko- und Resilienzmanagements oder auch im Rahmen der Stammdatensynchronisation.

Aus einer technologischen Betrachtung umfasst das Lösungsportfolio somit bekannte Ansätze, wie EDI, EANCOM, X12, aber auch Ansätze der direkten Interaktion über das jeweilige Portal mittels individueller Logins oder der Nutzung von standardisierten Schnittstellen in das Portal (bspw. cXML). Die Sinnhaftigkeit erschließt sich daraus, dass die Anzahl der durch ein Unternehmen selbst verwalteten individuellen Punkt-zu-Punkt-Verbindungen über bewährte Instrumente wie EDI, Fax, E-Mail, Segmentportale oder Papier begrenzt sind und eine flächendeckende Digitalisierung über alle externen Wertschöpfungspartner verhindert. Somit werden Prozesse nicht ganzheitlich und auch nicht vollständig digital abgebildet. Diese breite Konnektivitätsanforderung wird in ein dafür vorgesehenes Softwareportal übertragen, welches als Integrationsinstrument fungiert (Greiner et al. 2021).

Entscheidend ist, dass der Erfolg des Betriebes eines (Geschäfts-) Netzwerkes von der Nutzungsbreite und -häufigkeit abhängt. Es sollte eine kritische Masse an internen und externen Nutzern angestrebt werden, um die digitale Integration der selektierten Prozesse als Standard im Unternehmen, aber auch im Lieferantennetzwerk zu etablieren. Es bedarf somit einer systematischen Betreuung, um den unternehmensinternen und -externen Wandel zu sichern. Dieser Prozess wird hier als „Virtual Enterprise Enablement" verstanden.

Um ein digitales Beschaffungsökosystem zu entwerfen und zu betreuen, sind eine Reihe von Anspruchsgruppen einzubeziehen. Abb. 5.16 gibt hierzu einen Überblick.

In der Architektur des digitalen Ökosystems müssen mehrere – teils heterogene – Perspektiven vereint werden. Unternehmensextern treffen die Vertriebsperspektive der Lieferanten auf die Einkaufswelt. Unternehmensintern sind neben dem Einkauf auch die Supply Chain sowie potenziell die Entwicklung oder weitere Fachbereiche wichtige Stakeholder. Aus Sicht der Softwarelösung bietet der oder die Anbieter gewisse technische Rahmenbedingungen, in denen sich die Parteien bewegen müssen. Ein unter-

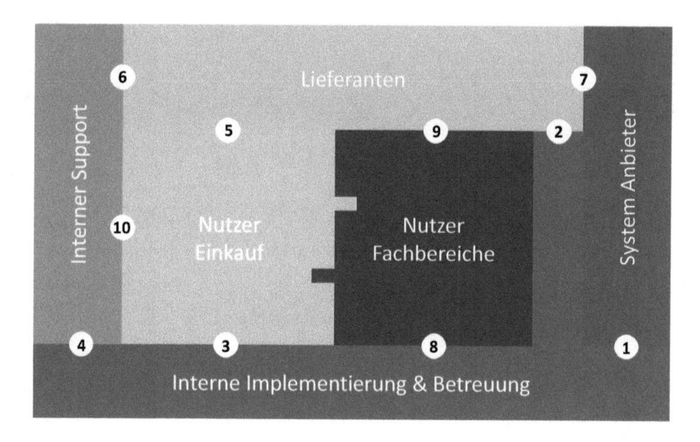

Abb. 5.16 Perspektiven des digitalen Beschaffungsökosystems und bedeutende Interaktionsschnittstellen

nehmensinternes Gestaltungs- und Betreuungsteam muss zwingend diese Perspektiven harmonisieren und den Projekterfolg systematisch entwickeln.

Der Aufbau einer signifikanten Anzahl an Teilnehmern bestimmt mit über die Nutzbarkeit eines digitalen Ökosystems im Einkauf. Hierbei kann folgender Leitprozess einige systematische Anregungen geben, welche die initiale Befüllung sowie das nachhaltige Wachstum unterstützen. Abb. 5.17 veranschaulicht die Prozesskomponenten.

Digitale Plattformstrategie

Der Prozessabschnitt der digitalen Plattformstrategie umfasst wesentliche Komponenten einer erfolgreichen Implementierung von digitalen Ökosystemen im Einkauf. Es geht um eine klare Lieferantenintegrationsstrategie sowie den Aufsatz einer adäquaten Überwachungslogik, um zielgerichtet den Fortschritt zu verwalten.

Lieferantengruppierung definieren Für die digitale Plattformstrategie ist es notwendig, das existierende Beschaffungsvolumen des Unternehmens zu charakterisieren und gruppieren. Dies erfolgt zumindest nach folgenden Gesichtspunkten:

- Beschaffungsvolumen
- Categories
- Regionen
- Bestehender IT-Integrationsstatus

Für den kompletten Bestand der Lieferanten sollte eine Aussagefähigkeit bestehen, um im nächsten Schritt eine konkrete Implementierungsstrategie zu definieren.

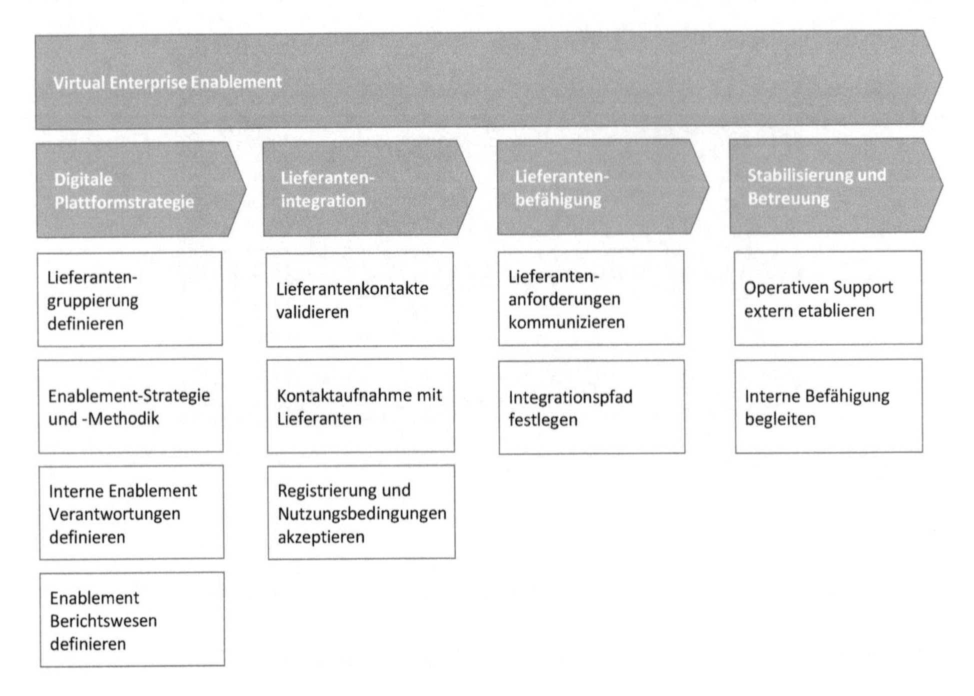

Abb. 5.17 Prozess zum Virtual Enterprise Enablement

Enablement-Strategie und -Methodik In der „Enablement-Strategie" sollten die einzelnen Lieferanten einer konkreten Enablement-Methodik zugewiesen werden. Hierbei gilt es insbesondere zu überdenken, ob das Netzwerk über eine sequenzielle Abarbeitung, bspw. Region pro Region, oder über eine parallele Herangehensweise aufgebaut werden soll. Insbesondere der Umgang mit Bestandslieferanten muss berücksichtigt werden. Da zu einem großen Teil schon Stammdaten zum Austausch von Informationen bestehen, kann es sinnvoll sein, eher über eine Validierung und Komplettierung der notwendigen Daten auf die Lieferanten zuzugehen, als eine komplett neue Dateneingabe anzustreben.

Ebenso ist es sinnvoll, eine spezifische Analyse zu inkludieren, die überprüft, inwiefern im Anbieternetzwerk die unternehmensspezifischen Lieferanten schon enthalten sind. Für diese Gruppe kann von einem leichteren Konnektivitätsverfahren ausgegangen werden als bei Lieferanten, die noch keinen Account auf der Plattform besitzen und verwalten.

Insofern sollte für jeden Lieferanten gemäß seiner Priorisierung der Strategierelevanz eine unterschiedliche Adressierungsmethodik hinterlegt werden. Häufig findet dabei eine Orientierung am Einkaufsvolumen statt, d. h. in einer ersten Implementierungswelle wird bspw. 80 % des Einkaufsvolumens als Ziel definiert.

Interne Enablement-Verantwortungen definieren Nachfolgend der strategischen und methodischen Klärung muss analysiert werden, welche internen Verantwortlichkeiten mit welcher Rolle die Umsetzung verantworten. Insbesondere ist es wichtig, die Verantwortlichkeiten zwischen den Einkaufsvertretern, dem Systemanbieter (Support) sowie den internen Projektverantwortlichkeiten zu definieren.

Enablement-Berichtswesen definieren Die Aktivierung des digitalen Ökosystems der Beschaffung involviert eine große Anzahl an Zulieferern sowie interner und externer Projektressourcen. Es sollte deshalb der Fortschritt der Arbeit laufend überwacht werden. Dafür sollte ein geeignetes Berichtswesen definiert werden.

Lieferantenintegration
Die Lieferantenintegration beinhaltet die konkreten Aktivitäten zum Aufbau der digitalen Partnerschaft über das Unternehmensnetzwerk.

Lieferantenkontakte validieren Eine validierte Liste an Kontakten muss erstellt werden, um die Registrierung der Lieferanten auf dem Netzwerk bestmöglich zu unterstützen. Es ist dafür notwendig – insbesondere mit Unterstützung des zuständigen Einkaufsverantwortlichen – die richtigen Rollen im jeweiligen Unternehmen zu kennen.

Kontaktaufnahme mit Lieferanten Die Involvierung der Lieferanten in die Aktivitäten zum Aufbau des Beschaffungsnetzwerkes sollte in einem detaillierten Kommunikationsplan erfolgen. Es ist nicht empfehlenswert, direkt aus dem Netzwerk Registrierungs-E-Mails zu versenden, ohne die Absicht der Lieferantenbasis zuvor auf anderen Wegen kommuniziert zu haben. Hierfür bieten sich eine Reihe von Aktivitäten zur Kontaktanbahnung an, um auch die Vorteile der Maßnahme überzeugend darzulegen:

- E-Mail-Kommunikation durch Firmenanschreiben
- Individualkommunikation durch Einkaufsverantwortliche
- Lieferantentage [online und oder mit örtlicher Präsenz]
- Nachverfolgung der Kontakte über einen dedizierten Support
- Eskalationspfade bei Ablehnung des Lieferanten

Registrierung und Nutzungsbedingungen akzeptieren Im nächsten Schritt ist es notwendig, dass der Lieferant die Registrierung und Akzeptanz der Nutzungsbedingungen im jeweiligen Netzwerk vollzieht. Je nach Anbieter kann dieser Schritt auch entfallen, d. h. es ist nicht zwingend eine Registrierung seitens des Lieferanten auf dem Netzwerk notwendig, um den Austausch von digitalen Belegen zu ermöglichen.

Lieferantenbefähigung
Die Lieferantenbefähigung dient dazu, den Lieferanten die konkrete Funktionsweise, bezogen auf die definierten Prozesse, zu erklären. Je nach Ausprägung dieser Prozesse bei den verschiedenen Lieferantengruppen, erfolgen unterschiedliche technische Integrationspfade.

Lieferantenanforderungen kommunizieren Um die Vorteile der digitalen Kommunikation für die verschiedenen Einkaufsprozesse nutzen zu können, ist es erforderlich, die Lieferantenbasis detailliert in die Nutzung der Funktionen sowie auch in die unternehmerische Erwartungshaltung einzuweisen. Es bedarf dazu:

- Funktionstechnischer Hilfestellungen sowie Support aufseiten des Systemanbieters als auch des Unternehmens
- Regelmäßiger, prozessspezifischer Qualifikationsprogramme

Integrationspfad festlegen Es ist wichtig zu verstehen, welche Prozesse und somit technischen Integrationspfade für welche Lieferanten notwendig sind. Eine Stammdatenintegration als Zielszenario stellt andere Anforderungen als eine integrierte Lagerbestandskommunikation oder elektronische Bestell- und Rechnungsintegration. Somit sollten, ausgehend vom Lieferanten, verschiedene digitale Integrationsreifegrade und -stufen definiert und auch den Lieferanten klar kommuniziert werden.

Stabilisierung und Betreuung
In der Phase der Stabilisierung und Betreuung geht es darum, einen stetigen Wachstumspfad auf Nutzer- und Funktionsseite zu ermöglichen und fortzuentwickeln. Hierzu gehören Maßnahmen, die sowohl in das eigene Unternehmen gerichtet sind als auch solche, die auf eine Entwicklung der Lieferantenbasis abzielen.

Operativen Support extern etablieren Die laufende Nutzung des Beschaffungsnetzwerks bedingt auch eine laufende Unterstützung der Lieferantennutzer bei der Durchführung der jeweiligen Prozessschritte innerhalb der Einkaufsprozesse. Hierbei bedarf es einer geeigneten (Sprache und Zeitzone) und geschulten Supportstruktur des Lösungsanbieters, aber auch einer unternehmensinternen Betreuungsorganisation, welche zu den Prozessspezifika Auskunft geben kann.

Interne Befähigung begleiten Um die Ausweitung der Netzwerknutzung zu entwickeln, ist es wichtig, den Zugang für interne Nutzergruppen kontinuierlich zu begleiten. Folgende Maßnahmen können hierbei unterstützend wirken und sollten in der Planung des Prozesses „Virtual Enterprise Enablement“ verankert werden (Tab. 5.19).

Weiterhin sollte der kontinuierliche Ausbau der Funktionen auch für unternehmensinterne Anspruchsgruppen gestaltet werden. Hierbei können folgende Elemente betrachtet werden (Tab. 5.20).

5.4.6 Prozesse zum Management interner Beziehungen

Der Einkauf erbringt seine Dienstleistung für nahezu alle internen Unternehmensbereiche. Die exponierte Funktion bedingt, dass der strategische Einkauf die internen

Tab. 5.19 Maßnahmenbündel zur Befähigung der unternehmensinternen Nutzung

Themenfeld	Beschreibung
Involvierung	Einkauf und Categories in das Projekt global integrieren: alle Beschaffungsfunktionen müssen sich im Projekt wiederfinden
System-Coaching	Frühzeitig und dauerhaft Coaching-Funktionen bereitstellen: Personen aufbauen, die am System Hilfestellung geben können, evtl. über Key-User pro Category
Shared-Service-Support	Shared-Service-Center aufbauen, die operative Aufgaben für den strategischen und operativen Einkauf umsetzen: bspw. Sicherstellen der Datenqualität von Lieferanten, Qualifikation von Bestandslieferanten, Ausschreibungsvorbereitung usw
Richtlinien	Festhalten der definierten Prozesse in den Beschaffungsrichtlinien des Unternehmens: ab einem gewissen Termin sind nur noch definierte, trainierte und niedergeschriebene Verfahren zulässig
Fortschrittskontrolle	Auswertung der Aktivitäten auf dem Netzwerk mit gemeinsam definierten Kennzahlen: Minimum monatliche Berichte an die Einkaufsleitungsgremien über den Fortschritt
Technischer Realismus	Anforderungen an das Netzwerk managen: realistische und erreichbare Ziele setzen, keine „Alles auf Knopfdruck"-Versprechen abgeben
Niedere Eingangshürden	Im ersten Schritt müssen nicht alle möglichen Funktionen digitalisiert werden: zunächst den Fokus auf die Nutzungsrate legen
Flächendeckende Präsenz	Kommunikationsinstrumente mit den Nutzern aufbauen und in Entwicklungsplanung involvieren
Führungsverhalten	Arbeiten an Systemreports als Steuerungsinstrument der Tätigkeiten, bspw. Besprechung aktueller Sourcing-Aktivitäten im System
Digital-CPO	Kontinuierliche Kommunikation der Vision und der Erwartungshaltung in die Organisation

Belange und Spezifika der einzelnen Kundensegmente bestmöglich versteht und seine Arbeitsleistung an diesen Bereichen ausrichtet. Dies betrifft insbesondere das heterogene Feld des indirekten Einkaufs, in dem bspw. im Falle von Baudienstleistungen oder der Beschaffung von Produktionsanlagen andere Marktbedingungen und Vorgehensweisen zu berücksichtigen sind als bei der Beschaffung von IT- und Beratungsleistungen. Gleichwohl kann der Prozess aber auch genutzt werden, um das Beziehungs- und Kundenmanagement im direkten Einkauf zu optimieren und zu systematisieren, so etwa im Falle der Zusammenarbeit mit Entwicklungsbereichen, der Produktion oder der Qualität.

Der Prozess des Managements interner Beziehungen hat folgende Ziele:

1. Enge und frühzeitige Anbindung des Einkaufs an relevante interne Schnittstellen sowie deren Entscheidergruppen
2. Frühzeitiges Verständnis über aufkommende Projekte und Aufgaben mit Bezug zu externer Wertschöpfung und optimierte Beratung interner Kundengruppen

Tab. 5.20 Maßnahmenbündel zur Befähigung des unternehmensinternen Wachstums

Maßnahme	Beschreibung
Öffnen des Netzwerks für weitere Unternehmensbereiche	Das Einkaufsnetzwerk wird für interne Anspruchsgruppen als Ansteuerungsinstrument im Einkauf genutzt und geöffnet, bspw. durch gemeinsames Arbeiten an Ausschreibungsprojekten mittels Funktionen der Plattform oder Delegation mancher Prozessschritte an den Fachbereich
Virtuelle Konnektivität fördern	Der Einkauf treibt die frühe Einbindung von Entwicklung und Lieferanten über digitale Events und gemeinsame Projekte voran
Ansteuerungsaktivitäten anbieten	Einkauf verstärkt über das System eine Anbindung an relevante interne Bereiche mit bspw. Self-Service-Sourcing-Anforderungen, Aufforderungen für Lieferantenqualifikationen usw.
Integrierte Datenhaltung	Aufnahme der Daten aus den digitalen Prozessen in die integrierte Datenhaltung des Unternehmens und Aufbereitung sowie Kombination von Analysen
Vermarktung der Daten intern	Datentransparenz über die Märkte, Technologien und Lieferantenkompetenzen gezielt im eigenen Unternehmen vermarkten

3. Frühzeitige Beeinflussung der internen Anspruchsgruppen zur Optimierung der Auswahl und Vergabe gemäß den Einkaufsstrategien
4. Optimieren des wahrgenommenen Wertbeitrages durch die Einkaufsfunktion
5. Sicherstellen einer transparenten Zusammenarbeit und kontinuierliche Verbesserung dieser

Abb. 5.18 gibt einen Überblick über die Hauptkomponenten des Prozesses.

Stakeholdergruppen identifizieren
Im ersten Schritt sollten die relevanten Anspruchsgruppen im Unternehmen identifiziert werden, um eine spezifische Herangehensweise zu definieren.

Stakeholdergruppen definieren und anlegen In einem System zum Management der internen Beziehungen sollten die verschiedenen Anspruchsgruppen definiert werden können, bspw. IT, Vertrieb, Facility Management etc. Bei der Definition der Anspruchsgruppen sollte ebenfalls einfließen, welche Bedeutung diese für den Einkauf haben hinsichtlich Einkaufsvolumen und Bestellpositionen.

Stakeholder-Nutzergruppen definieren und anlegen Innerhalb der verschiedenen Anspruchsgruppen gibt es eine Reihe unterschiedlicher Kontaktpunkte, die verwaltet werden sollten. Dazu gehört auch eine initiale Eingruppierung der Personen bezüglich ihrer Rolle, d. h. bspw. Initiatoren von Beschaffungsprojekten, Entscheider usw.

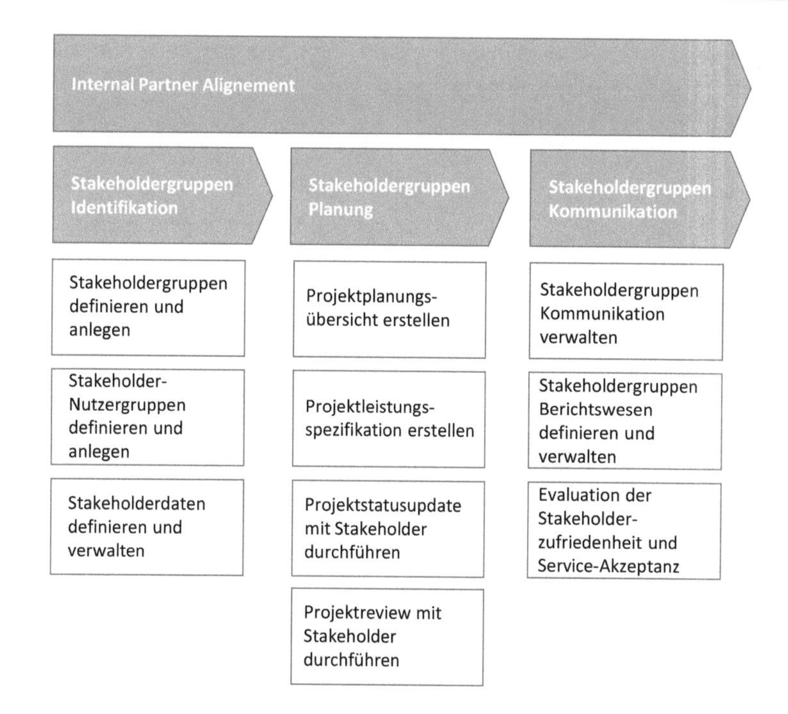

Abb. 5.18 Management interner Anspruchsgruppen durch den Einkauf

Stakeholderdaten definieren und verwalten Zu den Stakeholderdaten kann auch gehören, die geplanten Kommunikationskanäle zu gestalten. Dazu kann, abhängig von der eigenen Betreuungsstrategie, die Möglichkeit vorgesehen werden, Projektspezifikationen vollständig in den Fachbereich bis zu bestimmten Höhen zu delegieren oder aber in individueller Betreuung diese Konzeption in Zusammenarbeit zu vollziehen.

Ebenso ist es möglich, den Ausschreibungsprozess an den Fachbereich bis zu bestimmten Wertgrenzen zu delegieren, d. h. der Fachbereich hätte dann die Möglichkeit auf die Verfahren der Bezugsquellendefinition zuzugreifen.

Stakeholdergruppen-Planung

Innerhalb der Stakeholdergruppen-Planung sollen anstehende Beschaffungsprojekte aufgenommen werden und auch einer Priorisierung unterliegen.

Projektplanungsübersicht erstellen Für geplante Beschaffungsausgaben der Fachbereiche sollte möglichst frühzeitig eine Projektliste erzeugt werden, welche inhaltlich fortlaufend einer Optimierung bedarf. Zu den Projektdaten gehören neben den allgemeinen Daten der Bezeichnung auch eine Einschätzung des Volumens, eine etwaige erfolgte Budgetfreigabe, eine Beschreibung des Umfangs, mögliche Restriktionen und Risiken sowie eine Beurteilung der zeitlichen Kritikalität und Priorität.

Projektleistungsspezifikation erstellen Innerhalb der Projektleistungsspezifikation soll möglichst eine Ausschreibungsreife erreicht werden, in der vollständige Klarheit über das anzufragende Projekt besteht.

Projektstatusupdate mit Stakeholder durchführen Erfolgt die Übergabe des Projektes in die Verantwortung des Einkaufs zum Vollzug der Marktevaluations-, Anfrage-, und Verhandlungsprozesse sollte der jeweilige Status des Projektes gekennzeichnet werden und im Projektdatenblatt ersichtlich sein.

Projektreview mit Stakeholder durchführen Nach erfolgter Durchführung der jeweiligen Projekte kann der Einkauf eine Beurteilung des internen Fachbereiches anstoßen, um zu evaluieren, ob die spezifische Dienstleistung sowie die erzielten Ergebnisse optimiert werden können. Auch bietet sich hier die Gelegenheit des Einkaufs Belange anzusprechen, die einer optimalen Ergebniserzielung aus seiner Sicht im Wege standen.

Stakeholdergruppen-Kommunikation
Es sollte möglichst die komplette Kommunikation des Einkaufs mit den relevanten Fachbereichen zentral zugänglich sein. Dazu ist ein zentrales Kommunikationsmanagement vorteilhaft.

Stakeholdergruppen-Kommunikation verwalten Alle betreuenden Personen des Einkaufs für den Fachbereich sollten nach Möglichkeit ihre Absprachen und Protokolle innerhalb der Stakeholdergruppen verwalten können. Somit wird ersichtlich, welche Projekte in welchem Status stehen und welche Maßnahmen ggf. besprochen wurden.

Stakeholdergruppen-Berichtswesen definieren und verwalten Der aktuelle Status der durchgeführten Projekte, deren Volumen etc. sollte in standardisierten Berichten für beide Parteien verfügbar sein. Dazu ist es notwendig, Berichte zu konstruieren und an die eigenen Belange anpassen zu können.

Evaluation der Stakeholderzufriedenheit und Service-Akzeptanz Für die Gesamtheit der durchgeführten Projekte kann eine Feedbackerhebung zweckmäßig sein. So lassen sich Schlussfolgerungen über Optimierungsmaßnahmen in der Beziehungsgestaltung ableiten, wie etwa eine Optimierung des administrativen Aufwandes oder der Optimierung der Durchlaufzeiten im Einkauf.

5.4.7 Beschaffungsmarkt- und Bezugsquellenforschung

Der strategische Einkauf in produzierenden Unternehmen sieht sich einer Vielzahl von Märkten gegenüber, die nach spezifischen Regeln, geographischen Verdichtungen und technischen Spezifika starke Unterschiede aufweisen (Large 2013). Für den Erfolg der

Einkaufsorganisation in Unternehmen ist es deshalb wesentlich, zumindest die Märkte sowie deren Mechanismen genauer zu verstehen und zu prognostizieren, welche starken Einfluss auf den Unternehmenserfolg ausüben und damit hinsichtlich ihrer Auswirkungen auch direkt in die Absatzmärkte übertragbar sind.

Nach Magerhans gilt für die Beschaffungsmarkforschung folgende Definition (Magerhans 2016, S. 277):

„Die Beschaffungsmarktforschung umfasst die systematische Sammlung, Aufbereitung, Interpretation, Präsentation und Dokumentation von Informationen über die Beschaffungsmärkte und deren Entwicklung im Zeitablauf. Dabei interessieren vor allem Informationen über die Einsatz- und Wirkungsmöglichkeiten des Beschaffungsmarketing sowie die Verhaltensweise der Marktteilnehmer.“

Ziel ist eine „umfassende[n] Beschaffungsmarktforschung für die Erforschung der Anbieter, der Nachfrager, des Marktumfeldes und der Wettbewerbssituation“ (Large 2013, S. 105).

Die Beschaffungsmarkt- und Bezugsquellenforschung verfolgt folgende Hauptziele (Magerhans 2016)):

- Optimierung der Markttransparenz auf relevanten Beschaffungsmärkten des Unternehmens
- Langfristige Sicherstellung einer optimalen Versorgung mit Roh-, Hilfs- und Betriebsstoffen
- Frühzeitiges Erkennen von Instabilitäten von Beschaffungsmärkten und Anbietern
- Aktive Informationsversorgung der eigenen Unternehmensanspruchsgruppen mit Beschaffungsmarktinformationen
- Innovations- und Wettbewerbsfähigkeit des Unternehmens stärken
- Bereitstellung von Entscheidungsinformationen für strategische Hauptprozesse, bspw. für Category-Strategien, Risiko- und Resilienzmanagement sowie Vergabeentscheidungen

Abb. 5.19 beschreibt die Hauptkomponenten der Beschaffungsmarkt- und Bezugsquellenfindung.

Beschaffungsmarkt- und Bezugsquellenforschung definieren

Als erste Phase der Beschaffungsmarkt- und Bezugsquellenforschung geht es darum, eine standardisierte Definition der relevanten Einzelaspekte vorzunehmen, um innerhalb des Unternehmens Vergleichbarkeit hinsichtlich der Durchführung und auch der Ergebnisberichterstattung anzustreben.

Beschaffungsmärkte und Analysefokus definieren und verwalten Es können in der Regel nicht alle Beschaffungsmärkte eines Unternehmens mittels der Beschaffungsmarkt- und Bezugsquellenforschung untersucht werden. Es ist darum relevant, die zentralen Handlungsfelder einzugrenzen und diese systematisch zu definieren und auch zu verwalten.

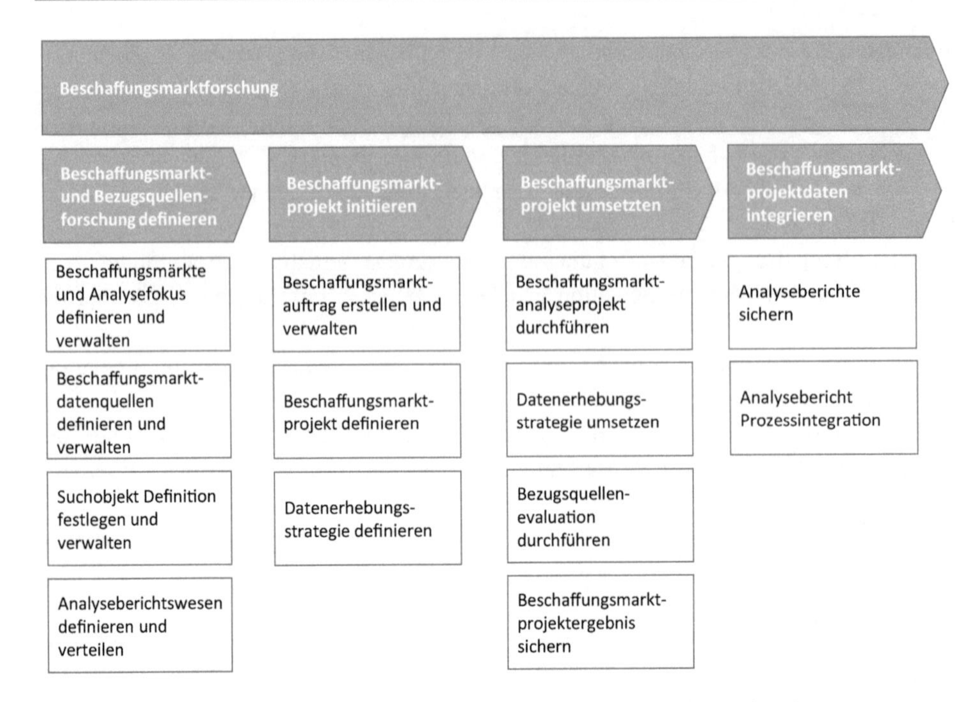

Abb. 5.19 Hauptkomponenten der Beschaffungsmarkt- und Bezugsquellenforschung

Insbesondere sollte so ermöglicht werden, die relevanten Daten fortlaufend zu notieren, um auch Entwicklungen verfolgen zu können. Eine Gruppierung bzw. Abgrenzung der relevanten Beschaffungsmärkte kann erfolgen nach ihrer strategischen Bedeutung – bezogen auf (Hofmann 2020):

Zielsetzung der Beschaffungsmarkt- und Bezugsquellenforschung

- Beschaffungsziele erreichen und optimieren
- Machbarkeitsanalysen
- Alternative Bezugsquellensuche
- Gesamtkostenanalyse
- Risikominimierung
- Nachhaltigkeitsfokussierung
- Benchmarking aktueller Bezugsquellen
- Analyse von Beschaffungskonkurrenten (Marktteilnehmer)
- Marktprognose
- Marktumfeldanalysen
  - Umweltschutzauflagen internationaler Märkte
  - Versorgungssicherheitsuntersuchung
  - Förder- und Subventionierungsaspekte

  - Rechtliche und institutionelle Rahmenbedingungen
  - Kulturelle Rahmenbedingungen
  - Wirtschaftliche Rahmenbedingungen (Steuern, Löhne, Inflation etc.)
  - Technologische Aspekte: Infrastruktur, Kommunikationsstruktur
  - Umweltbedingungen: Rohstoffe, natürliche Risiken
- …

Inhaltliche und geographische Abgrenzung

- Nationale, regionale, internationale Märkte
- Produktionstechnologischer Fokus
- „First-“ und „second-tier“-Analysen

Beschaffungsmarktdatenquellen definieren und verwalten Für die Ermittlung der notwendigen Informationen zu einem Beschaffungsmarkt – insbesondere im Falle einer erstmaligen Untersuchung – sind Erhebungsmethoden zu spezifizieren, welche zur Anwendung kommen sollen (Large 2013). Diese reichen von Erhebungsmethoden bei bestehenden Anbietern oder der Durchführung von Lieferantenbesuchen und -Audits über die Nutzung von Sekundärforschungen anhand von Veröffentlichungen von Marktteilnehmern, Geschäftsberichten, Produktkatalogen bis hin zu der Recherche von Drittdaten in Form von Fachbeiträgen, öffentlichen Statistiken, Brancheninformationen oder auch der Internetrecherche.

Tab. 5.21 gibt eine Übersicht möglicher Datenquellen (Janker 2008, S. 35).

Es sollte möglichst darauf geachtet werden, dass Entscheidungsdaten kontinuierlich anhand von verfügbaren Indizes abgeleitet werden können. Dies verhindert oder verringert zumindest eine Fehlinterpretation der gewonnenen Daten und erlaubt eine automatisierte Integration der Informationen ohne wiederkehrenden manuellen Aufwand. Beispiele für Indizes finden sich bei Wannenwetsch (Wannenwetsch 2021, S. 142 ff.), hier nur eine Auswahl:

Tab. 5.21 Übersicht möglicher Datenquellen der Beschaffungsmarktforschung

Primäre Quellen	Sekundäre Quellen
Lieferantenbefragungen	Fachliche Publikationen
Messen und Ausstellungen	Referenzen
Fachtagungen	Amtliche Statistiken
Marktforschungsinstitute	Firmenverzeichnisse
Verkäuferkontakte	Marktberichte
Lieferantenbesuche	Spezifische Fachdatenbanken
Angebote	Internetrecherche
Probelieferungen	Lieferantenpublikationen

- Bildung
  - Bildungsindex
  - Erwartete Bildungsjahre
  - Regierungsausgaben für Bildung
- Infrastruktur
  - Infrastrukturindex
  - Logistics Performance Index (LPI)

Suchobjekt Definition definieren und verwalten Der Fokus der Beschaffungsmarktforschung geht vom Beschaffungsobjekt aus, welches durch die Summe seiner Eigenschaften eine fokussierte Untersuchung erfordert und oftmals auch den räumlichen Markt eingrenzt. Hierbei sind verfügbare Produktionstechnologien, qualitative Anforderungen und Spezifikationen des Produktes (technologische, physikalische, chemische Eigenschaften) relevant, um diese in den Untersuchungsprozess einbinden zu können.

Die zu untersuchenden Materialnummern sind einem Projekt der Beschaffungsmarkt- und Bezugsquellenforschung vollständig und aktuell zuzuordnen.

Analyseberichtswesen definieren und verteilen Für die Nutzung der Untersuchungsinformationen im laufenden Kontext der strategischen Beschaffung, sollten die Untersuchungsergebnisse in standardisierter Form vorliegen. Dazu ist es notwendig, anhand der gesammelten Daten Auswertungsberichte zu definieren. Ebenfalls müssen die Analyseergebnisse den nutzenden Prozessen (bspw. Category-Strategie) zur Verfügung gestellt werden. Dazu sind notwendige Integrationsverfahren zu definieren, damit Datenverteilungen ermöglicht werden.

Beschaffungsmarktprojekt initiieren

Ein neues oder die Aktualisierung eines bestehenden Projektes bzw. Berichtes der Beschaffungsmarktforschung führt zur Aktivierung mehrerer Ressourcen im Unternehmen (bspw. Einkauf, Lieferantenqualität, Supply-Chain-Experten, Wertanalysen etc.) und sollte deshalb im Rahmen eines strukturierten Projektes abgearbeitet werden.

Beschaffungsmarktauftrag erstellen und verwalten Der Initialantrag zur Durchführung eines Beschaffungsmarktprojektes kann in Folge eines Vorprozesses gestartet werden, bspw. im Rahmen der Bezugsquellenfindung (Abschn. 5.3.2) oder auch als Einzelprojekt beantragt werden. Die zentrale Verwaltung und Steuerung der Anträge sollte priorisiert werden und einem Entscheidungsorgan unterliegen, welches die Ressourcen auf die Projekte zuteilt.

Durch die Anlage und Beauftragung eines Beschaffungsmarktprojektes erfolgt auch die laufende Fortschrittskontrolle.

Beschaffungsmarktprojekt definieren Der Zweck und die Herkunft des Projektes sind in diesem Schritt in allen Details zu spezifizieren. Dazu gehört im Wesentlichen die Eingrenzung des Untersuchungszweckes nach Beschaffungsmarkt und Beschaffungsobjekt sowie die primären Untersuchungsziele. Diese sollten aus der Definition der Analyseelemente stammen (siehe oben).

Neben der Definition des Untersuchungszweckes müssen ebenso die Umsetzungsverantwortung und der monetäre und zeitliche Aufwand definiert werden. Die am Projekt mitwirkenden Funktionsgruppen mit ihren verschiedenen Rollen sollten dem Projekt zugeordnet werden.

Datenerhebungsstrategie definieren Es gilt nun für das definierte Projekt den Umsetzungsauftrag mittels der Erhebung verschiedener Datenerhebungsinstrumente umzusetzen. Dafür sollte eine projektspezifische Datenerhebungsstrategie definiert werden. Abhängig von der Zielsetzung der Beschaffungsmarktforschung kann hier eine reine Recherche via Internet bereits ein adäquates Ergebnis darstellen. Andererseits kann auch die vollständige Qualifikation einer neuen Bezugsquelle erforderlich sein und somit den Einsatz eines breiteren Instrumentensets notwendig machen.

Beschaffungsmarktprojekt umsetzten

Nach der klaren Definition der Anforderungen an ein durchzuführendes Beschaffungsmarktprojekt erfolgt die gesteuerte Umsetzung.

Beschaffungsmarktanalyseprojekt durchführen Das definierte Beschaffungsmarktprojekt wird in die Umsetzung überführt und das definierte Projektteam führt alle erforderlichen Analysen durch. Hier ist relevant, dass der Fortschritt laufend dokumentiert und zusammen mit dem Projekt gespeichert wird. Werden Subprozesse, wie bspw. die Durchführung von Lieferantenbesuchen oder -audits durchgeführt, sollten diese Subprozesse digital in das Projekt integriert werden, damit diese Schritte nachvollziehbar dokumentiert werden. Dies betrifft ebenso Rechercheberichte und Dossiers.

Datenerhebungsstrategie umsetzen Die definierten Datenerhebungsmethoden müssen im Rahmen des Projektes zur Umsetzung gebracht werden. Werden Befragungen durchgeführt, sollten sowohl die Erhebungsinstrumente, die Fragestellungen als auch die Auswertung zur projektspezifischen Erhebungsmethode gespeichert werden. Es ist relevant, dass die Erhebungsmethoden im Hinblick auf eine spätere Berichtbarkeit erhoben und zugänglich gemacht werden.

Bezugsquellenevaluation durchführen (optional) Geht das Projekt über die Analyse von Marktgegebenheiten hinaus und soll die Analyse von potenziellen neuen Lieferquellen in einem Markt vollzogen werden, ist darauf zu achten, dass dieser Prozess nach einem standardisierten Prozess abläuft. Hierbei sollten mögliche Lieferanten mit dem erforderlichen Beschaffungsobjekt gezielt konfrontiert werden, um die Fähigkeiten der Serienfertigung zu evaluieren. Hierbei sind im Falle von Serienmaterial insbesondere die Prozesse der Lieferantenqualifikation und der Einkauf von technischen Produkten relevant. Siehe dazu Abschn. 5.2.2 und 5.3.4

Beschaffungsmarktprojektergebnis sichern Die Resultate des Analyseprojektes müssen aufbereitet werden und nach einer Prüfung in den abgeschlossenen und veröffentlichten Status überführt werden. Es ist relevant, dass die Analyseergebnisse so gesichert werden, dass eine übergreifende Suche nach verschiedenen Dimensionen erfolgen kann. Hier kann bspw. interessieren, welche Analysen in einer bestimmten Warengruppe, einem bestimmten Produkt, in einer bestimmten Region, bei bestimmten Lieferanten durchgeführt wurden. Dies ist wichtig, da potenziell globale Aktivitäten in diesem Prozess ausgeführt werden, die Analyseergebnisse weiterverwenden können und um redundante Aktivitäten zu vermeiden.

Beschaffungsmarktprojektdaten integrieren

Der Beschaffungsmarkt- und Bezugsquellenforschungsprozess stellt wichtige Entscheidungsgrundlagen für Hauptprozesse zu Verfügung. Es ist deshalb wichtig, die Ergebnisse möglichst aktiv diesen Prozessen zugänglich zu machen.

Analyseberichte sichern Alle Analyseberichte sollten in einheitlicher Form im Unternehmen gesichert werden, sodass die historische Entwicklung zu verschiedenen Untersuchungsaktivitäten (bspw. Marktentwicklungen) nachvollziehbar ist und um die Analysen als Wissens- und Entscheidungsgrundlage weiterverwerten zu können. Die Analyseberichte sollten daher neben den Detailinformationen immer eine kompakte Übersicht des Analyseumfangs und der Analyseergebnisse umfassen.

Analysebericht Prozessintegration Die Ergebnisse der Analysen müssen in die Hauptprozesse integriert werden. So sollten bspw. alternative Bezugsquellen in Ausschreibungsprozesse (Abschn. 5.3.2) integriert und als potenzielle Lieferanten mit Dossier verbunden werden. Ebenso sind diese Daten in die Category-Strategie (Abschn. 5.1.2) sowie auch die Aspekte der laufenden Bewertung (Abschn. 5.2.4) und Entwicklung (Abschn. 5.2.5) von Lieferanten einzubeziehen. Wichtige Erkenntnisse zu relevanten Märkten werden auch generiert für die Aspekte des Risiko-, Resilienz- und Nachhaltigkeitsmanagements (Abschn. 5.2.3).

Hierbei geht es auch darum, möglichst zentrale Informationen laufend zu aktualisieren und mit Eingriffsgrenzen zu versehen, damit anhand von Marktveränderungen systemseitig und automatisiert Veränderungen erkannt, d. h. prognostiziert werden. Ein Beispiel kann die Entwicklung der globalen Frachtkosten oder Rohstoffindizes als Informationsquelle des Beschaffungsmarktanalyseprojektes sein. Wird ein bestimmter Schwellenwert überschritten, kann diese Information bspw. aktiv genutzt werden, um Verhandlungen vorzubereiten. Alternativ können jedoch auch negative Veränderungen in volkswirtschaftlichen Kennzahlen, bspw. der Inflationsrate eines observierten Landes oder einer Beschaffungsregion, Aktivierungsinformationen für Kernprozesse bereitstellen.

5.4.8 Betriebsmittel bei Lieferanten steuern und verwalten

Für die Fertigung von Produkten sind Werkzeuge (Spritzguss, Druckguss) bei Lieferanten im Einsatz, die sich oftmals im Eigentum der abnehmenden Unternehmung befinden und von dieser finanziert werden. Es ist somit relevant, einerseits eine betriebswirtschaftliche Transparenz über diese Betriebsmittel (überwiegend Werkzeuge) zu erlangen und andererseits auch die Versorgung der eigenen Unternehmung mit den beschafften Teilen sicherzustellen.

Ziele der Betriebsmittelsteuerung:

1. Sicherstellen einer Transparenz des Werkzeugbestandes bei Lieferanten sowie der damit verbundenen Belege
2. Sicherstellen von klaren Verwendungsinformationen in Bezug auf Teilenummern und Werkzeuge
3. Überwachen des Werkzeugzustandes und der -Ausbringungsmenge zur Sicherung der Versorgung
4. Rechtzeitige Einplanung von Wiederbeschaffungen, Wartungstätigkeiten und Werkzeugwechseln sowie der dafür erforderlichen Budgets
5. Schaffung von Datentransparenz zu Werkzeugen für Ausschreibungsaktivitäten

Abb. 5.20 zeigt dabei die Kernkomponenten des Prozesses.

Werkzeugdatenmanagement

Zur systematischen Verfolgung von Werkzeugen und ggf. anderer Betriebsmittel bei Lieferanten ist eine eindeutige Kennung erforderlich. Ebenfalls sollte ein Bezug des Werkzeuges zu relevanten Beschaffungsvorgängen sichergestellt werden.

Anlage Werkzeugstammdatensatz Der Werkzeugstammdatensatz muss innerhalb eines Systems angelegt und eine eindeutige Identifikationsnummer vergeben werden. Hierzu kann beispielsweise als Materialart der Typ Werkzeug definiert werden, um dieses Material von anderen zu unterscheiden.

Zur Anlage sollten folgende Daten in Betracht gezogen werden:

- Werkzeugnummer
- Werkzeugstatus: Aktiv, Im Bau, Inaktiv, Verschrottet
- Werkzeugreichweite
- Werkzeugwiederbeschaffungszeit

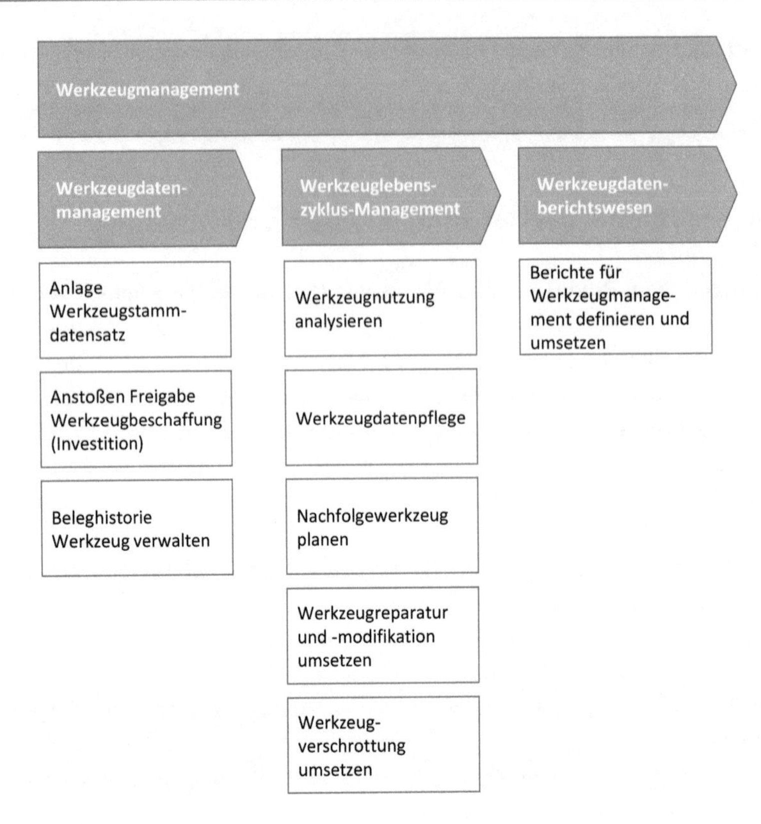

Abb. 5.20 Kernkomponenten der Steuerung von Betriebsmitteln bei Lieferanten

- Ersatzwerkzeug vorhanden
- Lieferantenname
- Lieferantennummer
- Anlagenbezeichnung beim Lieferanten
- Werkzeugtyp: Neues Serienwerkzeug, Folgewerkzeug, Musterwerkzeug, …
- Fertigungstechnologie
- Schusszahl geplant
- Ausschussanteil geplant
- Anzahl Nester pro Werkzeug
- Baujahr und Monat der Inbetriebnahme
- Geplante Reichweite nach Datum
- Antragsteller
- Einkaufsverantwortliche
- Bemusterungsresultate
- Materialnummer
- Materialbezeichnung

Anstoßen Freigabe Werkzeugbeschaffung (Investition) Basierend auf den Stammdaten des Werkzeuges sollte automatisiert in ein definiertes Beschaffungsinstrument überführt werden, sodass es zur Genehmigung der Investition kommt sowie zu einer Aktivierung des Werkzeuges im Anlagevermögen (Abschn. 5.3.6).

Beleghistorie Werkzeug verwalten Das Werkzeugmanagementsystem sollte in der Historie sämtliche Bestell- und Rechnungsbelege verwalten können. Dafür sollten aus dem ERP-System alle Belege mit Referenz zur Werkzeugnummer erfasst und abgebildet werden.

Werkzeuglebenszyklus-Management
Im folgenden Prozessabschnitt ist der Fokus auf dem Lebenszyklus des Werkzeugs. Der gesamte Nutzungsverlauf sollte systemseitig nachvollziehbar sein.

Werkzeugnutzung analysieren Während der Nutzung sollte die Ausbringungsmenge überwacht werden. Hierbei ist es ideal, wenn auf Fertigungsdaten des Lieferanten zugegriffen werden kann. Für eine Ermittlung der Werkzeugschusszahl können die Maschinendaten herangezogen werden. Ist eine direkte Anbindung an die Daten des Lieferanten nicht möglich, kann näherungsweise über die gelieferte Menge eine Prognose der Mindestschusszahl des Werkzeuges erfolgen. Schusszahlen, welche sich auf nicht gelieferte Mengen beziehen, bleiben jedoch außer Betracht.

Werkzeugdatenpflege Während der laufenden Nutzung kann die Pflege von Werkzeugdaten notwendig werden. Die Pflege muss daher systemseitig ermöglicht werden.

Nachfolgewerkzeug planen Ist die geplante Wiederbeschaffungszeit erreicht, muss ein Nachfolgewerkzeug geplant werden. Das System sollte dazu automatisiert den Prozess der Planung beim Werkzeugverantwortlichen anstoßen.

Hierfür ist ein exaktes Terminmanagement mit Einbeziehung des Lieferanten notwendig, um auch die Aspekte der Bemusterung des Werkzeuges sowie eventuell notwendiger Probeaufträge frühzeitig zu berücksichtigen. Ebenso sollte dafür die Reichweite des verfügbaren Bestandes einbezogen werden. Ein Werkzeugmanagementsystem sollte daher ein Planungsinstrument enthalten, welches eine koordinierte fachübergreifende Aktualisierung des Werkzeuges erlaubt. Hierfür ist es empfehlenswert, im System Standardarbeitspläne zu verwalten, welche umgesetzt werden sollen.

Werkzeugreparatur und -modifikation umsetzen Kommt es zu planmäßigen oder unplanmäßigen Ausfallzeiten des Werkzeuges, muss darauf in Form von Terminplanungen reagiert werden, da auch nach Veränderungen am Werkzeug eine Notwendigkeit zur Bemusterung erfolgen kann. Die Reparaturen und Modifikationen müssen in der Werkzeughistorie nachvollziehbar dokumentiert werden.

Werkzeugverschrottung umsetzen Am Ende des Werkzeuglebenszyklus kann es zu einer Verschrottung kommen. Ist dies der Fall, sollte auch eine Abschreibung (Buchwert) des Werkzeuges aus betriebswirtschaftlicher Perspektive erfolgen und nachgewiesen werden.

Werkzeugdatenberichtswesen
Für das komplette Portfolio an Werkzeugen sollte ein standardisiertes Berichtswesen helfen, eine Transparenz zu erlangen.

Berichte zum Werkzeugmanagement definieren und umsetzen Die relevanten Daten aller Werkzeuge sollten in Berichten automatisiert überführt werden. So lassen sich einige Kennzahlen zum Bestand der Werkzeuge bei Lieferanten ermitteln:

- Gesamtanzahl der Werkzeuge pro Technologie
- Gesamtanzahl an Aktiven, Nicht-aktiven und ggf. verschrotteten Werkzeugen
- Gesamtanzahl kritischer Werkzeuge mit Wiederbeschaffungszeit größer als Reichweite
- Gesamtkosten der Werkzeuge bei Lieferanten
- Erwartete Folgekosten aus Wiederbeschaffungsaktivitäten zu Werkzeugen
- ...

5.4.9 Freigabe von Produktionsteilen und -prozessen

Im technisch-orientierten Einkauf von Serienmaterial obliegt es der Lieferantenqualität und dem Einkauf, Beschaffungsvolumen für die eigenen Produkte in möglichst optimaler Qualität den Produktionsprozessen[21] zuzuführen. Um dies zu gewährleisten, sollte der strategische Einkauf auf einen klar definierten Prozess zur Teilequalifikation zurückgreifen können, der bei Neuheitenprojekten, Wechseln der Bezugsquelle, technischen Veränderungen am bestehenden Bauteil oder des Werkzeuges die einkäuferischen Tätigkeiten effizient unterstützt. Diese Funktionen werden häufig durch CAQ-Systeme in Verantwortung der Zentralqualität abgebildet und basieren auf den Verfahren PPAP der AIAG oder des PPF des VDA[22]. Aufgrund der Bedeutung soll er hier aber als wichtiger Teil der Steuerung der Lieferantenbeziehungen berücksichtigt werden und ist somit Teil des Referenzmodells zur Digitalisierung des Einkaufs (RDE).

Ziele der Bauteilqualifikation:

1. Klarheit über cross-funktionale Verantwortung in der Validierung von Qualitätsaspekten bei Kaufteilen (Neu- und Änderungsteile)

[21] Im Falle von Handelswaren entfällt der eigene Produktionsanteil zum Großteil.

[22] https://www.aiag.org/quality/automotive-core-tools/ppap; https://vda-qmc.de/ (Band 2).

2. Effiziente Abwicklung von Prüfungen der Eignung von Kaufteilen für die eigenen Produkte sowie deren Fertigung aus der Serienherstellung gemäß Zeichnung
3. Unterstützung des Kostenmanagements bei Verlagerungsentscheidungen

Als Auslöser für Bemusterungsaktivitäten kommen vorwiegend folgende Ereignisse im Einkauf in Betracht:

- Neuteile im Rahmen des Produktentstehungsprozesses
- Lieferantenwechsel oder Qualifizierung von neuen Lieferanten
- Qualifizierung eines neuen Werkzeugs
- Änderungen an einem bestehenden Werkzeug mit Nachbemusterung
- Änderungen an bestehenden Produkten mit Nachbemusterung
- Änderungen an eingesetzten Werkstoffen
- Änderungen an den verwendeten Produktionsprozessen

Abb. 5.21 stellt die Kernanforderungen an diesen Prozess dar.

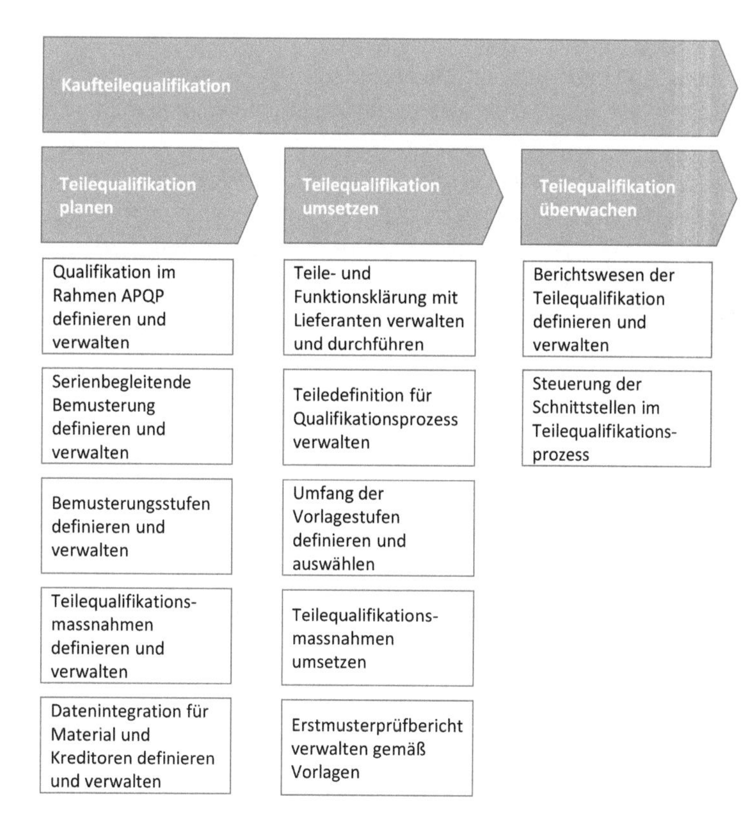

Abb. 5.21 Freigabe von Produktionsteilen und -prozessen

Teilequalifikation planen
In der ersten Phase der Kaufteilqualifikation sollten die notwendigen Stammdaten definiert und systemseitig integriert werden. Darüber hinaus muss eine klare Definition der notwendigen Maßnahmen vorliegen.

Qualifikation im Rahmen APQP definieren und verwalten Der Bemusterungsprozess unterstützt den APQP-Prozess (Advanced Product Quality Planning), also die Qualitätsvorausplanung, welche vor allem im Produktentwicklungsprozess verortet ist (Abschn. 5.3.4). In diesen Fällen muss der Bemusterungsprozess in den übergeordneten Ablauf integriert werden, welcher durch das APQP-Projekt definiert ist.

Es ist auch sinnvoll, technische Änderungen durch die Qualitätsvorausplanung zu belgeiten, sollten dadurch Risiken minimiert werden können. Folgende Sachverhalte rechtfertigen eine APQP-Vorgehensweise:

- Bauteil aus Werkzeugen
- Anwendung einer neuen Produktionstechnologie
- Bezug von Teilen aus einer neuen Bezugsquelle (Lieferantenwechsel)
- Absicherung der Erfüllung von Sicherheitsanforderungen

Eine Softwareunterstützung für den Bemusterungsprozess sollte daher in ein übergeordnetes CAQ-System eingebettet oder zumindest mit diesem integriert werden.

Serienbegleitende Bemusterung definieren und verwalten Eine Bemusterung kann auch im Falle einer Serienbetreuung angelegt und sollte in einem System verwaltet werden. Dafür bietet es sich an, neben den zu definierenden Projektgrunddaten ebenfalls standardisierte Projektarbeitspläne zu definieren, die abhängig von den erforderlichen Bemusterungsstufen nutzbar sind.

Zur Anlage eines Bemusterungsprojektes gehört zumindest:

- Ort der Bemusterung
- Bemusterungstyp
- Lieferant
- Materialnummer
- Zeichnung und Zeichnungsindex
- Status der Bemusterung
- Bemusterungsgrund
- Bemusterungsstufen
- Priorität
- Einkaufsorganisation
- Werkzeugnummer und Kavitäten
- Warengruppe

Tab. 5.22 PPAP Vorlagestufen. (Quelle: https://www.aiag.org/quality/automotive-core-tools/ppap)

PPAP	Beschreibung
PPAP Level 1	Nur die Teilevorlagebestätigung (Part Submission Warrant (PSW)) wird dem Kunden vorgelegt
PPAP Level 2	Die Teilevorlagebestätigung (PSW) mit Musterteilen sowie eingeschränkte unterstützende Daten werden dem Kunden vorgelegt
PPAP Level 3	Die Teilevorlagebestätigung (PSW) mit Musterteilen sowie umfassende unterstützende Daten werden dem Kunden vorgelegt
PPAP Level 4	Die Teilevorlagebestätigung (PSW) und andere Forderungen, wie der Kunde sie festgelegt hat, werden vorgelegt
PPAP Level 5	Die Teilevorlagebestätigung (PSW) mit Musterteilen und die vollständigen unterstützenden Daten stehen am Produktionsstandort des Lieferanten für eine Bewertung zur Verfügung

- APQP-Kennzeichen
- Ansprechpartner
  - Entwicklung
  - Einkauf
  - Qualität
  - Produktion
  - Bemusterungsabteilung

Bemusterungsstufen definieren und verwalten Abhängig vom bestehenden Bemusterungssachverhalt sowie der damit verbundenen Qualitätsrisiken werden unterschiedliche Bemusterungsstufen[23] (Submission Level) festgelegt, welche unterschiedliche Dokumentations- und Nachweisanforderungen an den Lieferanten stellen. Im Falle des PPAP sind dies fünf Bemusterungsstufen (Tab. 5.22). Es kann jedoch auch sinnvoll sein, eine industriespezifische Ausprägung zu definieren.

Dies bedeutet, dass ein System zur Unterstützung des Bemusterungsprozesses sowohl die in den gängigen Standards definierten Bemusterungsstufen integrieren sollte als auch die Möglichkeit funktional vorsehen sollte, unternehmensspezifische Anpassungen an diesen zu definieren.

Teilequalifikationsmaßnahmen definieren und verwalten Abhängig von der definierten Vorlagestufe werden eine Reihe von Maßnahmen erforderlich, die den Umfang des Bemusterungsprojektes definieren. Je nach gewähltem Standard können dies bis zu 22 For-

[23] Auch Vorlagestufen.

Tab. 5.23 Beispielhafte Abbildung von Vorlagestufen und Anforderungen

				Stufen				
VDA PPF	AAIG PPAP	Anforderung		L1	L2	L3	L4	L5
1	18	Deckblatt zum Freigabeverfahren	PSW, PPF-Deckblatt	S	S	S		C
1	9	Prüfergebnisse (Geometrie, Maß)	Prüfergebnisse Anhang Deckblatt	R	S	S		C
3	1	Technische Spezifikation		R	S	S		C
1	10	Werkstoffnachweiß, Ergebnisse aus Materialprüfungen		R	R	S		C
11	7	Prüfplan (Control Plan möglich)		R	R	S		C
11	7	Control Plan				S		C
9	6	Prozess-FMEA (Nachweis/Deckblatt)				S		C
12	11	Prozessfähigkeitsnachweise (Cmk)				S		C
15	8	Prüfmittelfähigkeitsuntersuchungen (PPE)				S		C
14	16	Prüfmittelliste				S		C
1	13	Prüfergebnisse von Oberflächenbehandlungen			R	S		C
1	13	Prüfergebnisse der Korrosionsbeständigkeit			R	R		C

S = Lieferant muss Kunden bereitstellen und interne Dokumentation sicherstellen
R = Lieferanten muss im Falle von Kundennachfrage Dokumente vorlegen können
C = Individuell abzustimmen

derungen sein (VDA Band 2). Im Einzelnen sind es folgende Themen, welche den Vorlagestufen zugeordnet werden (Tab. 5.23).

Zu den einzelnen Maßnahmen müssen spezifische Vorlagen verwaltbar sein, die in ihrer jeweils gültigen sprachlichen Version im Bemusterungsprozess zur Anwendung kommen sollen.

Datenintegration für Material und Kreditoren definieren und verwalten Für die Nutzung des Bemusterungsprozesses müssen Daten aus vorgelagerten Systemen integriert werden. Dies betrifft insbesondere Daten zu:

1. Teilenummern
2. Zeichnungen sowie des Index
3. Teilecharakteristika
4. Organisationsstammdaten
5. Lieferantenstammdaten

Teilequalifikation umsetzen

In der Phase der Umsetzung sollen konkrete Bemusterungsprojekte transparent und zügig abgearbeitet werden. Dazu ist eine enge Kooperation mit den Lieferanten ebenfalls geboten.

Teile- und Funktionsklärung mit Lieferanten verwalten und durchführen Für die Umsetzung des Bemusterungsprojektes kann es erforderlich sein, mit dem Lieferanten im Vorfeld eine Teile- und Funktionsklärung durchzuführen. Dieser Termin ist zu planen und zu dokumentieren. Ebenfalls empfiehlt es sich, mit dem Lieferanten ein Messabstimmungsprotokoll im System zu verwalten, welches ergänzt um den Prüfbericht pro Teilenummer zumindest enthält:

- Messmethode
- Messmittel
- Lage der Messpunkte
- Anzahl der Messpunkte

für:

- Abmaße des Bauteiles (Länge, Durchmesser)
- Radien und Fasen
- Form- und Lagetoleranzen
- Rauheit, Oberflächen und Kennzeichnungen

Diese Informationen sind von Seiten des Lieferanten als auch des abnehmenden Unternehmens möglichst in einem gemeinsamen digitalen Formblatt im Bemusterungsprozess fortlaufend zu dokumentieren und auch jeweils digital gegenzuzeichnen.

Die Zeichnungen müssen für dieses Verfahren alle für die Produktfreigabe relevanten Inhalte eindeutig wiedergeben und in fortlaufender Nummerierung dazu ausgestempelt sein.

Teiledefinition für Qualifikationsprozess verwalten Die dem Bemusterungsprojekt zuzuordnenden Teile müssen selektiert werden und sollen zu dem jeweiligen Projekt gespeichert werden. Hierbei kann es sinnvoll sein, ergänzende Informationen zu den jeweiligen Teilen in den Bemusterungsprozess einfließen zu lassen, um möglichst einen aufwandsoptimierten Prozess zu erlangen. Dazu gehört, ausgehend von der Stückliste zum Beispiel DIN- und Normteile zu identifizieren und auch eine Betrachtung der Funktionskritikalität der Komponenten einfließen zu lassen, d. h. sind es A-Teile oder ggf. B- und C-Teile. Weiter ist zu verstehen und darzustellen, welche Mengen beschafft werden sollen oder ob ggf. noch spezielle Kundenanforderungen zu berücksichtigen sind (bspw. hinsichtlich der Temperatur).

Ein System sollte somit die Verwaltung von zusätzlichen Merkmalen zu den jeweiligen Teilenummern ermöglichen und dann automatisiert in notwendige Vorlagestufen überführen.

Dazu können gehören:

- Teilenummernverantwortliche intern
- Teilenummernverantwortliche Lieferant
- Bauteilbezogene Risiken
  - Bauteilkomplexität
  - Kritische Vorfälle aus Historie
  - Kritische Toleranzen
  - Besondere Zulassungsvoraussetzungen
- Lieferantenbezogene Risiken
  - Neuer Lieferant
  - Kritische Vorfälle mit dem Lieferanten in der Vergangenheit
  - Logistikrisiko
  - Prozessschritte bei Sublieferanten ausgelagert
  - Kapazität des Lieferanten
  - Substitutionsmöglichkeit der Bezugsquelle vorhanden
- Besondere Merkmale
  - Prozessfähigkeitsnachweis Kurzzeitfähigkeit
  - Prüfmittelfähigkeitsuntersuchung
  - Korrosionsbeständigkeit

Umfang der Vorlagestufen definieren und auswählen Nach der Definition aller teilenummernbezogenen Informationen sollte der Umfang der Vorlagestufen für das jeweilige Bauteil definiert werden. Das heißt, jedes Bauteil erhält die Zuordnung zu einer Vorlagenstufe und somit auch die Definition des zur Bemusterung relevanten Inhalts.

Ferner kann es im Einzelfall sinnvoll sein, weitere Freigaben in das Projekt zu integrieren. Dazu können gehören:

- Verbau-Prüfungen: Eignung der Weiterverarbeitung des Produktes
- Qualifikationstest: Bewertung der Funktion von Baugruppen und Systemen
- Prozessfreigaben: Untersuchung und Freigabe des Produktionsprozesses beim Lieferanten

Es ist also notwendig, für ein Bauteil mehrere Projekte mit unterschiedlichem Schwerpunkt zu verwalten und ebenfalls mit unterschiedlichen, aber integrierten, Terminplänen zu berücksichtigen.

Teilequalifikationsmaßnahmen umsetzen Aus Teileumfang sowie der Bemusterungsstufe kann gemäß der definierten Terminvorlagen ein Projektplan generiert werden, welcher die Abarbeitung der Arbeitspakete je Vorlagenstufe digital unterstützt. Sowohl das Projektteam beim Lieferanten als auch im eigenen Unternehmen erfährt eine Verantwortungszuteilung zu den Arbeitspaketen und sollte die Dokumentationen im gleichen Projektordner durchführen.

Zu den zu bemusternden Teilen sind gemäß einer ausgestempelten Zeichnung sämtliche zu messenden Merkmale mit ihren Sollwerten und Toleranzen zu integrieren. Ausgehend von dieser Anforderung kann der Lieferant seine tatsächlichen Messwerte digital in das System zurückspielen und speichern. Ist seitens des Lieferanten der Messprozess abgeschlossen, kann dies an das anfordernde Unternehmen im Workflow zurückversandt werden. Die vom Lieferanten übermittelten Mess- und Prüfergebnisse können von der unternehmenseigenen Bemusterungsstelle gegengemessen werden.

Ein System sollte daher ein Maßnahmenmanagement enthalten, um offene Punkte laufend nachzuverfolgen.

Es ist empfehlenswert, im System interne von mit dem Lieferanten geteilten Notizen und Dokumentationen (extern) zu differenzieren.

Erstmusterprüfbericht verwalten gemäß Vorlagen Die Ergebnisse der Bemusterung werden in Erstmusterprüfberichten gespeichert und dokumentiert. Als Erstmuster sind Produkte zu verstehen, welche unter Serienbedingungen gefertigt und geprüft wurden. Es ist möglich, eine erhöhte Effizienz durch den Einsatz von Prüfverfahren einzusetzen (Computertomograph, Streifenlichtprojektoren etc.), welche gegen ein CAD-Modell die Validierung durchführen.

Die Ergebnisse pro Teilenummer sind von der Bemusterungsabteilung in einem Gesamtstatus zu pflegen und so in das Gesamtprojekt zu kommunizieren. Darüber hinaus sollte auch für die weiteren Merkmale ein Bemusterungsentscheid dokumentiert werden (Material, Dimensionen, Oberfläche etc.).

Das Ergebnis der Bemusterung sollte mit einem Freigabeverfahren sowie der Akzeptanz beim Lieferanten abgeschlossen werden. Offene Merkmale, welche nicht in Ordnung sind, müssen ggf. in einer Nachbemusterung weiterverfolgt werden.

Teilequalifikation überwachen
Berichtswesen der Teilequalifikation definieren und verwalten
Alle Bemusterungsschritte müssen in einem Bericht darstellbar und analysierbar sein. Hierbei geht es darum, den Status der Bemusterung zu verfolgen und den Fortschritt im Zeitverlauf zu analysieren. Interessante Status auf den Projekten können dabei sein:

1. Neu angelegt
2. Charakteristika in Bearbeitung
3. Beim Lieferanten in der Bearbeitung
4. In der Bemusterungsabteilung
5. Warten auf Musterteile
6. Ergebnisse an Lieferanten übermittelt
7. Abgeschlossen
8. …

Steuerung der Schnittstellen im Teilequalifikationsprozess Der Bemusterungsprozess involviert neben dem strategischen Einkauf weitere Organisationseinheiten, wie die Lieferantenqualität, die Bemusterungsabteilungen, der Forschung und Entwicklung, die Produktion sowie weitere Fachgebiete. Es ist daher notwendig, dass ein System über Workflows und Benachrichtigungsfunktionen die einzelnen Gruppen unterstützt.

Literatur

Arnolds, Hans (2022): Materialwirtschaft und Einkauf. Grundlagen – Spezialthemen – Übungen. 14., aktualisierte und erweiterte Auflage. Wiesbaden, Germany: Springer Gabler.

Barton, Thomas (2021): Data Science Anwenden. Einführung, Anwendungen und Projekte. Unter Mitarbeit von Christian Müller. [S.l.]: MORGAN KAUFMANN (Angewandte Wirtschaftsinformatik Ser). Online verfügbar unter https://ebookcentral.proquest.com/lib/kxp/detail.action?docID=6787314.

Batran, Alexander (2008): Realoptionen in der Lieferantenentwicklung. Bewertung von Handlungsspielräumen dynamischer Wertschöpfungspartnerschaften. Wiesbaden: Gabler Verlag (Springer eBook Collection Business and Economics).

Bräkling, Elmar; Oidtmann, Klaus (2019): Beschaffungsmanagement. Wiesbaden: Springer Fachmedien Wiesbaden.

Cordell, Andrea; Thompson, Ian (2018): The Category Management Handbook. 1 Edition. | New York : Routledge, 2018.: Routledge.

Dölle, Johannes E. (2013): Lieferantenmanagement in der Automobilindustrie. Wiesbaden: Springer Fachmedien Wiesbaden.

Durst, Sebastian M. (2011): Strategische Lieferantenentwicklung. Rahmenbedingungen, Optionen und Auswirkungen auf Abnehmer und Lieferant. Zugl.: Bamberg, Univ., Diss., 2010. 1. Aufl. Wiesbaden: Gabler (Gabler Research).

Eryurek, Evren; Gilad, Uri; Lakshmanan, Valliappa; Kibunguchy-Grant, Anita; Ashdown, Jessi (2021): Data Governance. The Definitive Guide. Unter Mitarbeit von Uri Gilad, Valliappa Lakshmanan, Anita Kibunguchy-Grant und Jessi Ashdown. Sebastopol: O'Reilly Media, Incorporated. Online verfügbar unter https://ebookcentral.proquest.com/lib/kxp/detail.action?docID=6510936.

Gabath, Christoph Walter (2010): Risiko- und Krisenmanagement im Einkauf. Methoden zur aktiven Kostensenkung. 1. Aufl. Wiesbaden: Gabler.

Gausemeier J., Guggemos M., Kreimeyer A. (Hrsg.) (2019): Bericht: Data Science. Auswahl, Beschreibung, Bewertung und Messung der Schlüsselkompetenzen für das Technologiefeld Data Science. Online verfügbar unter https://www.acatech.de/wp-content/uploads/2019/02/acatech_NKM_Data_Science_WEB-2.pdf, zuletzt geprüft am 22.03.2023.

Greiner, Ben; Teubner, Timm; Weinhardt, Christof (2021): How to Design Trust on Market Platforms? In: Mischa Seiter, Lars Grünert und Andreas Steur (Hg.): Management Digitaler Plattformen. Wiesbaden: Springer Fachmedien Wiesbaden, S. 61–76.

Halawi, Leila; Clarke, Amal; George, Kelly (2022): Harnessing the Power of Analytics. Unter Mitarbeit von Amal Clarke und Kelly George. 1st ed. 2022. Cham: Springer International Publishing; Springer. Online verfügbar unter https://ebookcentral.proquest.com/lib/kxp/detail.action?docID=6877413.

Haneke, Uwe; Trahasch, Stephan; Zimmer, Michael; Felden, Carsten (Hg.) (2021): Data Science. Grundlagen, Architekturen und Anwendungen. 2. Auflage. Heidelberg: dpunkt.verlag. Online verfügbar unter https://search.ebscohost.com/login.aspx?direct=true&scope=site&db=nlebk&db=nlabk&AN=2908239.

Helmold, Marc (Hg.) (2021): Innovatives Lieferantenmanagement. Wiesbaden: Springer Fachmedien Wiesbaden.

Heß, Gerhard (2021): Resilienz im Einkauf. Konzept und Praxisleitfaden zum Management unerwarteter Risiken in der Lieferkette. [S.l.]: Gabler.

Hofmann, Erik (2020): Beschaffungskompetenzen 4. 0. Berufsbilder Im Zeitalter des Digitalisierten Einkaufs. Unter Mitarbeit von Fabian Staiger. Berlin, Heidelberg: Springer Berlin / Heidelberg (Advanced Purchasing and SCM Ser, v.7). Online verfügbar unter https://ebookcentral.proquest.com/lib/kxp/detail.action?docID=6381173.

Janker, Christian G. (2008): Multivariate Lieferantenbewertung. Empirisch gestützte Konzeption eines anforderungsgerechten Bewertungssystems. Zugl.: Dresden, Technische Univ., Diss., 2004. 2., aktualisierte und erw. Aufl. Wiesbaden: Betriebswirtschaftlicher Verlag Gabler (Gabler Edition Wissenschaft).

Langmann, Christian; Turi, Daniel (2020): Robotic Process Automation (RPA) - Digitalisierung und Automatisierung von Prozessen. Wiesbaden: Springer Fachmedien Wiesbaden.

Large, Rudolf O. (2013): Strategisches Beschaffungsmanagement. Eine praxisorientierte Einführung - mit Fallstudien. 5. vollst. überarb. Aufl. Wiesbaden: Springer Gabler (Lehrbuch).

Liebetruth, Thomas (2020): Prozessmanagement in Einkauf und Logistik. Wiesbaden: Springer Fachmedien Wiesbaden.

Lingohr, Tanja (2011): Best Practices im Value Management. Wie Sie durch Einkauf und Technik einen nachhaltigen Wertbeitrag leisten können. Wiesbaden: Gabler (SpringerLink Bücher).

Lorenzen, Klaus Dieter; Krokowski, Wilfried (2018): Einkauf. Wiesbaden: Springer Fachmedien Wiesbaden.

Magerhans, Alexander (2016): Marktforschung. Eine praxisorientierte Einführung. Wiesbaden: Springer Fachmedien Wiesbaden; Imprint; Springer Gabler (SpringerLink Bücher).

Mahanti, Rupa (2021): Data governance and data management. Contextualizing data governance drivers, technologies, and tools. Singapore: Springer. Online verfügbar unter https://ebookcentral.proquest.com/lib/kxp/detail.action?docID=6723145.

O'Brien, Jonathan (2019): Category Management in Purchasing. A strategic approach to maximize business profitability. Fourth Edition. London, New York, New Dehli: Kogan Page. Online verfügbar unter https://ebs-patron.eb20.com/AccessTitle/ISBN/9780749482626.

Otto, Boris; Österle, Hubert (2016): Corporate Data Quality: Voraussetzung erfolgreicher Geschäftsmodelle. Hg. v. Alisher Mirzabaev und Joachim von Braun. Cham: Springer Nature. Online verfügbar unter https://library.oapen.org/bitstream/id/f08b4a3f-6ab0-4b20-89f5-73aca59b2bf6/1001884.pdf.

Proch, Michael (2017): Optimale Steuerung der Lieferantenentwicklung. Ein verhandlungsbasierter Algorithmus zur unternehmensubergreifenden Koordination. CHAM: Springer (SpringerLink Bücher).

Scheuch, Rolf; Gansor, Tom; Ziller, Colette (2012): Master Data Management (Edition TDWI). Strategie, Organisation, Architektur. 1. Auflage. Heidelberg: dpunkt.verlag (Edition TDWI). Online verfügbar unter http://nbn-resolving.org/urn:nbn:de:bsz:31-epflicht-1299078.

Schröder, Meike (2019): Strukturierte Verbesserung des Supply Chain Risikomanagements. Wiesbaden: Springer Fachmedien Wiesbaden.

Schuh, Christian (2009): The purchasing chessboard. 64 methods to reduce cost and increase value with suppliers. Berlin: Springer.

Schuh, Günther (2014): Einkaufsmanagement. Berlin, Heidelberg: Springer Berlin Heidelberg.

Schulz, Michael; Neuhaus, Uwe; Kaufmann, Jens; Kühnel, Stephan; Alekozai, Emal M.; Rohde, Heiko et al. (2022): DASC-PM v1.1 - Ein Vorgehensmodell für Data-Science-Projekte. Unter Mitarbeit von Universitäts- und Landesbibliothek Sachsen-Anhalt und Martin-Luther Universität.

Siemens (2022): Digital twin of cost. Online verfügbar unter https://resources.sw.siemens.com/en-US/video-digital-twin-of-cost, zuletzt aktualisiert am 25.08.2022, zuletzt geprüft am 02.03.2023.

VDI (Hg.) (2011): Wertanalyse. Das Tool im Value Management. 6., völlig new bearb. u. crw. Aufl. Heidelberg: Springer (VDI-Buch). Online verfügbar unter http://nbn-resolving.org/urn:nbn:de:bsz:31-epflicht-1588525.

Wannenwetsch, Helmut (2021): Integrierte Materialwirtschaft, Logistik, Beschaffung und Produktion. Supply Chain im Zeitalter der Digitalisierung. 6. Aufl. 2021. Berlin, Heidelberg: Springer Berlin Heidelberg. Online verfügbar unter http://nbn-resolving.org/urn:nbn:de:bsz:31-epflicht-1903302.

Weber, Kristin; Klingenberg, Christina (2021): Data Governance. Der Leitfaden für die Praxis. München: Carl Hanser Verlag GmbH & Co. KG; hanser eLibrary (Hanser eLibrary). Online verfügbar unter https://nbn-resolving.org/urn:nbn:de:101:1-2020121918204498168213.

Weigel, Ulrich; Ruecker, Marco (Hg.) (2017): The Strategic Procurement Practice Guide. Cham: Springer International Publishing (Management for Professionals).